U0620209

家庭教育指导者丛书

0—3岁儿童家庭教育指导标准化课程

浙江省家庭教育指导中心　编著

ZHEJIANG UNIVERSITY PRESS
浙江大学出版社
·杭州·

图书在版编目（CIP）数据

0—3岁儿童家庭教育指导标准化课程 / 浙江省家庭
教育指导中心编著. -- 杭州：浙江大学出版社, 2024.5
  ISBN 978-7-308-24805-1

Ⅰ.①0… Ⅱ.①浙… Ⅲ.①儿童教育—家庭教育—
教材 Ⅳ.①G781

中国国家版本馆CIP数据核字(2024)第072344号

0—3岁儿童家庭教育指导标准化课程
浙江省家庭教育指导中心　编著

责任编辑	平　静
责任校对	汪淑芳
封面设计	周　灵
出版发行	浙江大学出版社
	（杭州市天目山路148号　　邮政编码　310007）
	（网址：http：//www.zjupress.com）
排　　版	杭州林智广告有限公司
印　　刷	浙江新华印刷技术有限公司
开　　本	710mm×1000mm　1/16
印　　张	22.25
字　　数	363千
版 印 次	2024年5月第1版　2024年5月第1次印刷
书　　号	ISBN 978-7-308-24805-1
定　　价	100.00元

版权所有　侵权必究　　印装差错　负责调换

浙江大学出版社市场运营中心联系方式：0571-88925591；http：//zjdxcbs.tmall.com

编委会

主　　任：祝　青

副 主 任：赵云丽　徐　慧

委　　员：（按姓氏笔画排序）

王　芳　平　静　朱　瑶　刘少英　来祥康

何黎明　邵　洁　郑国强　高亚兵

本册主编：王　芳　来祥康

本册撰稿：（按姓氏笔画排序）

马明菲　朱　叶　李婷婷　宋丹花　宋佳丹

张凌燕　林　羽　周津渡　郑佳欣　胡瞳希

施丹莉　黄慧君　楼　茜　裘小洁

前　言

家庭教育作为国民教育体系的重要组成部分，历来得到党和国家的高度重视。特别是党的十八大以来，习近平总书记就家庭家教家风建设发表了一系列重要论述，"构建覆盖城乡的家庭教育指导服务体系""加强家庭家教家风建设"写入了党的报告，《中华人民共和国家庭教育促进法》于 2022 年 1 月 1 日起施行，我国家庭教育事业迎来了新发展的春天。进一步发展家庭教育事业，建设覆盖城乡的家庭教育指导服务体系，满足广大家长对家庭教育指导服务日益增长的需求，这都有赖于建设一支人数众多、专业能力强的家庭教育指导者队伍。《中华人民共和国家庭教育促进法》明确规定"国家和社会为家庭教育提供指导、支持和服务""县级以上地方人民政府及有关部门组织建立家庭教育指导服务专业队伍，加强对专业人员的培养"。

然而，广大家庭教育指导者普遍存在着专业能力薄弱的问题。家庭教育指导科学性不强，缺少理论依据，以指导者个人经验为主；指导专题缺少系统性和连贯性，比较零散，没有突出各个年龄段儿童身心发展特点及其家庭教育指导重点；指导内容缺少针对性、实操性，对家庭教育存在的问题和家长的需求研究不够，心灵鸡汤类的内容较多。因此，为广大家庭教育指导者研发一套有科学理论依据、有具体指导策略、有逻辑组织体系的家庭教育指导标准化课程，显得尤为必要。

浙江省家庭教育指导中心在浙江省妇联的重视和支持下，于 2021 年启动了"0—18 岁儿童家庭教育指导标准化课程"研发项目。组织了以省级家庭教育讲师为核心的研发团队，依据《全国家庭教育指导大纲（修订）》，深入研究各年龄段儿童身心发展特点，在全省范围内全面开展各年龄段儿童家长对家庭教育指导的需求调查，多次召开专家论证会，分 0—3 岁、3—6 岁、小学段和中学段 4 个年龄段，构建了家庭教育指导标准化课程体系，历时 3 年研发了 100 节家庭教育指导标准化课程。

每个课程包括课程简介、课程框架和课程内容 3 个部分，其中，课程内容包括实例导入、主题相关概念与理论概述、家庭教育中存在的问题与原因分析、家庭教育指导策略与具体方法、典型问题解析等几个方面，旨在既提升家庭教育指导者的理论水平，又提高家庭教育指导者的实践指导能力。

在近 200 位省级家庭教育讲师中开展依据"标准化课程"文本的备课、说课、评课研讨活动后，"标准化课程"得到了一致好评。讲师们认为该"标准化课程"为广大家庭教育指导者提供了备课抓手，具有"三省四性"特点。"三省"，即省时，备课方便，节约时间；省力，有经典案例，有丰富内容素材，省去广泛搜索资料的疲劳；省心，提升指导者授课的底气，知其然，知其所以然。"四性"，即科学性，基于经典理论，凝结一线指导者经验，经过相关学科专家把关；实用性，基于前期调查，反映广大家长的真实需求；可操作性，提供大量的实操指导与案例；系统性，指导对象涵盖了 0—18 岁各个年龄段儿童的家长，指导内容涵盖了道德品质、身体素质、生活技能、文化修养、行为习惯等家庭教育的各个方面。

本套丛书共 4 册，分别为《0—3 岁儿童家庭教育指导标准化课程》《3—6 岁儿童家庭教育指导标准化课程》《小学生家庭教育指导标准化课程》《中学生家庭教育指导标准化课程》。家庭教育指导者在使用时，不能简单照搬，而是要根据家长的实际情况和指导者的自身优势，进行认真备课。备课时要注意以下几点：一是课程中提供的案例，可以参考使用，如果用自己身边的鲜活案例就更好；二是课程中阐述的理论部分，是提供给指导者的学习材料，在指导者融会贯通的基础上，可以用家长听得懂的话语适度讲解给家长；三是课程中提供的指导策略，可以适当选用，还可以结合自己的指导经验加以丰富；四是教学方法和教学形式的选用，应当以指导内容和家长情况为依据，教学方法可以使用讲授法、讨论法、案例分析法、示范演练法、游戏互动法、角色扮演法、情景体验法等，教学形式可以采用讲座、经验分享会、专题讨论会、工作坊、亲子活动等。

　　本册《0—3 岁儿童家庭教育指导标准化课程》分"生理发展支持""心理发展支持""养育环境支持""早期学习支持"4 个维度，由 20 节课程组成。王芳具体负责研发，组建了分别由王芳、朱瑶、刘少英牵头的编写团队，几易其稿，完成了编写工作。省级家庭教育讲师们在评课活动中提出了修改意见，平静为本书的出版倾注了大量心血，在此一并致谢。浙江省家庭教育指导中心组织召开论证会、验收会，确定课程框架，全程指导课程研发工作，来祥康负责全书审稿、统稿等工作，吴恬、吴旭梅、杨洁、郑蓓蓓等参与了相关工作。

　　对家庭教育指导标准化课程的研究和编撰，可借鉴的经验较少。由于时间仓促，水平有限，必定存在疏误之处，敬请专家和读者不吝赐教。

浙江省家庭教育指导中心

目　录

CONTENTS

第 1 课
如何做好迎接新生命
的准备

课程简介

教学对象

孕期夫妇及家庭其他成员

教学目标

1. 了解角色转换的重要性，掌握育儿、孕期保健基本知识。

2. 学习迎接新生命的生理、心理和物质准备的策略。

3. 顺利完成身份转换，积极处理新生命到来后的各种问题。

教学时长

90 分钟

课程框架

[实例导入]

一、迎接新生命的知识储备

（一）孕期健康知识的储备

  1. 孕期营养

  2. 孕期运动

  3. 孕期睡眠

  4. 胎教

（二）基本育儿知识的储备

  1. 关注新生儿的生理和心理需要

  2. 关注新生儿生长发育的知识

二、迎接新生命的物质准备

（一）准妈妈用品的准备

  1. 日常用品

  2. 待产包

（二）婴儿用品的准备

  1. 衣物

  2. 食物及相关用品

  3. 居住条件

  4. 出行方式

三、迎接新生命的心理准备

（一）担当为人父母的第一责任

  1. 在心理上尽快适应新角色

  2. 在养育任务上做好分工

（二）发挥祖辈家长的重要作用

课程内容

[实例导入]

娟娟第二胎怀孕35周了，一家人非常期待这个小生命的到来。她的第一个儿子刚上一年级，放学回来第一件事情就是询问妈妈："宝宝什么时候来？"这时，爸爸带了好几个快递回来，喊儿子一起来拆："看看，今天我们为小宝宝买了什么东西？"

怀孕是一件美好的事情，也是家庭的重大事件之一，全家人都会对新生命的到来充满期待。作为准爸爸和准妈妈以及其他家庭成员，该如何做好准备来迎接新生命的诞生呢？

一、迎接新生命的知识储备

准爸爸和准妈妈需要学习一些基本的育儿知识和方法以及孕期的保健常识，做到心中有数，遇事不慌。

（一）孕期健康知识的储备

1. 孕期营养

孕期饮食状况和营养的摄入直接影响胎儿所能获取的营养，是决定胎儿生长发育的关键因素之一。因此准妈妈及家人需要了解如何科学地搭配准妈妈各阶段的饮食，确保孕期营养充分、均衡，保证准妈妈健康与胎儿的正常发育。

（1）孕期营养需求

孕早期，胎儿生长发育速度相对缓慢，所需营养与孕前差别不大。胎儿的生长发育在孕中期开始加速，大部分孕妇在孕中期会出现食量上升的情况，但应注意不可以过度饮食。老观念认为"孕妇一人吃两人补""孕妇必须吃双份"，其实是不科学的，这样的饮食习惯会导致孕晚期孕妇体重增加过快，可能引发妊娠糖尿病，使胎儿过大，造成分娩困难。因此，准妈妈应在合理适量的范围内摄入食物和营养。

依据中国营养学会妇幼营养分会制定的《中国居民膳食指南（2022）》中

的中国备孕妇女平衡膳食宝塔以及中国孕期妇女平衡膳食宝塔，孕期的营养需求与一般人群差别并不明显，仅在此基础上补充了5条核心推荐：

①调整孕前体重至正常范围，保证孕期体重适宜增长。

②常吃含铁丰富的食物，选用碘盐，合理补充叶酸和维生素D。

③孕吐严重者，可少食多餐，保证摄入含必需量碳水化合物的食物。

④孕中晚期适量增加奶、鱼、禽、蛋、瘦肉的摄入。

⑤经常户外运动，禁烟酒，保持健康生活方式。

⑥愉快孕育新生命，积极准备母乳喂养。

（2）孕期饮食禁忌

孕期一定不能吃的食物有以下几类：

①酒（或含酒精量较高的食物）。准妈妈血液中的酒精会直接进入胎儿体内，大量饮酒会导致胎儿酒精综合征，影响胎儿正常发育，甚至造成流产、早产或胎儿畸形。

②未煮熟的肉类。生肉中会有寄生虫，如弓形虫，弓形虫病是造成不良妊娠结局的危险因素，因此要避免生食肉类。

③未消毒的牛奶及奶制品。牛乳来源于动物，具有从其来源（牛、农场环境）带有病原菌污染的风险。食用未经消毒的牛奶及奶制品，可能会使准妈妈存在感染沙门氏菌、大肠杆菌等牛乳传染性病菌，以及感染李斯特菌的风险，这将导致流产、婴儿出生缺陷或死亡。

④含汞量较高的海产品。食用含汞量高的海产品，汞会残留在准妈妈体内，引起胎儿的神经系统发育障碍。

准妈妈偶尔会想吃一些特别的食物，如冰激凌、可乐、火锅等，只要食用适量，是没有问题的，不必过分焦虑。

2. 孕期运动

妊娠期是女性特殊的生理时期，在这个时期，女性身体会发生多方面的变化，以适应妊娠期胎儿的生长需求。有的夫妻担心运动会伤到脆弱的胎儿，其实孕期适度的体育运动可以促进母婴的健康发展，帮助准妈妈保持良好的心理状态，消除身体疲劳。孕期运动可以锻炼到准妈妈的肌肉、骨盆、关节等部位，增强腹肌、腰背肌、骨盆肌肉的力量和弹性，防止因腹壁松弛造成的胎位异常及难产，有助于自然分娩；还可以增强体质，增强自身免疫力，减少妊娠疾病的发生。

适合在孕期做的运动：有氧运动（散步、游泳）、柔韧性运动（瑜伽、普拉提）、律动类运动（韵律操、分娩球操）等。

孕期运动须遵照产科医生的嘱咐，特别是在孕晚期的时候，要在家人的陪同保护下运动，避免意外的发生。

3. 孕期睡眠

充足的睡眠对准妈妈的健康与胎儿的发育起着至关重要的作用。孕期睡眠时间一般要比平常多出 1~2 小时，每天睡眠时间一般不少于 8 小时。有研究显示，准妈妈在孕期睡眠紊乱，会对婴儿早期睡眠模式发展产生不良影响；准妈妈睡眠质量长时间低下，也会影响胎儿的营养吸收，进而导致胎儿生长发育迟缓、体重较轻。

准妈妈生理功能和身体结构上的变化会对睡眠质量产生一些负面影响。如何提升准妈妈的睡眠质量呢？下面分享一些小妙招。

（1）日常行为

①适宜的运动：白天适宜的运动有助于提高准妈妈的睡眠质量。

②规律的作息：尽量在同一时间入睡与起床，建立正常的睡眠生物钟。

③睡眠环境：创造一个温馨、舒适、安全、整洁的睡眠环境，如睡前将卧室灯光调暗、保持适宜室温、放轻柔的音乐等。

④正确的睡眠姿势：正确的睡眠姿势也有助于睡眠。孕早期，由于胎儿较小，准妈妈可以根据自己的偏好选择舒适的睡姿，如仰卧位、侧卧位都可以，但不要趴睡。孕中期和孕晚期，建议采取左侧卧位的睡姿；尤其是在怀孕 28 周以后，要养成左侧卧位的睡眠习惯，这不仅对准妈妈自身有利，使其获得良好的睡眠质量，更有利于胎儿生长发育。由于子宫为右悬状态，当孕妇处于左侧卧位时，子宫血容量以及胎儿氧供较好。当然，一整晚都要求准妈妈完全保持左侧卧位是不太可能的，可以采取左、右侧卧位交替的方式，尽量有意识地多保持左侧卧位即可。

（2）饮食习惯

①睡前不要喝过多的水，避免起夜次数增多，影响睡眠质量。

②睡前不要吃含咖啡因的食物，如可乐、咖啡，会影响睡眠质量。

③睡前可以吃一些刺激小的、较温和的食物，特别是孕早期孕吐时常发生的时候，可以吃一些碱性的食物中和胃酸，如苏打饼干，既可以缓解恶心的症状，又可以减轻饥饿感。

（3）情绪调节

①家人的陪伴与支持。准妈妈孕早期与孕晚期的睡眠质量相对较差，当准妈妈晚上睡不着的时候，准爸爸可以陪着聊聊天、讲讲故事助眠，有助于准妈妈安心、踏实地入睡。

②准妈妈自身心态要平和。准妈妈睡前可以多想一些轻松愉悦的事情，不要过分焦虑，胎儿不会因为准妈妈一两个晚上睡不好而发育不好。准妈妈也可以将孕晚期的夜醒视为锻炼的机会，而不是压力或者焦虑的来源，因为宝宝出生后需要喂夜奶，准妈妈也需要学会如何在夜醒后快速入睡。如果准妈妈担心或感觉到夜醒影响到了身体健康，可以求助专业的医生进行诊断治疗。

4. 胎教

胎教并不是教胎儿唱歌、说话、算数等技能，主要指准妈妈自我调节身心的健康与欢愉，为胎儿提供良好的生长环境；同时也指给生长到一定时期的胎儿合适的刺激，以促进胎儿的生长发育。

在孕 3 周时，胚胎已经开始对触觉刺激有反应；到孕 12 周时，胎儿几乎全身表面都能对触摸产生反应。胎儿的听觉发育从孕 4 周开始；孕期末 3 个月，其各项功能逐渐成熟；孕 35 周以上，胎儿的听阈接近正常成人标准。胎儿可以感受到妈妈的情绪，也可以听到外界的声音。当准妈妈情绪不安时，胎动明显增加。在良好的母体环境中，胎儿能更好地感受母亲的情绪变化，有利于准妈妈与胎儿建立良好的联结。因此，准妈妈应该保持良好的心情，与胎儿进行积极有爱的互动，让胎儿感受到来自家人的爱与期待。

一般常用的胎教方式有以下几种：

（1）音乐胎教

准妈妈可以听自己喜欢的歌曲，让自己精神放松、心情愉悦，肾上腺素分泌减少、血压平缓，增加胎盘血流量，为胎儿发育提供良好的条件，促进胎儿动作发育，减少婴儿行为问题的发生。

（2）语言胎教

一般指日常与胎儿的语言交流。例如，为胎儿起一个小名，每天呼唤小名与胎儿进行对话交流，可以把日常生活和工作中所看所想描述给胎儿听。经常与胎儿交流，对其语言的发展有积极的促进作用。在与胎儿交流的过程中，准妈妈自然而然地代入了妈妈的角色，也有助于其日后角色身份的转变。在与胎儿进行互动的过程中，准爸爸也应该积极地参与进来，让宝宝感受来自父母双方的爱与期盼。

（3）孕期日记

准妈妈在孕期可以将身心感受写下来，写类似于给胎儿的信，这也为准妈妈提供了对胎儿倾吐爱意、抒发为人母的喜悦心情的途径。这种胎教方式可以激发准妈妈的母爱，有助于准妈妈的情绪安稳，为胎儿提供良好的宫内环境。

（二）基本育儿知识的储备

1. 关注新生儿的生理和心理需要

父母需要给新生儿营造一个温暖舒适的家庭环境，读懂新生儿的需要，根据他的需求适时采取行动，使他在安全、愉悦和爱的环境中成长。新生儿的需要包括身体需要和心理需要两个方面。

（1）身体需要

①食物：新生儿需要大量的母乳来满足他的生长和发育需求。喂养时间间隔一般控制在2—3小时；根据新生儿的实际情况，可适当延长或缩短间隔时间。

②睡眠：新生儿需要16—18小时的睡眠时间，分为多个时间段；可根据新生儿的个人情况进行适当的调整。

③清洁：新生儿的嘴巴、面部、下身需要定时清洁。由于新生儿的皮肤非常娇嫩，使用毛巾时需要特别小心，不能过度擦拭。

（2）心理需要

①安全感：新生儿需要得到安全感，这是他成长和发育的基础。拥抱和亲吻可以帮助孩子建立安全感。

②关注：新生儿是非常需要被关注的生命。频繁地注意和关注，可以使新

生儿感觉受到保护和尊重，获得满足感和安全感，有利于其健康成长。

③交流：新生儿需要与家人进行交流，可通过触摸、语言、眼神等方式，使其感受到家庭成员之间的情感联系和交流。

（3）如何理解新生儿的需要

①观察新生儿：家长需要耐心地观察新生儿的表情、身体语言和行为反应，以便更好地理解他的需求。如果孩子不舒服或有不适应，会在表情、哭声或姿势等方面表现出来。

②了解新生儿的生活规律：新生儿的生物钟还未发育完全，所以需要花费时间来了解孩子的生活规律。了解孩子的起床时间、吃奶时间、休息时间等，可以帮助家长更好地规划家庭生活。

③与新生儿建立联系：家长可以通过不同的方式与孩子建立联系，如大声读书、唱歌，轻轻抚摸孩子，跟孩子说话等，这些行为可以使新生儿感到温暖、安全和被接受。

④与其他家庭成员分享责任：不要让一两个家庭成员承担所有责任，整个家庭应该共同承担照顾新生儿的责任。这样，孩子可以得到更全面和充分的照顾，也可以帮助家庭成员建立更紧密的联系。

2. 关注新生儿生长发育的知识

家长需要了解婴幼儿生长发育的知识，包括各个月龄段的生理、心理发展特点和生长发育的标准，了解孩子的精细动作、大动作、认知、语言、社会性等能力是否达标。

家长还需要知道婴幼儿健康保健常识，包括疫苗注射、健康体检、常见疾病的症状和应对等。比如，新生儿常见的湿疹和痱子有什么区别，应该如何预防或者如何治疗？新生儿得了黄疸怎么办？新生儿的大便怎样是正常的，怎样是不正常的？这些基本的新生儿健康知识也是新手爸妈需要学习的，以免遇到情况后产生慌乱，不能很好地应对。

准爸爸和准妈妈也需要学习一些具体的养育照护方法和技巧。各地的妇幼保健院都会有"父母课堂"（或者叫"孕妇学校""家长课堂"）提供养育照护婴幼儿的知识，如新生儿护理、婴儿辅食添加、早期行为训练等。家长应积极参加学习，缓解育儿焦虑，丰富育儿知识，提高科学育儿水平。

二、迎接新生命的物质准备

为准妈妈和婴儿购置物品的过程，是家庭成员做好角色转换的契机。因此，准妈妈应邀请家庭成员，特别是孩子的爸爸和哥哥姐姐一起参与。

（一）准妈妈用品的准备

1. 日常用品

（1）服装

准妈妈在挑选衣服的时候应该以舒适为主，不要选择勒肚子或者过紧的衣服，这样的衣服会加重身体负担，妨碍胎儿的发育。建议选择全棉质地、吸汗性强、透气性好的衣服，也可以选择麻、羊毛、羊绒、丝绸等天然面料的衣服。内衣选择纯棉针织品，以防皮肤过敏。

（2）保健品

准妈妈要定期做产检，监测健康状况，做好营养检测。孕期需要补充适当的微量元素。叶酸是在备孕期就可以开始吃的保健品，可以预防胎儿神经管缺陷、先天性心脏疾病的发生，对预防宝宝唇裂、腭裂等发育畸形也有一定作用。铁剂也是孕期普遍需要吃的保健品。孕晚期，胎儿快速生长，是准妈妈贫血的高发期，每日铁的需要量相比孕中期又增加了 5mg，所以孕晚期很多准妈妈需要补充铁剂。孕期还可能需要补充钙、DHA 等。但是不论孕期需要吃什么保健品，都需要遵医嘱，千万不能随意服用。

2. 待产包

待产包主要包含了准妈妈从分娩到出院可能会使用的物品。建议准妈妈在孕晚期（孕 30 周左右）就可以开始准备待产包了，这样时间上较充裕，既便于家人精心细致地挑选，也可以避免突然面临分娩而措手不及。待产包的物品归类放置在一个大袋子中，如果需要入院，就可拎包即走，避免手忙脚乱落下一些重要的东西，造成极大的不便。

待产包中应有办理住院手续所需证件、宝妈用品和宝宝用品等几类物品，如下文所示。可以先询问预备生产的医院会提供哪些物品，避免重复准备。一些私立医院会提供常用物品，如尿不湿、奶粉、湿巾、护理垫等。

（1）办理住院手续所需证件

提前咨询预备生产的医院，一般情况下需要准备身份证、医保卡、产检本（孕产妇保健手册）、现金/银行卡、住院单等。

（2）宝妈用品

为宝妈准备的物品：哺乳衣、卫生巾、湿巾、抽纸、一次性内裤、毛巾、拖鞋、护理垫、吹风机、棉柔巾、吸管、水杯、护肤品、洗漱用品、换洗衣物及出院时穿的便装。

（3）宝宝用品

为新生儿准备的物品：婴儿衣服、包被、棉柔巾、湿巾、尿不湿、护臀霜、奶粉、奶瓶、奶瓶刷、婴儿指甲剪等。出院前，也可准备安全提篮。

（4）其他

手机、充电器、耳机、保温瓶等。

（二）婴儿用品的准备

1. 衣物

可以参照以下原则，给宝宝选择适合的衣物。

（1）安全性

婴儿的衣物在材质上建议购买 A 类标识的产品，在细节上以简洁为主，不建议购买有过于复杂设计（如一些小零件、小装饰等）的衣物。在穿之前，需要检查衣服与婴儿皮肤接触的一面是否光滑平整，有的衣物内的标签比较粗糙，有的衣服会有暗扣，容易刮伤婴儿娇嫩的肌肤。

（2）舒适性

因为婴儿的皮肤娇嫩，新陈代谢旺盛，建议选择吸汗性和透气性好的全棉材质的衣服。

（3）方便性

由于刚出生的婴儿脖颈部还未发育成熟，比较软，建议准备绑带设计的"和尚服"，更方便穿脱。正常情况下，新生儿的脐带痂会在出生后 3—7 天脱落，为防止脐部感染，需要经常对脐部进行护理，因此，需要穿方便脐部护理的衣服。

宝宝的衣服都很萌很可爱，家长会忍不住买买买。但这个阶段的宝宝发育速度很快，有的衣服甚至还没来得及穿就已经太小了，特别是连体衣。因此，囤货要理性。新生宝宝容易吐奶，买3—5件用于换洗就够了。

2. 食物及相关用品

（1）婴儿奶粉

有的准妈妈会担心自己母乳不足，有的准妈妈因为一些特殊原因不能进行母乳喂养，因此在孕期就会开始关注奶粉的选择。世界卫生组织（WHO）建议，6个月以内的婴儿应纯母乳喂养，因为母乳是婴儿最好的食物，母乳能满足婴儿最初6个月所需的全部能量与营养素，亦可满足6个月以后所需的绝大部分能量与营养素。但即使是计划纯母乳喂养，也建议准妈妈在孕晚期准备一罐奶粉，以备不时之需。婴儿出生后若母亲没有充足的母乳，可以暂时用婴儿配方奶粉进行喂养，但同时应积极鼓励婴儿多进行吮吸，婴儿的充分吮吸和刺激可以帮助母亲产奶。

（2）奶瓶与奶嘴

即使是纯母乳喂养，也有可能会使用到奶瓶与奶嘴。当母乳过多，需挤出来用瓶喂时，就会使用到奶瓶与奶嘴。

市面上的奶瓶五花八门，有不同的容量、不同的材质，该如何选购呢？

容量：新生的宝宝一次能喝的奶量有限，每顿大致为15—20mL，因此在新生儿阶段，只需准备2个60mL的小容量奶瓶即可。满月后，宝宝的喝奶量每顿会达到80—120mL，也有的宝宝能达到150mL，因此后续可以再准备120—250mL容量的奶瓶。

材质：市面上的奶瓶一般有玻璃、塑料和硅胶三种材质。玻璃奶瓶的优势是易清洁，安全性能比较高，耐腐蚀且相较塑料和硅胶材质更耐高温，不易划伤，更透亮。虽然玻璃奶瓶重，但新生儿不需要自己握着奶瓶，大部分家长还是会选择玻璃材质的奶瓶。塑料奶瓶的材质分为PP型、PES型、PPSU型。塑料奶瓶的优点是重量轻，易携带，抗摔不易碎，且有一定程度的耐高温性。硅胶材质的奶瓶相比其他材质的更柔软，手感好，比一般的塑料奶瓶耐热，在开水或者微波炉里消毒也不会变形。在选择塑料或者硅胶材质的奶瓶时，家长需要特别确认不含双酚 A（BPA），确保材质的安全性。

奶嘴会影响宝宝喝奶的舒适度，建议多备几个不同品牌的，看看宝宝对什么样的材质、款式、流速的奶嘴更喜欢。奶嘴可以从以下几个方面进行挑选。

一是材质。奶嘴一般分为硅胶材质、橡胶材质和乳胶材质三种。相对来说，硅胶材料最好，因为硅胶没有异味，稳定性比较好，耐热性强，弹性好，而且不易老化。家长在选择时需要注意厂家商标，是否有质量和安全方面的保障。建议选择食品级硅胶材质，且不含双酚 A 的奶嘴。

二是流速。奶的流速取决于奶嘴的开口方式与开口的大小（或者开口个数）。一般奶嘴的开口方式有两种，圆孔和十字孔（或 Y 字孔）。需要根据月龄选择流速大小。一般一个孔的适合刚出生的宝宝；多孔或十字孔由于开口过大，会导致新生宝宝出现呛奶的情况，并不适合新生宝宝。

三是软硬度。奶嘴的材质如果太硬，会增加宝宝吮吸的难度；但如果过软，会导致宝宝觉得过于好吸而拒绝妈妈的乳房。因此，需要选择软硬适中，感受度接近母亲乳头的奶嘴。

奶瓶和奶嘴需要经常消毒，材质的性质决定了其耗损会比较快，并且从卫生角度也建议勤换，可以根据使用情况和频次进行更换，建议 1—2 个月更换一次。

3. 居住条件

（1）婴儿房

婴儿房的设计与布置以温馨、安全、舒适为基准。除了环境布置，也需要考虑房间里哪些地方会有安全隐患，比如电线插孔、杂物堆放、有棱角的桌椅、易碎物品等，需要提前规划好，做好防护。

（2）婴儿床

即使是新出生的婴儿，也最好有单独的小床。在宝宝需要喂奶的时候，抱过来与妈妈一起，喝完奶要睡觉了再回到小床上。宝宝与大人同床睡觉会有一定的安全隐患，建议是同屋不同床。宝宝可以独自睡有围栏的婴儿床，也可把婴儿床垫得与父母的大床一样高，拆除靠大床侧的围栏，与大床连通。这样可以为后续孩子独立睡觉奠定基础。

4. 出行方式

私家车越来越普及，安全座椅对于儿童乘客的保护作用是显著的。因此，家长要帮助宝宝从小养成坐安全座椅的习惯。

由于小月龄宝宝不具备坐的能力，因此可以购买提篮式安全椅，新生宝宝出院即可使用。安全提篮不仅可以用于私家车上，也可以搭配不同牌子的婴儿推车，带宝宝出门时，直接将安全提篮安装在推车上。

三、迎接新生命的心理准备

在新生命到来之前，家庭成员已经建立了固定的模式和关系，新生命的到来会打破这些模式和关系，导致家庭内部的平衡和协调受到影响。比如，宝宝出生后由谁主要抚养，如何处理已有子女对新生命的接纳，如何平衡家庭和工作的关系，家庭成员如何相互支持抚养新生命等，这些问题都很重要，需要在宝宝出生前就做好规划。

（一）担当为人父母的第一责任

父母是婴幼儿养育照护和健康管理的第一责任人。《中华人民共和国家庭教育促进法》第十四条明确规定：父母或者其他监护人应当树立家庭是第一个课堂、家长是第一任老师的责任意识，承担对未成年人实施家庭教育的主体责任。

1. 在心理上尽快适应新角色

新生命的出生意味着家庭结构、家庭关系和功能发生重大变化，夫妻多了一重为人父母的新身份。对于新手父母来讲，如何在第一时间，以最快的速度接纳和适应宝宝的到来，是非常重要的。

对于准妈妈来说，生理的变化有助于身份的转换，在感受胎儿逐渐成长和分娩的过程中，逐步进入妈妈的角色。

与准妈妈相比，准爸爸的感受可能并不那么直观与强烈，很多准爸爸甚至是在宝宝出生一段时间后才真正意识到新身份的到来。如果不尽早做好身份的转换与心理的预备，会增加准爸爸身份适应的难度，短期内无法顺利完成身份的转换。因此，建议准爸爸可以通过照顾准妈妈的生活起居、承担更多家务、一起与准妈妈做胎教、一起准备宝宝出生后需要的物品、一起学习育儿基本知识与方法等方式，逐步做好迎接宝宝的心理准备。同时，准爸爸需要理解并顺应准妈妈孕期的心理变化。准妈妈在孕期可能会"性情大变"，变得焦虑不安、敏感，脾气也阴晴不定，身体上也会出现嗜睡、孕吐、乏力等反应。准爸爸要理解、安慰和鼓励准妈妈，多抽出时间陪伴，给准妈妈足够的信心和支持。

2. 在养育任务上做好分工

夫妻俩可以就新生命到来之后的具体任务分工进行充分讨论和商量，相互尊重，彼此体谅。大部分家庭会选择母亲作为宝宝出生后的主要照料人，因为母亲对宝宝有天然的爱意，照顾宝宝也相对更细心和用心，能更容易读懂宝宝的需求。当然，现在越来越多的女性在职场上发光发热，因此，选择由父亲来承担主要抚养责任的也越来越多。无论是父亲还是母亲作为新生命的主要照料人，都应该相互配合和支持，及时掌握科学育儿理念和知识，提高婴幼儿健康养育照护能力和水平。

（二）发挥祖辈家长的重要作用

双职工家庭大多会拜托祖辈家长来照顾宝宝。祖辈家长做主要带养人也有天然的优势。一方面，宝宝的到来弥补了祖辈家长晚年的孤独与寂寞，对孙辈的亲情和关爱，有利于祖孙两辈的身心健康；祖辈家长有抚养和教育孩子的实践经验，有丰富的社会阅历、人生感悟、知识技能，这些都是照料和教育孙辈的宝贵教育资源。另一方面，相比普通保姆，祖辈家长对待自己的孙辈也会更尽心，父母可以更放心。

祖辈家长与父母抚养的矛盾主要集中在教育理念的偏差上。他们一般会有自己的一套教育理念，甚至会溺爱孩子，什么事情都包办代替，这就导致一些祖辈家长带养的孩子容易自理能力差。

如果祖辈参与孙辈的带养，年轻家长要明白这几个方面：一是要感恩祖辈的付出，他们放下自己的事情来帮忙照顾孩子，并不是理所当然的事情；二是要带头孝敬祖辈，支持祖辈的抚育和教育行为，并能做到耐心沟通交流、具体细致指导；三是要尊重祖辈，即使祖辈教育理念、方法有错，也不要责怪他们，特别是不能在孩子面前责怪；四是若实在无法达成观念上的统一，产生了较为严重的矛盾，可以尝试更换带养人，比如请保姆，或者调整规划。

（三）做好已有子女对新生宝宝的接纳工作

随着国家三孩生育政策的实施，越来越多的家庭开始考虑二孩、三孩。有的家长觉得生孩子是大人的事情，往往会忽略大宝的感受。大宝是家庭中重要的一分子，家庭中要增添新生命这样的重大决策需要倾听大宝的想法，并加以正确的引导。

其实，大部分大宝对弟弟妹妹的到来会产生不安甚至焦虑。这主要有以下几个原因：一是对未来生活不确定性的担忧。家里多了一个小宝宝会有怎样的变化呢？爸爸妈妈还会爱我吗？弟弟妹妹会抢我的玩具吗？弟弟妹妹会和我打架吗？种种的不确定性会困惑着大宝，让他不知所措。二是对被忽视的不满。之前大宝可以独享父母、祖辈的宠爱，在弟弟妹妹出生后，大人们会更多关注更需要照顾的新生宝宝，而忽视大宝的需求。对于大宝来说，这样的处境是有落差的。三是对高要求的压力。家里有了弟弟妹妹之后，很多家长会对大宝有更高的要求，比如，你是大哥哥（大姐姐）了，你要懂事了，你要学会照顾弟弟妹妹了。大宝从集万千宠爱到"一夜之间"被要求长大，这突如其来的高要求会让大宝倍感压力。家长要理解并帮助大宝走出"心灵困境"。

1. 接纳大宝的焦虑情绪

父母必须理解大宝对新生宝宝到来的担忧，这样的焦虑是真实存在的。要认同并接纳大宝这些焦虑的情绪，对大宝提出的困惑或者不安要给予重视与肯定，不要急于否定大宝的想法，要学会共情，让大宝感受到被看见与被尊重。可以根据大宝提出的困惑或者担忧给出相应的解答，逐渐打消他的顾虑。

2. 积极表达爱意

大宝的年龄特点决定了其认知是非常直观与浅显的。例如，大宝会因为父母严厉批评他吃太多糖而觉得父母不再爱他了，因此，家长要做好解释："妈妈不给你买糖是因为吃糖容易蛀牙，妈妈会很担心。"让大宝了解父母的责备是针对这个行为而不是针对人。

爱的表达也可以更积极与直接，如"妈妈好爱你！""一天没见你，爸爸好想你哦！""每次我累的时候都会看看你的照片，看完我宝贝的照片，我就不觉得累了。爸爸爱你哦。""不管有没有弟弟妹妹，你永远是妈妈的宝贝。"直白热烈的表达会让大宝直观地感受到父母浓烈的爱，也就不会经常担心小弟弟小妹妹的出现让父母的爱消失。

3. 鼓励大宝参与迎接新生命的准备

家长可以邀请大宝参与到迎接弟弟妹妹的准备中来。比如，请大宝为弟弟妹妹取小名；带着大宝一起挑选给弟弟妹妹的用品，可以选择大宝喜欢的图案；与大宝一起看关于家有兄弟姐妹的绘本或动画片，感受有兄弟姐妹的快乐，帮助大宝逐渐适应角色的变换；与大宝一起回忆他小时候有趣的事情，并联想到弟弟妹妹出生后会不会也有这样的趣事，激发大宝对家庭新成员的期待。

4. 确保大宝的专属时间

当弟弟妹妹出生后，母亲一般会承担起更多的喂养、照护新生宝宝的工作，父亲应该更多地陪伴大宝，满足大宝的需求。但大宝也会有被母亲呵护的需求，也会对新生宝宝"霸占"母亲产生嫉妒。因此，母亲可以抽出一段时间，放下工作、放下手机、放下新生宝宝，全身心地陪伴大宝，和大宝来一个单独的约会，可以一起逛一逛公园，看一场电影，去游乐场玩，讲绘本，做游戏，等等。高质量的陪伴不在于时间的长短，而在于用心，让大宝在有限的陪伴时间里感受到爱与关注，增进亲子关系。

（四）处理好生育与职业发展的关系

如何处理好生育与职业发展的关系，是横亘在职场女性面前的一大难题。一般会认为生育与职业发展一定是冲突的。但是"生育"与"职场"并不完全是相互"拖后腿"的关系，也会相互促进。比如，有的妈妈在生完孩子以后对育儿很感兴趣，找到了新的职业发展方向；有的妈妈在回归职场后工作效率更高了。同样，工作也给生育带来了经济支持与福利保障，包括稳定的收入、产假、育儿假以及保险等，为女性提供了除在家带娃以外更多的实现自我价值的可能性。所以，职业女性不用惧怕生育，两者是可以并行的，只是需要去寻找一个平衡点来实现两者的并存。

有的准妈妈，尤其是一胎的准妈妈，或多或少都会担心工作会影响到胎儿的生长发育，考虑离职在家安心待产。实际上，准妈妈在身体允许的情况下不妨继续工作，与社会建立广泛的交流和支持，获得稳定的收入和经济的相对独立。同时，工作也可以分散对怀孕时生理上的一些负面感受的过度注意。反观在家休假养胎的全职家庭主妇，由于与外界的交流相对较少，比较容易出现孤独感和过度关注妊娠期不适等情况，反而更不利于孕妇的情绪发展，继而对胎儿的发育造成不好的影响。因此，建议准妈妈只要没有明显的医学指征，应尽量保持工作。

当然，准妈妈还是需要对工作影响怀孕的程度做科学理性的评估，比如有的工作环境比较恶劣，有的岗位确实工作强度特别大，加班熬夜是常态，这种情况下，准妈妈可以考虑与单位领导协商是否能转岗，以确保在怀孕的同时兼顾工作的正常进行。

选择并没有对错，只有合适不合适。准妈妈是否继续工作，在做出选择时，需要综合考虑家庭的经济状况、家庭带养人的情况、自己的职业前景等，权衡利弊，最后做出一个自己和其他家庭成员都认可并接受的决定。而且选择并不是永久的，还可以根据时间的推移做出调整和变化。

参考文献

[1]杨晓琼.孕早期规范性系统化营养体重管理对妊娠结局临床影响研究[J].母婴世界，2021（13）：86.

[2] 杨琼宇，杨丹宁.轻松分娩指导[M].赤峰：内蒙古科学技术出版社，1999：20-100.

[3]丁文香.孕期运动对孕妇及胎儿影响的研究进展[J].护理研究（下旬版），2005（27）：5-6.

[4]韦欣.孕期瑜伽运动指导对初产妇分娩结局的影响[J].护理实践与研究，2019，16（15）：100-102.

[5]黄玉洁，叶亚，黄小娜，等.母亲孕期与婴儿早期夜间睡眠的相关性[J].中华儿科杂志，2019，57（8）：608-613.

[6]徐露露，林云强，陈莲俊.3-6岁幼儿对"二胎"手足接纳与安全感的现状研究[J].早期教育，2023（4）：51-56.

[7]周凌宇.5-6岁头胎幼儿对二胎接纳态度的研究[D].成都：四川师范大学，2020：44.

[8] 吕春兰，陆莹，严艳萍，等.微信平台心理健康干预对职业女性孕期心理压力的作用 [J].妇幼医学，2023，30（6）：80-83+37.

（执笔：楼茜）

第 2 课
———

0—1 岁婴儿心理发展特点与教养策略

教学对象

0—1 岁儿童家长及其他照护者

教学目标

1. 了解婴儿心理发展的特点。

2. 掌握婴儿心理发展阶段性教养策略。

3. 形成科学合理的教育观，提高养育孩子的信心。

教学时长

90 分钟

课程框架

[实例导入]

一、婴儿心理发展概述

（一）感知动作能力的发展

　　1. 感知觉的发展

　　2. 动作能力的发展

（二）问题解决能力的发展

（三）沟通交流能力的发展

（四）情感与社会性的发展

　　1. 情绪情感的发展

　　2. 自我意识的发展

　　3. 社会性的发展

二、婴儿心理发展阶段性特点

（一）0—3月婴儿心理发展特点

　　1. 感知动作能力的发展

　　2. 问题解决能力的发展

　　3. 沟通交流能力的发展

　　4. 情感与社会性的发展

（二）4—6月婴儿心理发展特点

　　1. 感知动作能力的发展

　　2. 问题解决能力的发展

　　3. 沟通交流能力的发展

　　4. 情感与社会性的发展

（三）7—9月婴儿心理发展特点

　　1. 感知运动能力的发展

　　2. 问题解决能力的发展

　　3. 沟通交流能力的发展

　　4. 情感与社会性的发展

课程内容

在孩子成长过程中，家长可能会遇到各种各样的问题，比如，"为什么我的孩子总是哭""为什么孩子一刻都离不开妈妈""我家孩子这样正常吗，别人家的孩子也会这样吗？"每个家长面对自己的第一个孩子时都是新手，需要从各个方面重新学起。有时候，家长也很好奇"我的孩子是怎么认识这个世界的？"这其实就需要家长对孩子的心理发展有一定的了解。

婴儿的心理发展是指婴儿在社会环境下生长的过程中，心理的各个方面会与周围环境相互作用，并产生由弱变强，从简单到复杂，从低级到高级，从不成熟到成熟的一系列变化。婴儿在这个过程中逐渐掌握更多的动作、听懂更多的言语，思维在不断地发展，情绪和社会化不断地成熟。0—1岁是孩子毕生发展的第一个阶段，是许多心理现象萌芽和初步形成的重要时期。那么，家长应该如何系统地基于这些心理发展变化，采用正确的教养策略帮助孩子更加健康快乐地成长呢？

一、婴儿心理发展概述

0—1岁婴儿心理发展是一个多维度多层次的复杂系统，主要包括感知动作能力、沟通交流能力、情感与社会化以及问题解决能力等心理要素的发展，这些要素之间相互制约、相互促进，共同构成婴儿心理的整体发展过程。

（一）感知动作能力的发展

婴儿的感知觉和动作能力发展是心理发展的基础内容。

1. 感知觉的发展

感知觉是婴儿期最早成熟的心理活动。婴儿可以看到色彩，听到声音，闻到味道，这都是感知觉系统在起作用。感知觉包括视觉、听觉、触觉、味觉、嗅觉以及前庭觉和机体觉等。

视觉是指外界影像信息刺激视网膜而产生的感觉。在生命的早期，视觉的发展水平是婴儿所有感知觉能力中最低的，但有 80% 左右的外界信息还是通过眼睛获取的。视觉的发展包括视敏度、视觉偏好、深度知觉等。视敏度也称为视力，婴儿出生 6 个月左右才能达到成人的正常视力水平。视觉偏好是指婴儿对某些特定类型刺激的偏好。深度知觉是指对物体远近距离的反应。例如，将会爬的 6—7 月婴儿放在"悬崖"装置面前时，即使母亲在"悬崖"对面呼唤，婴儿也不会继续往前爬，因为此时他已产生了深度知觉。

婴儿的听觉系统天生就发育很好。听觉定位可以让婴儿觉察声音传来的方向，最初时由于婴儿头部较小，声音到达双耳的时间差小，所以此能力相对较差，但在 1 岁左右便能达到成人水平。

触觉在婴儿刚出生时就已经是高度发展的水平，吮吸和用嘴巴咬是婴儿最早探索触觉的形式。例如，婴儿在 6 个月时会特别喜欢把东西放在嘴里，通过嘴巴来获得有关物体的信息，之后可能会使用手或其他更多的器官来感受世界。

味觉在婴儿出生时便发育较好，并且婴儿对甜味存在天然偏好。嗅觉则在婴儿出生时已经发育成熟，较为灵敏，可以对多种气味进行辨别，并且具有初步的嗅觉定位能力。

还有一些特别的感知觉系统，如前庭觉和机体觉，这属于内部感觉，在婴儿成长过程中非常重要。前庭觉也叫作平衡觉，在婴儿进行头部的移动、翻身等动作时，用来维持身体的平衡，如果发展较差的话，婴儿的运动平衡能力会受到影响，一些简单的协调动作做起来也会困难。机体觉也叫作内脏感觉，能够让个体能更好地适应环境，维护生命。如婴幼儿感到饥饿、疼痛、困倦时，会通过哭闹来发出信号，以满足生理需求，这都是机体觉在发挥作用。如果孩子的机体觉发育不良，很容易产生感统失调，一些简单的吃饭、写字动作都会很难进行，记忆力、注意力等能力发展也会受到影响，所以机体觉的发展需要充分的刺激，一般可以与动作能力的训练相结合，促进各个感觉系统的共同发展。

2. 动作能力的发展

动作能力是所有能力中最早产生的最基本的能力。在没有掌握语言之前，动作是婴儿认识事物、与人交往最重要的手段。

婴儿在出生时具有先天反射行为，这是外界刺激与有机体反应之间与生俱来的固定神经联系，不需要大脑高级神经中枢的参与。一些反射行为会贯穿生命全程并终生保持，如瞳孔反射、吞咽反射等。而一些反射行为，如觅食反射、吸吮反射、抓握反射等，随着婴儿的神经系统逐步发展，则会在一定的时间内渐渐消失。

婴儿的动作发展主要遵循三项原则：首先是头尾原则。婴儿在身体发育过程中会先进行头部的动作（比如抬头），然后是手部动作（比如抓握玩具），接着是躯干部分的动作（比如爬行、翻身），最后才是腿和脚的动作（比如站立、行走等）。第二条原则是大小原则。婴儿会首先进行粗大动作的发展，其次才是精细动作。婴儿会先发展抬头、翻身等粗大动作，然后才慢慢发展出抓玩具、撕报纸等精细动作。第三条原则是整分原则。婴儿动作发展会先从整体的、全身性的、笼统的动作出发，逐渐分化为专门化的、局部的、准确的动作。

（二）问题解决能力的发展

婴儿的问题解决能力是指一种目标指向的认知活动，主要表现为对技能的习得。

根据心理学家皮亚杰的认知发展理论，0—2岁的婴儿处于感知运动阶段，这个时期婴儿问题解决能力的发展会经过六个亚阶段：反射练习时期、初级循环反应、次级循环反应、次级循环反应的协调、三级循环反应和符号思维出现。婴儿通过感知和动作反应，在探索外界的过程中逐步能够将手段和目的结合，形成对世界的表征。例如，婴儿在吃奶后，不经意地咂了一下嘴，咂嘴发出的声音使婴儿感觉到十分有趣，于是婴儿就形成了"咂嘴"的循环反应。一开始，婴儿只会对自己本身进行探索，之后便会逐渐接触外界事物，对自己的动作结果产生兴趣，如把玩具多次扔在地上。循环反应逐渐会变成有目的的探究活动，婴儿会经过多次的尝试、探究，逐渐发现解决问题的方法。

（三）沟通交流能力的发展

婴儿的沟通交流能力是指把想法传达给他人的能力，符号语言、肢体语言以及一些非言语的方式都是婴儿进行沟通的方法。语言的发展是婴儿智力发展的标志，并且在促进婴儿社会性和个性发展上起着关键作用。

婴儿在 1 岁以内一直在为言语的发生做准备，这段时间被称为"言语准备期"，主要包括言语理解和表达两个方面，先发展言语理解能力，再是言语表达。婴儿的言语理解最开始仅仅只能将语音和其他声音分辨开来，随着成长，婴儿逐渐能够听懂语言，并做出相应的反应。婴儿的言语表达需要经历三个阶段：简单发音阶段、连续音节阶段和学话萌芽阶段。婴儿通过逐渐运用自己的发音器官，说出更多言语，从最开始只能啼哭，逐渐发展到模仿成人的发音，直至说出第一个真正有意义的词语。

（四）情感与社会性的发展

婴儿的情感和社会性能力的发展是心理和行为发展的内在动力之一，主要包括情绪情感能力的发展、自我意识的发展以及社会性的发展。

1. 情绪情感的发展

婴儿表达基本情绪的能力是与生俱来的，但对情绪的理解与表达程度会随着社会交往过程而逐渐增强。例如，刚出生婴儿的哭泣是生理性的，不带有情感上的意义，之后才能逐渐真正理解情绪的含义。最初婴儿只会展现快乐、恐惧、悲伤等基本情绪，随着年龄增长，才逐渐产生羞愧、害羞等复合情绪。

2. 自我意识的发展

自我意识是指主体对自身的意识，是在后天生活中逐渐形成的，包括自我认识、自我体验和自我监控三个方面。婴儿自我意识的发展主要表现在自我认识。婴儿逐渐形成自我区分，形成"自我—他人"的概念。例如，最初婴儿不会认为自己是一个独立的个体，在看到镜子中的自己时，会把他当作一个游戏同伴，直到 1 岁以后，才能区分自己镜像的动作和其他婴儿的动作。

3. 社会性的发展

社会化是指个体在与社会环境的相互作用中，逐步适应社会的过程。最初婴儿的社会交往对象是父母，随着年龄增长、认知增加，以及社会活动范围的增大，婴儿的社会交往对象才会开始转向同伴。婴儿与主要抚养者（往往是母亲）建立了一种积极的、充满深情的联结，也就是依恋。随着婴儿的成长，依恋关系也会随之发展：从无差别的社会反应阶段到有差别的社会反应阶段，再到与母亲形成特殊的情感联结阶段。在这个过程中，婴儿会明显表现出对母亲的"分离焦虑"和对陌生人的"认生"或陌生人焦虑现象。例如，孩子在陌生人面前会表现出与在母亲面前不一样的表现，有时候感到焦虑不安，甚至哭闹；与母亲亲近时会表现出安心、情绪欢快，母亲离开时会焦虑、哭泣，大喊大叫，直到母亲来到身边。

二、婴儿心理发展阶段性特点

每个阶段的婴儿在心理发展上都有需要重视的发展特点，现将0—1岁的婴儿分为四个月龄阶段，分别阐述其心理发展特点与规律。

（一）0—3月婴儿心理发展特点

1.感知动作能力的发展

婴儿可以追随活动的物体或人，并且能够集中注视7—8分钟，能够区分灰色和彩色。婴儿出生便能听到和分辨超越成人水平的声音，3月婴儿可以根据声音将视线转向声源。在触碰婴儿身体的不同部位时，他的反应不同，手掌、前额和嘴唇部分对外界的触碰会比较敏感。婴儿可以仅凭气味分辨出自己的母亲。出生后1个月婴儿便能辨别甜、酸等味道，尝到甜甜的味道时，会流露出开心的情绪。

婴儿的一些先天性反射活动会在这一阶段逐渐消失，如觅食反射（用手指或乳头触碰新生儿脸颊时，他们会立即把头转向刺激源，并做吮吸反应）和行走反射（扶着孩子站立，他的脚轻触地面时腿部会移动）。婴儿在此阶段只能达到对头部的控制，可以做稳定的抬头动作。1个月大的婴儿仅仅能够进行用手触碰脸的行为，2个月大的婴儿可以握住拨浪鼓玩具，3个月大的婴儿可以用嘴巴确认所看到的物体。

2.问题解决能力的发展

婴儿处于皮亚杰感知运动阶段的反射练习阶段和初级循环反应，主要表现在：会积极探索周围环境，并逐渐将自己的一些行为协调起来，组合成整合的动作。例如，孩子面对喜欢的玩具时，会一边吮吸一边注视，并不断地重复这个动作。

3. 沟通交流能力的发展

婴儿处于简单发音阶段，婴儿可以发出一些简单的韵母，如"a"和"o"等，这种声音不需要唇舌的复杂运动。除此之外，婴儿用笑声和哭声来表达他的需要。

4. 情感与社会性的发展

一出生婴儿便会表现对微笑表情的偏好。0—3月的婴儿面对所有人都会展现出微笑与亲近。例如，孩子会对遇到的所有人手舞足蹈，所有人对孩子进行拥抱和安抚时，都能够使他快乐和安心，并不会单单偏爱母亲。

（二）4—6月婴儿心理发展特点

1. 感知动作能力的发展

婴儿能注视超远距离的物体了，达到了成人的正常视力水平，有些婴儿已经可以展现出深度视觉能力。会更加主动地倾听周围的声音，并且集中于母语类有意义的语音上，听觉定位能力进一步增强。开始用手来作为触觉的主要工具，如拿到玩具时，不仅会触摸还会观察。

婴儿的游泳反射（当把婴儿脸朝下整个放在水里时，他会做出划水和蹬水的游泳动作）和莫罗反射（当婴儿脖子和头部的支撑物突然挪开时，他的手臂会突然张开）会在这阶段消失。此阶段主要是为爬行做准备，4个月大的婴儿可以翻身，6个月大的婴儿能够在家长的帮助下坐起来。对手指的控制和协调能力增强，4个月大的婴儿能达到手眼的协调，在眼睛看到物体时会用手去抓，5个月大的婴儿可以抓取近处的玩具，6个月大的婴儿可以做出撕纸的精细动作。

2. 问题解决能力的发展

婴儿处于早期的次级循环阶段，主要表现在：婴儿会对外界事物进行更加积极主动的探索，同时会将注意力集中在有意义的事物上，并进行重复循环。婴儿会发现除了自己的身体以外，还能够控制其他物体。例如，婴儿突然发现挤压橡胶鸭子可以使其发出叫声后，就会不断重复练习这种动作。

3. 沟通交流能力的发展

婴儿会十分喜欢对外界声音做出回应，如果有大人逗弄孩子，或者孩子自己感到高兴时，孩子的发音行为会更加频繁，这时可以将元音和辅音相结合进行发声，如 ba-ba、ma-ma、da-da 等。婴儿能够通过声音来辨别爸爸和妈妈，被叫到自己的名字时，孩子会扭头，在听到问话之后会向问询者看去。

4. 情感与社会性的发展

婴儿出现对母亲依恋的萌芽，面对不同的人会表现出不同的反应。例如，孩子面对妈妈时会表现出快乐和亲近，面对熟悉的人也会表现亲近，但面对陌生人可能会表现出哭泣、抗拒和紧张；看到镜子中的自己时，会把他当作自己的同伴，不能认识自我。

（三）7—9月婴儿心理发展特点

1. 感知运动能力的发展

婴儿可以辨别更多色彩，深度知觉能力进一步发展；可以听到外面更细小的环境声，如雨声、风声等；逐渐可以使用多种触觉器官探索世界。

婴儿的大部分反射已经消失，巴宾斯基反射可能会在这个阶段消失，而其他的反射活动则会永久性地或者以不同形式保留下来。婴儿学会了爬行，可以朝着自己想要去的方向前进。大多数婴儿在这个阶段，能够扶着家长或桌椅完成行走的动作。对手指的控制能力进一步增强，可以灵活地运用自己的每根手指完成动作，如用手指捏起物体。

2. 问题解决能力的发展

婴儿处于次级循环反应的产生以及协调阶段，主要表现在会经常做重复的动作。例如，婴儿发现拨弄拨浪鼓时可以发出声响，觉得比较有趣好玩，那么他就会用各种方式摇动拨浪鼓，探索让拨浪鼓发出不同的声音。

3. 沟通交流能力的发展

婴儿的声音会变得更加准确，开始模仿周围的声音，并使用不同的语调和节奏，会重复他觉得有趣的声音，会将辅音和元音进行结合，如 da-de 和 ba-be 等类似的发音。

4. 情感与社会性的发展

婴儿处于依恋关系的特殊情感联结阶段，在面对母亲和其他人时会表现出明显的不同反应，存有对母亲的"分离焦虑"和对陌生人的"认生"现象。如果离开了母亲，他就会哭闹、害怕；如果母亲回来了，他就会高兴地寻求母亲的接触。面对陌生人，会抵触亲近，做出回避反应，甚至会紧张、哭泣，寻求母亲的帮助。

（四）10—12 月婴儿心理发展特点

1. 感知运动能力的发展

婴儿可以准确地分辨红、绿、蓝、黄四种颜色，同时会进一步提高多通道知觉联合的能力，可以将多种感觉系统更好地结合起来。例如，婴儿在玩玩具时，不仅会抓住玩具，还会挤压玩具听发出的声音，还有可能用嘴巴去感受玩具。

婴儿在大运动上发展迅速，可以完成独立站立，甚至可以顺畅地独立行走。在精细动作上，婴儿可以控制自己的手指做更多的动作，拿取物体的能力进一步增强。例如，将箱子里的物品拿出放进，用双手拿着杯子喝水，用手指乱写乱画。

2. 问题解决能力的发展

婴儿正处于次级循环反应的协调阶段，获得了客体永久性的概念，知道即使物体在眼前不见了，但它也是依然存在的。开始将许多自己已经习得的行为结合并且协调起来，从而产生一系列的行动来解决自己遇到的问题。例如，婴儿会在一堆玩具中，拨开上面的玩具，伸手去抓握下面只露出一部分的自己喜欢的玩具。

3. 沟通交流能力的发展

婴儿达到了咿呀学语的高峰，会对某些单词做出回应，如婴儿的名字或者"不"。他们可以将语词从复合语境中分离出来，明白成人的一些命令，并去做相应的事情。例如，爸爸妈妈说"再见"时，婴儿会对应地招手；爸爸妈妈说"欢迎"时，婴儿会相应地拍手。

4. 情感与社会性的发展

婴儿会十分依赖母亲，只要母亲在身边，他都会放心地对周围环境进行探索，还会时不时地确认母亲的存在。遇到与自己同龄的同伴时，可能会短暂地进行接触，如触摸、微笑等，但双方并不会相互回应。

三、婴儿心理发展阶段性教养策略

（一）0—3月婴儿的教养策略

1. 感知动作能力的培养

在婴儿视追能力的培养方面，可以采用发声玩具吸引孩子的视线，也可以呈现对比色强烈的玩具，促进孩子对颜色的分辨。在大动作发展方面，主要进行抬头俯身以及踢腿能力的训练。家长可以用孩子感兴趣的玩具指引他进行抬头等动作，同时需要观察孩子的抬头时间和高度、维持时间。在精细动作发展方面，主要训练双手的有意控制能力。家长不要给孩子戴手套，可以经常和孩子进行互动，如在孩子面前放一个颜色鲜艳的玩具，吸引他的注意，逗引他伸手去够取物品。

2. 问题解决能力的培养

家长需要为孩子提供练习感知动作的机会，着重培养孩子视线集中和追随方面的能力，可以放置不同远近距离的玩具，让孩子从中多次进行观看；还可以给孩子提供丰富的卡片，让孩子的视线随着家长的动作进行上下左右的移动，锻炼其视追能力。

3. 沟通交流能力的培养

沟通交流能力的培养要集中在孩子对不同声音的辨识和发音上。做亲子活动时可以围绕家长的声音展开。家长可以采取唱歌、做游戏的形式吸引孩子注意，增进亲子互动。例如，家长发出声音吸引孩子注意，逗引孩子用笑、伸手踢腿等方式做出回应，家长再回应孩子的声音，进行一来一回的交往。

4. 情感与社会性的培养

家长应关注并分析孩子哭闹的原因，及时进行应对；可以多与孩子互动，引发他的微笑。自我发展方面可以让孩子积极地对自身进行探索，帮助孩子发现自己的手，在确保其舒适的情况下，可以引导孩子轻柔地把手放进嘴里。同时，该阶段孩子还没有出现认生现象，可以让孩子多多接触不同的人。

（二）4—6 月婴儿的教养策略

1. 感知动作能力的培养

家长可以多使用带有声音的玩具与孩子进行互动，吸引孩子注意力，观察孩子的注视及动作方向。对孩子进行坐立和翻身动作的训练，一开始可以让孩子倚靠家长坐立，当孩子靠坐比较稳定时，可以让孩子独自坐立。在训练过程中，要及时给予孩子正向反馈。精细动作发展方面主要培养孩子手指的抓握能力，家长需要经常引导，鼓励孩子抓握和伸取玩具。

2. 问题解决能力的培养

问题解决能力方面着重培养孩子的双手协调能力，以及发展孩子客体永久性的意识。家长可以多用孩子熟悉的声音或者物体进行吸引，如孩子熟悉的音乐或玩具等，提高其参与的积极性，引导孩子用双手抱住玩具、奶瓶等。还可以多和孩子进行躲猫猫的游戏，一开始孩子可能会以为看不见就是不存在了，但经过多次训练，孩子可以形成客体永久性的意识，有意识地寻找他当下看不见的物体。

3. 沟通交流能力的培养

家长要进行鼓励和引导，锻炼孩子的辅音发音和对音律的反应。在与孩子交流时，可以使用不同的语调与孩子对话，帮助孩子适应更多的言语。要抓住孩子发音的关键期进行互动，如当孩子无意识地喊"baba"时，家长要及时回应自己就是爸爸，增强孩子重复发音的积极性。还可以多发出一些简单的指令，如"笑一下"，并在孩子做出回应后夸赞孩子。

4. 情感与社会性的培养

家长要注重培养孩子适应陌生人的能力，因为孩子可能会出现认生的状况。家长要对孩子的表现有足够敏感度并及时反应，在孩子哭泣时，要注意应对方式，可以使用温柔的语气询问并安抚或及时给孩子一个拥抱，与孩子保持交流。在自我发展上，如果孩子愿意自己拿取奶瓶，要支持和鼓励他，促进孩子独立自主意识的发展。

（三）7—9月婴儿的教养策略

1. 感知运动能力的培养

该阶段孩子的感知觉能力往往是通过对身体的掌控，逐步向外部世界进行探索获得的。家长需要侧重培养锻炼孩子的爬行能力和手眼协调能力，来促进孩子的动作发展。可以先锻炼孩子趴着时，手臂撑着身体离地的姿势，之后再锻炼四肢爬行的姿势，同样可以使用玩具来吸引孩子前进。训练用的玩具类型应随着孩子月龄的增长而变化，最初可以使用一些柔软度较高、体积较大的玩具训练孩子的整体抓握能力，之后可以选择一些较坚硬、体积较小的玩具训练孩子的手指抓握能力。

2. 问题解决能力的培养

家长可以尽量给孩子安排一些简单且有趣的任务，让孩子充满期待并积极参与，从而不断重复直至掌握这种能力，训练孩子更加组织化和协调化地运用这些动作，提升其问题解决能力。例如，准备带积木的盒子，将积木从一个盒子拿出，再放入另一个盒子，逐渐获得拿取玩具的办法，培养孩子的问题解决意识。

3. 沟通交流能力的培养

家长需要引导和帮助孩子通过口头表达自己的需要，可以利用孩子感兴趣的图画书，积极创设对话环境，借助日常照料孩子的各种机会，发起与孩子的语言交流。喂食、穿衣服等活动过程，都是和孩子交谈的绝佳机会。还可以与孩子玩"按词寻物"的游戏，如询问孩子球在哪里，训练孩子的词语理解能力。

4. 情感与社会性的培养

家长需要与孩子建立良好的依恋关系，重视孩子的情感需求，让孩子能够感受爸爸妈妈的爱。当孩子睡醒、哭泣时，要及时抚慰孩子，给予身体上的接触与眼神上的交流。自我发展方面的培养，家长可以引导孩子控制自己的身体、按照自己的想法去尝试各种安全的活动，例如给孩子一套塑料杯子和勺子，让他边玩耍边探索用法，并及时对其探索活动进行表扬和鼓励。

（四）10—12 月婴儿的教养策略

1. 感知运动能力的培养

家长要着重关注该阶段孩子的各个感知觉系统的协调，特别是视觉—动觉的协调发展。家长应对孩子进行站立和平衡能力的锻炼，以此增强孩子的腿部力量。一开始，家长可以用双手握住孩子的双手，扶着孩子，帮助他站立或行走，之后让孩子自己扶着物体站立或行走，同时可以让孩子在有支撑的情况下，做出下蹲或者弯腰捡起物体的动作，相应锻炼他们的平衡能力。另外，家长要积极鼓励孩子进行手抓握以及瞄准能力的训练，如拿一些小珠子让孩子用不同的手指捡起，但在训练过程中要仔细观察，避免孩子误食。

2. 问题解决能力的培养

家长可以尽量给孩子设置一些问题情境，让他积极主动地去探索世界。例如，将孩子常玩的玩具藏起来，让他们自己去寻找，或者用不同种类卡片，在家长的指导下，让孩子尝试对卡片进行分类，还可以让孩子试着使用一些工具进行涂画等活动。

3. 沟通交流能力的培养

家长要注重培养孩子故事理解和口头表达的能力。可以借助图画书上的图画向孩子提问，还可以利用日常生活情境来促进孩子的语言理解。例如，在小区里玩耍时，家长可以介绍一些遇到的事物，并且让孩子尝试简单复述；下达一些简短指令，让孩子去完成；还可以用上"再见""拍手"等手势，让孩子与周边的大人和孩子进行互动与交流。

4. 情感与社会性的培养

情感和社会性方面的训练主要集中在孩子自我意识的发展上。家长可以选择能促进孩子自我意识发展的玩具，如带镜子的玩具、洋娃娃、木偶等，让他自己探索玩具和外部环境，还可以与孩子进行一些模仿类的活动。在陪伴和养育过程中，家长需要多观察孩子反应，并做出及时的反馈，给予孩子足够的信任感。

参考文献

[1]陈本友，吴钰潆.婴幼儿心理发展教育指南[M].重庆：西南大学出版社，2022.

[2]费尔德曼.发展心理学：探索人生发展的轨迹[M].苏彦捷，等译.北京：机械工业出版社，2011.

[3]王惠萍，孙宏伟.儿童发展心理学[M].北京：科学出版社，2010.

[4]于冬青.婴幼儿亲子活动指导[M].重庆：西南师范大学出版社，2021.

[5]彭妮·劳·黛纳.婴幼儿的发展与活动计划[M].张燕，吕萍，吴文静，等译.北京：北京师范大学出版社，2010

[6]朱智贤.儿童心理学[M].北京：人民教育出版社，2009.

[7]谢弗.发展心理学[M].邹泓，等译.北京：中国轻工业出版社，2016.

（执笔：朱叶）

第 3 课

1—3 岁幼儿心理发展
特点与教养策略

课程简介

教学对象

1—3 岁儿童家长及其他照护者

教学目标

1. 了解 1—3 岁孩子心理发展的阶段性特点和基本规律。

2. 掌握 1—3 岁孩子心理发展的教养策略。

3. 基于孩子的心理发展特点，积极主动地实施科学的教养策略。

教学时长

120 分钟

课程框架

4. 情绪社会性的发展

三、幼儿心理发展的教养策略

（一）12—18 个月幼儿的教养策略

    1. 感知动作能力的教养策略

    2. 高级认知功能的教养策略

    3. 言语的教养策略

    4. 情绪社会性的教养策略

（二）18—24 个月幼儿的教养策略

    1. 感知动作能力的教养策略

    2. 高级认知功能的教养策略

    3. 言语的教养策略

    4. 情绪社会性的教养策略

（三）24—36 个月幼儿的教养策略

    1. 感知动作能力的教养策略

    2. 高级认知功能的教养策略

    3. 言语的教养策略

    4. 情绪社会性的教养策略

参考文献

课程内容

[**实例导入**]

　　小区里，两位妈妈带孩子在玩滑滑梯。铃儿妈妈说："这么小的宝宝有什么好教的，只要不生病就随他玩去！"涵涵妈妈听了直摇头，说："这样可不行！思维能力要从小抓起，我家孩子 3 岁就去上逻辑班了。绝不能让孩子输在起跑线上！"

　　这两种观点是家长常见的教育观。有的家长过分忽视 1—3 岁幼儿的心理发展与教养，觉得孩子还小，不需要发展其他技能；有的家长则过分重视孩子的早期智力开发，不顾孩子身心发展特点，早早将孩子送进了各种培训班、兴趣班和特长班。上述实例中的涵涵妈妈早早地教孩子逻辑，但是这一阶段的绝大部分孩子不具备逻辑运算能力，就算孩子记住了"1+1=2"，也并非代表他发展出了逻辑运算的能力。所以，家长应该基于 1—3 岁孩子心理发展特点进行教养，才能更好地促进孩子的发展。

一、幼儿心理发展概述

　　1—3 岁是人生成长的重要奠基期。3 岁之前，幼儿的感知觉、动作和言语功能基本已经发展完成，记忆、注意等高级认知功能到达发展的最高峰，情绪表达也逐渐丰富多样，既能够表达愉快、惊讶、愤怒、悲伤等复杂的情绪，也能够对于其他人的情绪做出反应。

（一）感知动作能力的发展

1. 感知觉的发展

　　感知觉主要包括视觉、听觉、触觉、前庭觉和本体觉。感知觉的良好发展十分重要，是幼儿高级认知功能发展的基础。

　　1—3 岁幼儿视觉的发展包括视敏度、颜色和形状知觉的发展。视敏度是指幼儿视物是否清楚；颜色和形状知觉是指幼儿辨别颜色以及形状的能力。视觉能力关系到幼儿的日常生活，缺乏这种能力，幼儿可能出现注意力不集中、记忆力不良、过度依赖等问题，严重影响其认知能力的发展及自信心的建立。

1—3 岁是幼儿听觉迅速发展的时期，听敏度（即听得清）和听辨别能力（即听得懂）的发展对于幼儿语言和注意力的发展具有重要影响。

触觉是幼儿注意力和情感发育的基础。幼儿先天就有触觉，并在出生时就已经高度发育，但是仍需后天的练习，否则会发生触觉敏感、依赖或迟钝现象。触觉发育不良的幼儿在日常生活和社交中会表现出种种问题。触觉敏感的幼儿，他人的稍微触碰都会引起不适，不太容易接受洗脸、洗澡、洗头、理发，不喜欢穿毛料或是质地较粗的衣服，同时对外界刺激敏感，任何外界的变化都会使其像惊弓之鸟般，不能专注于当前。触觉依赖的幼儿过分依赖奶嘴或吮吸手指，过分依赖自己的专属物品，喜欢家长更多的抚摸。触觉过于迟钝的幼儿，被别人触摸时不易察觉，拿东西时物品容易落地，碰撞淤血或流血时自己没感觉，天气变冷变热也不能敏感察觉。这样的幼儿经常受伤，情感发育迟钝，无法灵活对他人情感变化做出反应。

前庭觉的作用是负责维持身体平衡和空间定位。前庭觉的发育关系着幼儿 2 岁左右的单脚站立以及 3 岁以后更复杂动作的实现，是幼儿动作发展的基础。如果前庭觉发育不完善，幼儿会出现身体协调性差、行动障碍等问题。

本体觉是指幼儿可以觉知到运动的速度和方向、肢体所处的空间位置的感觉，以及感知到接触面的振动频率和幅度。本体觉发育良好的孩子，可以清楚地知道自己是站着的还是坐着的，是躺下的还是起来的，肌肉是紧张的还是放松的。

2. 动作的发展

幼儿动作的发展是感知觉发展的基础，也是其认知和情绪社会性发展的直接前提。1—3 岁是个体动作发展的关键期，在这一阶段的动作练习，能帮助幼儿积累动作经验。

根据幼儿使用的肌肉情况，动作可以分为粗大动作和精细动作两类。粗大动作主要指由躯干、四肢等大肌肉群产生的动作，走、跑、跳、爬等基本动作发展在这一时期已完成，平衡协调能力正在进一步发展。粗大动作的发展可以促进幼儿身体的良好发育，有助于幼儿形成安全感以及乐观的态度，这也是幼儿身心健康发育的重要标志。精细动作主要由小肌肉群完成，涉及手、手指、眼睛和口唇舌等小肌肉，实现手指对物体的细小控制，口唇舌语言发音吐字逐步清晰等。这一时期幼儿手和感知觉的协调能力进一步发展，可以画直线，会自己喝汤，能将线绳穿进大扣子的孔里等。

（二）高级认知功能的发展

在感知觉、动作发展的基础上，高级认知功能也逐渐发展起来，为幼儿未来所有的思维结构奠定基础。它主要包括：记忆、空间感知能力、分类比较能力、数量感知能力、感知因果关系的能力、注意和执行功能以及问题解决能力。

记忆是指幼儿在感知世界的过程中，对外界事件、人物、事物等留下的印象进行保存、加工和再利用的心理过程。

空间感知能力是指幼儿感知方位的能力，可以帮助幼儿感知图案、形状、方位、距离以及物体间的组合关系，整合形象记忆。

分类是知觉不同事物共性的过程，比较是把各种对象或现象加以对比，确定它们之间异同的过程。分类和比较是幼儿归纳概括能力的基础。

数量感知能力是指幼儿观察和理解物体数量的能力，包括幼儿对数量相等、大小比较、数量增加或减少的理解能力。数量感知能力是数学能力的重要组成部分，对幼儿的数学学习和发展具有重要的影响。

感知因果关系的能力是指幼儿对事情发生的原因与结果的对应关系的感觉能力，是幼儿发展出规则意识、批判性思维等高级思维能力的基础。

注意和执行功能包括注意力和执行功能两方面内容。注意力是指幼儿对一件事投入一定强度和持续关注的能力，执行功能指幼儿对思想和行动进行有意识控制的心理能力。执行功能发展的年龄跨度很大，在2—5岁阶段会出现重要的发展变化。良好的注意和执行功能是幼儿的专注力等诸多方面发展的心理基础。

问题解决能力是指幼儿在不同的情境中，个人或与1个及以上的人合作解决问题时能够贡献自己的知识与能力，使问题得以解决的能力。它是儿童心智成长和社会适应的关键。根据皮亚杰的认知发展理论，从三级循环反应阶段发展到心理表征阶段，幼儿的问题解决能力在不断地提高。

（三）言语的发展

言语是指人们运用语言进行交际的活动过程，包括听、说、读、写过程。它是幼儿智力发展的标志，可以促进幼儿情绪社会性的发展。

言语包括言语理解和言语表达两部分。言语理解是指幼儿能够听懂他人说的话，是人与人交流的基本能力，也是获取知识的必备能力。言语理解又可分为词语理解和指令理解两个部分，词语理解是指幼儿能听得懂词语，指令理解是指幼儿能听得懂指令。言语表达是指幼儿通过言语表达需求、做出回应，是幼儿融入社会的基础技能。1—3 岁的幼儿正处于言语发展阶段，是言语发展关键期。幼儿会经历言语发生阶段（包括单词句阶段和双词句阶段）和基本掌握口语阶段，在掌握语音、词汇、语法和口语表达方面会有明显的进步。

（四）情绪社会性的发展

1. 情绪能力的发展

情绪直接激发幼儿的行为，控制幼儿的活动，对幼儿的认知活动起着推动作用。情绪能力分为情绪表达、情绪理解及情绪调节等能力。情绪表达，是指幼儿通过表情、肢体语言、语音语调、情绪词汇等方式，将自己的情绪传递给他人的能力。情绪理解，是指幼儿能够解释自己或他人情绪产生的原因和结果，对自我和他人产生适当情绪反应的一种能力。情绪调节，是指幼儿可以恰当地调节情绪的强度和持续时间，以适应其人际互动的目标和需要的能力。

2. 自我意识的发展

自我意识是指将自我作为一个整体与外界事物区分开，也就是意识到自己和外界不是一体的。幼儿自我意识的觉醒，预示着他作为一个独立的个体存在于世界上，同时也为他的情绪发展和社会化奠定了基础。1—3 岁的幼儿从学会使用自己的名字，到形成自我意识，再到认识自己的心理活动，最后可以认识自己的性别，其自我意识的发展水平在不断地提高。

3. 社会性的发展

社会性发展是指幼儿对社会环境的适应能力，与亲密对象（如父母、其他照护者、同伴等）建立关系、维持关系（交往和协调）以及从事各种社会活动的能力的总和。幼儿社会性的发展主要包括适应能力的发展、同伴关系的发展和亲子关系的发展。

二、幼儿的心理发展特点

（一）12—18个月幼儿的心理发展特点

1.感知动作能力的发展

幼儿可以看得清物体的细节，并且可以识别人脸。其听觉系统已经基本发育完善，可以对声音进行定位，并且开始主动听自己感兴趣的声音。这时的幼儿喜欢玩滑滑梯、跷跷板等促进其本体觉和前庭觉发展的游戏。

幼儿能够独立平稳地走路、停下或改变方向；能在成人的搀扶下或自己扶着栏杆上下楼梯；能抬高手臂举过肩膀扔出球；能拉着玩具倒着走出几步；可以垒高三块左右的积木。

2.高级认知功能的发展

幼儿能记住熟悉的人和物品；可以知道常见生活事件的因果，但还仅限同时或相继发生变化的两个事件之间的关联，并不能真正理解"因果关系"。例如，幼儿能将"摁一下遥控器的按钮"跟"打开电视"之间建立关联。

该年龄段幼儿的问题解决能力处在三级循环反应阶段，他们不再满足重复同样的动作，而是尝试对动作做出改变，以引起新的行为后果，出现了"尝试—错误"学习模型。这是幼儿开始有目的地协调使用各种动作来发现和解决问题的过程。

3.言语的发展

幼儿能理解生活中常见物品的名称和表示动作的词语，但对词语的理解具有专指性，如"猫猫"只代表自己的玩具猫。幼儿也能理解和执行成人简单的指令。

幼儿开始使用单词句，用一个单词表达多重意思，如"妈妈"可能代表"妈妈抱""妈妈过来""妈妈喂饭"等各种需求；也常常使用重叠音，如"饭饭""水水"等，并且会用其他语音替换不会发或发不准的音。

4. 情绪社会性的发展

幼儿情绪变化丰富，会表现出高兴、生气和难过等多种情绪，可以更好地辨别他人的基本情绪。但幼儿的情绪不稳定，要求得不到满足或是受挫折时常常发脾气。

幼儿能在镜中辨认出自己，对自己的面部特征有了比较明确的认知；能在照片中辨认出家庭主要成员，大人问"哪个是宝宝，哪个是妈妈"，幼儿可以指认；会用他人称呼自己的方式来称呼自己，如叫自己"宝宝"。

幼儿大多喜欢独自玩耍、玩平行游戏，或看着别人游戏。有时两个小朋友虽然在一起玩，但其实是各玩各的，没有交集。有时也能与同龄小伙伴共同玩一会儿。

幼儿开始理解并遵从成人简单的行为准则和规范，如成人告知"摔倒会痛"，幼儿会主动远远地避开危险。

幼儿对母亲或其他主要照护者的偏爱十分强烈，当他们在身边时，幼儿会以他们为"安全中心"向周围探索。

（二）18—24 个月幼儿的心理发展特点

1. 感知动作能力的发展

幼儿可以主动且安静地倾听他人的语言，并且能区分声音的强度。幼儿的视力发展基本接近成人，视觉正常的幼儿可以区分垂直线和水平线，可以辨别和区分红白黄绿等颜色，可以分辨物体的属性，如这个苹果是硬的、冷的。

幼儿的动作协调能力有了很大的发展，可以连续且稳当地奔跑，可以独立协调地上下台阶，完成原地跳跃，还可以朝不同方向抛球，能摆腿踢球。摆腿踢球这一动作，首先要求幼儿把自己的重心挪到一只脚上，再把另一只脚抬起来，然后将球踢出去。这一过程需要幼儿调动全身的肌肉，因此它是幼儿平衡协调能力发展的重要标志。

幼儿的双手逐渐变得灵活，成为其认识事物的重要器官。幼儿可以画笔留痕、按压开关、叠放积木、开瓶和罐、独立翻书、串珠子等。

2. 高级认知功能的发展

幼儿可以记住熟悉物品的位置，如妈妈常用的水杯放在床头柜上；可以理解"上""下"等空间方位，对圆形等对称的图形感兴趣；可以做到比大小；能够辨别颜色及深浅，但通常会把深浅不一的同类色指认为一个颜色，如深深浅浅的红都是红色；注意力和执行力水平有所提升，可以安静地听故事，自己看书，也可以执行两个及以上的指令，比如坐下，然后吃饭。

该年龄段幼儿的问题解决能力处在心理表象阶段。幼儿能将自己的行为内化为心理符号或表象，并指导自己的行为。例如，一名幼儿曾见到弟弟玩耍时跌倒了，愤怒大哭。三天后该幼儿自己照着弟弟的模样，重复地跌倒了好几次，但他没有因为跌倒而愤怒啼哭，而是咯咯大笑，以一种愉快的心境亲自体验几天前他所见过的"游戏"的乐趣。这表明幼儿已经将小男孩跌倒的动作内化于心，产生了心理表象能力，能表征不在眼前的事物或过去发生的事件。同时，此时的幼儿已发展出客体永久性，并出现了延迟模仿和假装游戏。

3. 言语的发展

幼儿能理解生活中常用的名词、动词、形容词，如洗衣机、门、打开、关上、好看、高兴等。这时他使用的词语具有概括性，如"猫猫"不仅能表示自己的玩具猫，还能表示活的大猫、小猫。幼儿能了解书的结构，阅读的时候可以从封面开始读，逐页翻看。他能在理解成人指令的基础上，做出拒绝反抗行为。

幼儿掌握新词的速度突然加快，平均每个月掌握 25 个新词，这就是 19—21 个月的"词语爆炸"现象，会出现代词、形容词、介词等。幼儿开始使用双词句，如"宝宝吃饭"；也能"接尾"，会接着成人的话接最后一个字，如成人说"锄禾日当——"幼儿接着说" 午"；还会使用否定句来拒绝成人的要求，经常使用"不……"的句式，如爸爸说"吃饭"，幼儿回答"不吃饭"。

4. 情绪社会性的发展

幼儿开始谈论情绪，可以识别主要照护者的情绪，情绪变化也趋于稳定，能初步调节自己的情绪。

幼儿的自我意识逐步增强，开始知道自己的姓名和性别，懂得表达自己的需要，会保护属于自己的东西，不愿把东西给别人，喜欢说"这是我的""不给"等词语。幼儿掌握"我"这个词，是其自我意识发展的一个重要标志。

在有成人提示的情况下，幼儿会说"请"和"谢谢"等礼貌用语。开始和其他小朋友一起游戏，并表示友好，出现自发的亲社会行为，如助人、安慰等行为。幼儿与母亲或其他照护者分离时会焦虑不安，产生了分离焦虑，并且出现陌生人焦虑，表现为对陌生人回避。

（三）24—36 个月幼儿的心理发展特点

1. 感知动作能力的发展

幼儿区分声音强度的能力更强；会经历细微事物敏感期，区分细节的能力达到高峰期，特别关注很细小的事物，特别喜欢触摸一些小东西；能命名颜色，认识圆形、方形和三角形，而且偏好鲜艳的暖色调；喜欢玩沙土，对颜料、画笔感兴趣。

幼儿几乎掌握了人类全部的基本动作，走路的时候可以绕过 15 厘米高的障碍，还能绕障碍物跑；不仅能够离地跳跃，双脚还可以离地向前跳跃；已具备较好的平衡协调能力，能够比较轻松地推拉玩具、骑小车，也可同时完成两个动作，做到单脚站立、手脚协调攀爬等动作。

幼儿的动作技能开始变得综合，能做到敲击开关、开门把手。手指的细小控制能力也在增强，1 次能翻 1 页书，可以串小珠子，将笔夹在拇指间，能搬运小玩具盒、大积木、小椅子等。3 岁的幼儿从画竖线到画横线，再到画圆，手部的控制能力逐渐变强。

2. 高级认知功能的发展

幼儿能够知道 3 种以上常用物品的名称和用途，例如，知道衣服是用来保暖的，水杯是用来喝水的，出门之前要穿好鞋子等。

幼儿可以将看到的、听到的、形象的东西提取出一些共性的概念，即概念表征。例如，爸爸的杯子、妈妈的杯子、宝宝的杯子，这些都是水杯，水杯是用来喝水的。这一能力在游戏中表现为喜欢玩象征性游戏。如，幼儿在游戏中模仿医生，用一根小木棒打针，虽然木棒和注射器看似毫不相关，但是木棒的身粗头尖，就像注射器。由此发现，幼儿已经具备将不同形象的物品提取出一些共性的能力。

幼儿可以理解"前后"方位，会连接排序，将物体排成一条线。但他还没有面积和体积守恒的概念。例如，家长将同一个长方体积木横放在地上，随后又竖放在地上，这时幼儿会觉得积木的形状改变了。

幼儿可以从 1 到 10 唱数，会手口一致点数 3 以内的实物，也可以区分"1"和"许多"。3 岁的幼儿可以区分大小、多少的概念。例如，幼儿能通过观察发现，这一堆苹果比那一堆苹果多。

幼儿能够简单预测故事情节的发展。他能长时间注意感兴趣的事情，并且可以回答或执行较复杂的认知任务，如在纸上画出动物和它们喜欢吃的食物的连线。

3. 言语的发展

幼儿能理解简单故事的情节，能安静、专注地倾听故事和阅读图画书，喜欢模仿故事里的人物语言。

幼儿表达时使用到的句型变多，使用双词句的词汇更丰富，能够使用由 3 个或 4 个词语组成的完整句，会使用较多的疑问句和连词，并且开始使用复合句，会用"你好、再见、谢谢"等礼貌用语；基本掌握了口头语言，可以用语言表达自己的需要和情感，调节自己的动作和行为，和他人进行交往。

4. 情绪社会性的发展

幼儿会用"快乐""生气"等词来表达或描述自己和他人的情感；能够理解产生某种情绪的原因，会对成功表现出高兴，对失败表现出沮丧；调节自己的情绪的能力增强了，发脾气的时间减少。

幼儿能准确说出自己的性别，也能区分图片中人物的性别，开始参与属于自己性别的群体活动；能区分自己和他人的物品，知道未经允许不能动别人的东西；开始用他人的评价来评价自己，例如，妈妈说："轩轩很乖哦，是个乖宝宝。"孩子会说："轩轩是个乖宝宝。"逐步懂得"我想做"和"我应该做"的区别，做错事之后会表现出脸红或害羞的表情。

幼儿能和同龄小伙伴分享玩具，能和成人或同龄小伙伴友好地游戏，可以遵守游戏规则，知道等待、轮流，但还是不够耐心。

幼儿能够理解家长的情感、意愿和行为。安全型依恋的孩子能够短暂地与家长分离，知道家长是出于一些原因才和自己分开，但是总会回到自己身边。

三、幼儿心理发展的教养策略

（一）12—18 个月幼儿的教养策略

1. 感知动作能力的教养策略

（1）视觉辨别能力的训练

家长需要促进孩子的视觉辨别能力发展，特别是面孔识别能力。可以有意识地让孩子指认家庭成员，多带着他到人群中交往，接触不同年龄和性别的人。

（2）听觉感知能力的训练

家长可以通过听声找物的方式训练孩子的听敏度，还可以对其进行音乐感知训练。例如，家长将某一发声物体放在房间的某个角落，引导孩子去寻找；给孩子播放不同旋律的音乐，以轻柔的、节奏感强的轻音乐为主，让其跟随音乐舞动身体，或者跟随音乐简单哼唱。

（3）触觉感知能力的训练

家长可以让孩子自由地、安全地玩水和泥巴，发展其触觉能力，还可以给孩子常见物品，询问孩子不同属性的物体触摸起来的感受。例如，让孩子触摸一个苹果和一根成熟的香蕉，然后问孩子哪一个水果更软。

（4）粗大动作能力的训练

家长每天至少安排孩子 60 分钟的锻炼时间，促进孩子粗大动作的发展。家长要多鼓励孩子独自行走，多在户外活动，带孩子到公园、操场奔跑。和孩子一起玩扔球、捡球、接球、踢球，带孩子玩滑滑梯、荡秋千、摇摇马，让孩子扶住扶手上下台阶。通过以上活动训练孩子的平衡协调能力，促进其前庭觉的发育。

（5）精细动作能力的训练

家长要有意识地促进孩子精细动作的发展。可以让孩子玩大桶（杯）套小桶（杯）、搭积木、盖房子等游戏；也可以让孩子玩一些简单的拼图。家长陪孩子阅读时，可以让孩子一页一页地翻书。鼓励孩子用笔涂鸦或画画（如画手的轮廓）。这些活动可以促进孩子手指的灵活性和手眼协调能力的发展。

2. 高级认知功能的教养策略

（1）识物游戏

家长可以带领孩子采用一问一答的形式，学习日常物品的名称和用途。例如，"宝宝还记得妈妈上次和你说过，这个是什么呀？可以用来做什么呀？"

（2）假装游戏

它是儿童成长过程中必然出现的一种特殊游戏类型。例如，家长抱着玩偶宝宝，给它喂饭，拍拍它的肩膀，放入推车中假装带它出去玩，可以让孩子也抱着一个玩偶宝宝一起模仿着玩，或让孩子按照自己的想法来玩各种情境假装游戏。

（3）物品归置

家长带着孩子一起整理房间和玩具，让孩子帮着将买回来的东西归置到家中的不同地方，锻炼其自理能力的同时也锻炼了空间感知能力。

3. 言语的教养策略

（1）丰富优质的语言环境

家长平时与孩子多说话，念念图书，听听音乐，创造丰富优质的语言环境。例如，看到灯时，家长可以说："这是灯，你看，可以亮起来哦。"接着指着"灯"问："这是什么？"如果孩子回答不出来，家长可以教孩子，反复多次后，孩子就能明白这个一开一关、能亮能灭、很有吸引力的东西名叫"灯"。由此，建立语言符号和实体之间的联系。

（2）简单清晰的语言指令

家长可以用简单清晰的语言指令调动孩子的活动，或者及时用语言和肢体动作回应孩子的需求。例如，妈妈下班回家，孩子急着要扑进妈妈的怀抱，这时妈妈要一边准备抱他，一边说"抱抱，抱抱"等。当孩子能说出一些简单的叠词"抱抱"时，家长可在孩子语言的基础上增加一到两个字，如"妈妈抱抱"。在平时的游戏中，家长把孩子最喜欢的玩具放在能看见但是拿不到的地方，引导孩子说出自己的需求。

4. 情绪社会性的教养策略

家长是家庭情绪氛围的重要主体和创造者。家庭成员之间和睦相处，各自能控制好自己的情绪，可以促进孩子良好的情绪能力的发展。

家长可以和孩子一起阅读情绪类绘本，让孩子观察书中每个人物表情的不同，一起模仿主人公的表情。

家长可以引导孩子进行自我探索。例如，认识自己的衣服，在给孩子洗完澡穿衣服的时候，跟孩子说："这是宝宝的衣服。"或者出去玩要换鞋子时，可以跟孩子说："去把宝宝黑色的鞋子拿出来。"

家长还可以引导孩子一起探索外界，如哄玩偶睡觉等；和孩子一起听音乐，握着孩子的手教孩子跟着节拍拍手，增强亲子交流。

（二）18—24 个月幼儿的教养策略

1. 感知动作能力的教养策略

（1）视听觉能力的训练

家长可以多教孩子日常生活中物品的颜色，利用色卡训练颜色辨认能力；让孩子将只有轮廓的图案和颜色连线，比如西红柿和红色相匹配。家长敲击发声玩具或者不同的物体（如碗、塑料瓶），让孩子辨别，以训练听觉辨别能力。

（2）触觉能力训练

家长鼓励孩子触摸不同质地的东西，如软的、硬的、毛茸茸的东西，并和孩子一起讨论。

（3）粗大动作能力训练

家长可以和孩子一起模仿动物，多带孩子练习单脚站立、双脚跳、两脚交替上台阶，和孩子一起玩投掷球、滑滑梯、摇摇马，让孩子练习蹲下、站起来。

（4）精细动作能力训练

家长可以让孩子串珠子、系扣子、搭积木、捡豆豆；带孩子一起利用各种干净的常见物品，如空盒子、塑料瓶、纸板等制作玩具；鼓励孩子模仿画线。例如，准备 2 支记号笔和 2 张纸，让孩子坐在家长的腿上，家长拿起笔在纸上画 2 条横线，然后将笔和纸放在孩子面前，说："像我一样画 2 条线。"

2. 高级认知功能的教养策略

（1）表征游戏

家长与孩子玩"开火车""骑竹竿""过家家"等游戏，孩子需要记住这类游戏的典型特征，才可以玩耍。例如，记住了火车是由一节节车厢串成的，才能一个人接一个人排成一列"开火车"。

（2）方位游戏

家长可以通过游戏帮助孩子理解上下、前后等方位。例如，在纸上画好"停车位"，让孩子将一辆玩具车停在一个"车位"上；还可以让孩子以自己为参照物，把小汽车放在孩子的身后，告诉他："小汽车在你后面哦，你转过身看看！"

（3）分类游戏

家长可以给孩子一组物品，让其找这一组物品的相同点或不同点，如挑出其中所有大的物品或小的物品，锻炼其分类比较能力。

（4）比较游戏

家长通过排列或堆叠的方式比较两组物体的多少，以此锻炼孩子的数量感知能力。例如，家长摆出两堆玩偶，问问孩子哪堆玩偶更多。家长还可以让孩子根据记忆寻找某样物体。例如，家长先给孩子看一辆小车，然后将车收起来，让孩子在一堆玩具中寻找这辆小车。

3. 言语的教养策略

家长多给孩子讲故事、念儿歌；教孩子说出自己的姓名、性别、身体部位；和孩子一起用玩具编故事；外出散步或游玩时，可以跟孩子边看风景边交谈；还可以借用生活场景问孩子一些简单的问题，鼓励孩子回答问题。

4. 情绪社会性的教养策略

（1）情绪识别能力训练

家长选择故事性稍强一些的绘本，和孩子一起讨论书中人物的表情。如，"宝宝，猴子的表情是什么呀？"每次孩子发脾气的时候，家长先要安抚孩子，等孩子冷静了，再鼓励孩子说出自己的情绪。例如，家长问："宝宝刚刚为什么哭呢？"孩子回答："吃糖糖。"家长继续问："宝宝是因为没有糖感到不开心了吗？"引导孩子学会用"我不开心"等语言来表达自己的情绪。

（2）自我认识和自理能力训练

家长多引导孩子认识自己的身体，可以通过唱歌的形式，边唱歌边找歌词对应的身体部位，或是和孩子一起照照镜子，观察自己。家长平时需要注意培养孩子的自理能力和良好生活习惯。例如，让孩子尝试自己洗手、擦干，自己穿脱衣服、鞋子，自己吃饭，或在成人帮助下收拾整理物品等。

（3）社会交往能力训练

家长可以和孩子一起玩装扮游戏，比如孩子扮妈妈，家长扮孩子；要多鼓励孩子和其他小朋友一起玩耍，丰富孩子的同伴交往经验。

（三）24—36 个月幼儿的教养策略

1. 感知动作能力的教养策略

（1）视听觉能力训练

家长要鼓励正在经历细微事物敏感期的孩子去探索，只要在安全的环境中，就不要做出限制，可放手让孩子去探索。

家长可以借助视觉填充游戏，帮助孩子学会在视觉刺激不完整的情况下把刺激物补充完整，训练孩子的视敏度。例如，家长故意给小兔子少画了一只耳朵，让孩子自己发现。

家长可以发出不同动物的声音，让孩子将声音和动物匹配起来；或是在不同的容器里装上沙子、豆子、大米，让孩子听声音找装有对应物品的容器；或是让孩子按照顺序，复述出家长说过的一系列家用电器的名称。

（2）触觉能力训练

家长多带孩子到公园、森林等复杂环境中，触摸不同的东西，扩大触觉范围，也可以多让孩子进行追、跑、赶、跳、碰等运动。

（3）粗大动作能力训练

家长和孩子一起尝试不同的走路方式，如踮脚尖走路、倒着走、快慢走、大小步走，或是模仿动物，如熊爬、兔子跳。可以带孩子尝试障碍赛跑，练习跳高和跳远，鼓励孩子练习投球、钻洞、攀登、骑三轮车、翻跟斗等。

（4）精细动作能力训练

家长可以和孩子一起玩翻花绳、捡豆子、串项链，玩橡皮泥和沙子，给图画填颜色，让孩子剪开一个盒子或是装饰一个盒子等。

2. 高级认知功能的教养策略

再认，指的是曾经出现过的事物，再次出现时能够认识。家长可以训练孩子对人、物体、形状、路线、声音的再认，例如，家长可以问："宝宝，记得我们走过这条路吗？"

以孩子自己为参照物，家长帮助他理解左右。家长教孩子按形状、大小、颜色、质地、用途等将物品进行归类，帮助孩子认识事物的规律和内在联系。例如，家长可以拿一张超市的宣传单，教孩子每样东西的名称和类别；或是让孩子将杂志上的图片剪下来，按照相同类别放在一起。

家长可以多跟孩子念俗语，如"一二三四五，上山打老虎"，和孩子一起数台阶。也可以和孩子玩两组物品的一一配对游戏，如1个苹果匹配1个橘子，2根香蕉匹配2个芒果。家长不必教会孩子数目的一一匹配，孩子通过不断练习，能够逐渐领悟两组物品是按照数量进行匹配的。

家长不要随意打断孩子的行为，破坏孩子注意力的发展。例如，孩子在一件事情上摸索很久的时候，家长迫不及待地想要去教孩子，或是出声打扰孩子，这会打断孩子的注意力。对于孩子的探索行为，只要不出现安全问题，家长就放手让孩子自己专注地探索，在一边观察即可。

3. 言语的教养策略

和孩子一起玩"你说我做"的游戏，家长发出指令，让孩子执行。家长描述事物的时候，可以加上具体的细节，如事物的颜色、形状、体积、触感等，观察孩子是否听得懂。

家长可以教孩子说交际语，如"你好、再见、谢谢"，学会叫人、回答名字。和孩子一起学唱儿歌，表演节目，读书给孩子听。讲熟悉的故事或古诗的时候，家长可以有意识地停下来，让孩子补充可能知道的词汇；耐心听孩子说话、复述故事。

4. 情绪社会性的教养策略

家长可以和孩子谈论有关情绪的事件，比如，"今天老师表扬你的时候，你是不是很开心？"这个阶段的孩子会产生分离焦虑，家长需要重视孩子的焦虑情绪，和孩子约定一个自己回来的时间，给孩子一些玩偶作为安抚。如，"下午放学了，妈妈就来接你。妈妈不在的时候，让猫猫（玩具猫）陪你好不好？"

家长需要帮助孩子学会遵守生活、游戏和学习的规则，鼓励孩子独立完成吃饭、穿衣、洗手、上厕所等力所能及的事情，培养孩子的独立意识。平时可以有意识地培养孩子的独立选择能力，比如摆出两样东西、两双袜子或是两种零食，让孩子选一样。

家长可以多鼓励孩子玩假装游戏。比如模仿小狗的叫声和动作；和孩子一起建设超市，收集包装盒搭建属于孩子的小超市。

参考文献

[1]唐利平.《学前儿童心理学》课程理实一体化的研究——以感知觉为例[J].贵州教育，2015（2）：31-34.

[2]陈陆，陈理宣.幼儿园教学的"离身"倾向及改革对策——基于具身认知理论的视角[J].内江师范学院学报，2021，36（5）：92-97.

[3]徐秀，冯玲英，刘湘云，等.婴幼儿抚育环境和动作发展的研究[J].中国儿童保健杂志，2007（5）：455-457.

[4]刘代娜.0—3岁婴幼儿身体动作发展特征与情绪体验研究[J].林区教学，2020（12）：118-121.

[5]全茹，任文君.动作练习对婴幼儿生长发育的影响文献综述[C]//陕西省体育科学学会.第一届陕西省体育科学论文报告会优秀论文集，2021：555-560.

[6]魏勇刚.从幼儿执行功能的发展看幼儿英语教育[J].内蒙古师范大学学报（教育科学版），2005（8）：40-42.

[7]张莉琴，李阳.幼儿定向运动游戏对问题解决能力的影响分析及提升策略[J].豫章师范学院学报，2022，37（5）：99-103.

[8]黄佩珊，蔡黎曼.教育戏剧冲突与幼儿问题解决能力的提高[J].学前教育研究，2018（6）：34-43.

[9]刘丽娟.以幼儿人际交往为核心的社会与情绪学习课程实践研究[D].上海：上海师范大学，2017.

[10]胡巧荣.美国幼儿身体活动的环境政策研究[J].体育师友，2018，41（6）：41-44.

（执笔：黄慧君）

第 4 课

如何与孩子建立
安全型依恋

教学对象

0—3 岁儿童家长及其他照护者

教学目标

1. 意识到建立安全型依恋的重要性。

2. 了解依恋产生的基本要素，知道分离焦虑及其表现。

3. 学习建立安全型依恋的策略，正确帮助孩子应对分离焦虑。

教学时长

⏱ 90 分钟

课程框架

1. 与孩子共情，学会倾听

2. 有时需要向孩子说"不"

3. 敢于正视自己的问题

三、防止孩子的过度依恋

（一）心理疏导

（二）学会放手

（三）鼓励孩子多交朋友

（四）全家参与育儿

四、帮助孩子应对分离焦虑

（一）什么是分离焦虑

（二）如何应对孩子的分离焦虑

1. 入托入园前

2. 入托入园时

3. 入托入园后

参考文献

课程内容

7个月大的牛牛被妈妈带到公园里，有个陌生的爷爷觉得他可爱想要抱他，牛牛没有抗拒；换了另一个奶奶抱走他，他也没有表现出焦虑和不安。而刚满8个月的天天就不一样了，整天都要和妈妈在一起，妈妈离开的时候就会哭，也不愿意让陌生人抱。

为什么牛牛和天天月龄差不多，却对陌生人有如此不同的反应？哪一种反应才是正常表现？有的妈妈很享受孩子对自己的依赖，有的妈妈却羡慕别的孩子一点都不黏妈妈。家长面对孩子的不同表现，到底该如何应对呢？

一、依恋的概述

（一）什么是依恋

依恋，是父母或主要照护者与孩子之间的一种长久持续的情感联结。依恋有三个特点：寻求与依恋对象身体上的亲近；可以从依恋者那里获得慰藉、安全感和丰富的刺激；依恋遭到破坏后，会造成依恋者情感上的痛苦。

依恋对婴幼儿的发展有着非常重要的作用，是安全感的基础，同时，依恋对个体以后的发展也有着至关重要的影响，是个体与他人建立信任关系的基础。

（二）依恋的产生与发展

婴幼儿的依恋是慢慢形成并发展的，通常可以分为四个阶段。

1. 第一阶段（0—3个月）：无差别的社会反应阶段

在此阶段，婴儿对任何人的反应几乎都是一样的，见到熟人和陌生人的脸都会报以微笑，熟人和陌生人的声音都让他们喜欢，对人并没有"亲疏远近"的区别，也没有对任何熟悉的人甚至是母亲的偏爱。

2. 第二阶段（3—6 个月）：有差别的社会反应阶段

在此阶段，婴儿对人的反应有了区别，体现在对母亲和熟人格外亲近，会更多地微笑、接近，而对陌生人反应明显减少，但依然会有微笑等反应。

3. 第三阶段（6 个月—2 岁）：特殊的情感联结阶段

从六七个月起，婴儿对依恋对象特别关切，只要依恋对象（通常是母亲）在身边，就感到快乐开心。而对陌生人则不像以往那样给予微笑或其他回应，更多地表现出怯生甚至紧张。伴随着母婴依恋关系的建立，婴儿会随之出现分离焦虑和陌生人焦虑。婴儿开始"非母亲不可"，发现母亲不在身边，就会哭闹、不安，并产生焦虑情绪。

4. 第四阶段（2 岁以后）：目的协调的伙伴关系阶段

随着认知能力和语言理解、表达能力的迅速发展，幼儿能够认识和理解他人的情感、需要、愿望，明白父母离开和回来的原因，也能确定父母什么时候回到自己身边，分离焦虑降低。幼儿会把母亲作为交往的伙伴，考虑对方的需要，适当调整自己与母亲交往的目标，较少因为母亲的离开而大哭大闹。

（三）依恋的类型

美国心理学家玛丽·安斯沃思通过"陌生情境实验"，观察婴幼儿与父母分开和重聚时的不同表现，提出了四种依恋类型，即安全型依恋、疏离/回避型依恋、矛盾/痴迷型依恋和恐惧/混乱型依恋。

1. 安全型依恋

形成安全型依恋的孩子拥有安全感，在父母面前知足自信。只要依恋对象在场，就感到安全，只有在需要安全、保护和舒适的时候才会寻求父母的贴身陪伴。具有安全依恋关系的孩子有以下行为特征：

（1）看见父母的时候很开心。

（2）进餐时的神情放松，乐于看着照护者的眼睛。

（3）坐在熟悉的成年人身边，舒适自如。

（4）摔倒或受伤时，回到熟悉的成年人那里去寻求安慰。

（5）表现出咿咿呀呀想要说话、与人沟通的欲望。

（6）会微笑或者挪动身体，试图靠近熟悉的成年人。

（7）愿意与熟悉的成年人一起玩耍。

（8）开心地大笑，表现出欣喜与热情。

2. 疏离／回避型依恋

疏离/回避型依恋的孩子几乎从不到父母那里寻求舒适和安全感，不相信所依恋的人会保护自己、照顾自己，父母不在的时候会哭泣。相反，父母在的时候会有意躲避与其亲近。这一依恋类型的孩子在成长过程中很可能回避与他人建立亲密关系，隐藏压制内心的情感。

3. 矛盾／痴迷型依恋

矛盾/痴迷型依恋的孩子，有时需求能得到满足，有时需求会被忽视，他们不确定依恋对象是否会保护照顾自己。因此，他们对父母会表现出既想回避又想亲近的混合现象。他们也会表现出黏人，但又会与照护者保持一定距离。这一依恋类型的孩子可能较难被安慰，拒绝身体接触，日后在建立持久亲密关系方面很可能出现问题。

4. 恐惧／混乱型依恋

恐惧/混乱型依恋的孩子期待亲密又恐惧亲密，他们允许照护者把自己抱起来，但当照护者触摸他们时，他们的身体会变得僵硬，很可能不愿意有目光接触，对成年人疏远、无反应。遭受过创伤的儿童，包括被忽视、孤立、严重虐待的儿童，最有可能形成恐惧/混乱型依恋，他们与他人建立亲密的、爱的关系非常困难。成年以后，他们通常很难建立持久的亲密关系。

（四）安全型依恋对婴幼儿成长的影响

1. 有助于婴幼儿的积极探索

婴幼儿通过表情、声音、肢体动作来表达需要，如果能够得到父母及时的回应和足够的关爱，身心需要都能及时得到满足，就能建立安全型依恋，信任周围环境，从而产生更多复杂的探索行为。婴幼儿会表现出对周围的环境更有兴趣和好奇心，对于解决问题有更高的持久性和愉快感。当面临困难和挑战时，亲子间安全的依恋关系会内化成孩子心中的一种安全模式，成为孩子内心安全的港湾，为孩子提供心理支持，帮助孩子缓解压力，增强信心。

2. 有助于建立良好的人际关系

安全型依恋的婴幼儿比不安全型依恋的婴幼儿更容易接触，情绪更愉快，攻击性更低，具有更强的社会适应能力和社会技能。这样的孩子乐于表达，容易共情他人，在冲突中能看到自己和他人的需要，善于解决问题，和谐关系，并将积极的关系模式带入以后所有的关系中，对其发展产生长远影响。

二、与孩子建立安全型依恋的策略

安全型依恋最本质的要素是父母对孩子的亲密与回应，它的形成建立在父母投入满足孩子各种各样的生理、情感的需要之上。可以把安全型依恋理解为一个循环，它始于孩子的需要，如你饿了，我来喂你；你害怕、生气时，我会陪着你。需求—满足需求—需求—满足需求，这个模式的一遍遍重复，让孩子在婴儿的时候就认识到，这个世界基本是安全的。每次喂养、每次拥抱、每次安慰、每次欢笑，在与孩子的互动中，孩子的安全感都会有所增强。

（一）回应孩子的各种需求

1. 及时、准确地回应生理需求

[案例]妈妈的回应

宝宝躺在小床上，正在哭。此时，让其安心的声音从另一个房间传来："妈妈知道你饿了，我马上就来！"听到熟悉的声音，宝宝停止了哭泣，但是当他发现没有人立即出现时，就又哭了起来。妈妈拿着热好的奶匆忙跑进来："等急了吧？"宝宝仍旧继续哭着。"好了，妈妈这就抱你起来喝奶。"妈妈弯下腰，伸开双臂轻轻地把他抱起来，宝宝的哭声逐渐减弱。当他被抱起时，身体紧绷，兴奋地挥舞着胳膊，目不转睛地盯着妈妈的脸。当含住奶嘴时，他闭上眼睛，握紧小拳头，欢快地吮吸着。"现在舒服了吧？"妈妈温柔地对他说。几分钟后，宝宝放松下来，他放缓了吮吸的速度，松开小拳头，伸出一只小手想抓东西。妈妈用手指触摸了一下他的小手，他立即紧紧地抓住了妈妈的手指。妈妈亲了亲他的额头。这时，宝宝睁开眼睛盯着妈妈，妈妈也微笑地回看他，他停止吮吸，对妈妈露出了灿烂的笑容。

家长要善于在生活中观察孩子的行为表现，慢慢摸索出孩子不同表现代表的不同生理需求。例如，不一样的哭声分别代表什么需求，可能是要换尿布了，也可能是饿了，还可能是身体不舒服。对于孩子的不同动作，可以根据当时的情景猜测孩子表达的意思，如伸手可能是想要吃东西了，揉眼睛可能是困了想睡觉了等。家长要看到孩子的需要并给予满足，如孩子饿了及时喂食，害怕时及时安抚。在"提出需求—满足需求"这个模式的一遍遍重复中，让孩子形成安全型依恋。

2. 读懂行为背后的心理需求

[案例]我也想要妈妈陪

二宝出生以后，妈妈把大部分精力放在了照顾二宝上。每天中午，妈妈都会陪二宝入睡。大宝总是会跑进房间，拉开窗帘又关上窗帘，连接环在轨道上发出了"哧哧"的声音。妈妈温柔地提醒大宝："嘘——这样会吵醒妹妹的。"可大宝每到这个时间，依旧跑进妹妹午睡的房间玩"窗帘游戏"。妈妈意识到，大宝的行为背后可能蕴含着其他的含义。有一天，妈妈在陪伴大宝玩耍时说起了"窗帘游戏"，她问大宝："你是不是想让妈妈多陪自己一些时间？"大宝点点头。原来，妈妈忽略了大宝的情感需要——一对一的陪伴，于是妈妈和大宝商量，每天安排一对一的只属于妈妈和大宝的亲子时间。从那以后，午睡时的"窗帘游戏"消失了。

每一个孩子都是不同的，家长要学会观察他们通过动作、面部表情、声音或手势发出的信号，察觉孩子行为背后的含义，理解并支持他们。当孩子表达需求的时候，家长应耐心询问、倾听孩子的想法，与孩子一起商量解决方法，会比直接帮助孩子解决更好。除此以外，家长还可以调动合适的身体姿势、表情、眼神、肢体动作、语言声音，与孩子保持同频，互动沟通，赢得孩子的信任，在这种情感流动的交互回应中，与孩子建立起亲密的亲子关系。

（二）日常照料中建立联结

联结是人与人之间的一种积极关系，是能被彼此感受到的情感纽带，可以是共享快乐和欢笑的时刻，也可以是分担烦恼和痛苦的瞬间。联结还包括，当孩子遇到困难、感到痛苦时，你的共情、支持与理解。

1. 在生活照护中建立联结

家长在日常生活中，可以与孩子多进行互动，建立爱的联结。换尿布的时候，与孩子四目相对，微笑凝视，用温柔的声音告诉孩子接下去的动作；换尿布后，给孩子做一些抚触按摩，多与孩子进行身体接触、眼神交流，向孩子表达爱意。吃饭的时候，和孩子一起聊一聊可爱的蔬菜宝宝。睡前，陪伴在孩子身边，一起共读喜欢的图书，给孩子一个睡前拥抱，让孩子在舒适的环境中入睡。在每个生活环节中，让孩子感受与家长间情感的流动，关系的联结。

2. 借助游戏建立联结

[案例]游戏的魔力

婷婷不喜欢刷牙，刷牙时间到了，妈妈总会不自觉地加大嗓门："你必须刷！刷牙能防止蛀牙……"妈妈强势地一边要求，一边讲着大道理。而婷婷却不买账，每天都会因为刷牙大闹一场。妈妈了解到，婷婷不喜欢刷牙是因为觉得站着不动不好玩，于是她决定先和孩子建立联结。妈妈发现每次自己对着浴室里的镜子做鬼脸，婷婷就会看得特别开心，于是她就利用镜子，和婷婷玩起了模仿刷牙的小游戏，把刷牙融入其中。后来妈妈没有要求刷牙，婷婷也会主动提出要去刷牙了。

在日常生活中，家长可以根据孩子的发展特点和兴趣，与孩子玩一些互动小游戏，增加亲子感情的同时，还能将一些看起来比较枯燥的日常环节变得更有意思，激发孩子主动参与的兴趣，如刷牙小游戏、家务小游戏等。对于月龄比较小的孩子，家长可以经常和孩子玩躲猫猫的游戏，不仅能建立安全依恋的关系，还能以游戏的方式帮助孩子理解家长离开与回来的关系，顺利度过分离焦虑期。

3. 亲子游戏推荐

[游戏]爱的香香

游戏目的：通过亲密的肢体接触，增进亲子情感。

游戏玩法：找个合适的时间，让孩子躺在床上，把护肤霜抹在孩子身体的各个部位。抹的时候动作要舒缓，要以充满爱意的节奏和力度，一边抹一边说：

"多可爱的小脚丫呀，这一定是世界上最可爱的小脚丫。哎哟，这个小腿肚更可爱，摸上去又光又滑。"如果爸爸妈妈能把说的话变成歌词唱出来，那就更理想了。

[游戏]海洋秋千

游戏目的：密切亲子关系，促进孩子平衡能力的发展。

游戏玩法：爸爸妈妈面对面站在大毯子边上，每人捏住毯子的一角，这样一床大毯子就是一片海洋，里面可以放点柔软的玩具代表着各种海洋生物。让宝贝躺在大毯子上，扮演一条大鱼，在海洋里翻滚。爸爸妈妈拎着毯子的一角开始上下左右摇晃。

（三）接纳共情建立联结

1. 与孩子共情，学会倾听

当孩子开怀大笑的时候，家长也跟着欢笑；当孩子焦虑哭泣的时候，家长也表现出担忧。家长应学会倾听孩子的想法，让孩子感受到被关注和被接纳。当孩子遇到挫折时，或因为一件事亲子之间发生冲突时，家长和孩子的互相倾听有助于释放压力，更快地让孩子恢复情绪的平稳。

2. 有时需要向孩子说"不"

家长要注意的是，"共情接纳，陪伴宣泄"并不是放之任之，有时需要对孩子的一些不合理行为，坚定地说"不"。在制止之前，首先要倾听孩子，蹲下身，询问孩子发生了什么，了解孩子行为背后真实的需求，表达共情。接着，可以对孩子说："不要乱扔，起来好好和妈妈说。"如果孩子此刻无法控制自己的行为，家长可以给他一个拥抱，虽然过程中孩子可能表现出对抗的情绪，但"倾听—说不—再倾听"的过程，能让孩子感受到家长依旧爱他，当宣泄心中的负面情绪后，孩子一般就能恢复正常的状态，调整不当的行为。

3. 敢于正视自己的问题

坦诚地面对家长自己的弱项和缺点，也可以是建立联结过程中的积极力量。有时，家长也会因为工作压力过大，忍不住对孩子发脾气，事后又懊悔不已。当发现自己方式不当时，家长可以大方地向孩子承认自己的错误，请求孩子原谅自己不当的回应方式，并请孩子在下一次提醒自己，然后再回到最初的事件，就事论事地讨论孩子做错的地方，与孩子共同商量更适合的解决方法。

三、防止孩子的过度依恋

孩子的依恋模式和行为表现受父母教养方式的影响。溺爱型的教养方式可能导致孩子对父母产生过度依恋。过度依恋的孩子缺乏自信心与独立性，更为任性。

（一）心理疏导

家长应有意识地告诉孩子要独立自主，鼓励孩子多尝试自己以前没有单独做过的事情。如果孩子不敢迈出第一步，家长可以陪伴孩子逐渐降低依赖，避免孩子产生较强的抵触心理，同时也要在这个过程中不断鼓励孩子，让孩子做好心理准备。

（二）学会放手

家长应改变帮助孩子包办一切问题的习惯，多给孩子机会做自己力所能及的事情。可以从帮助孩子学习生活自理开始，如日常穿衣、洗漱等，在孩子做的时候陪伴在孩子的身旁，给孩子勇气和力量，让孩子体验成功的自我效能感，明白最终完成事情的应该是他自己。但也要注重循序渐进，不能马上要求孩子独立，否则孩子容易因为失败而产生挫败感，反而对家长产生更强的依赖性。

（三）鼓励孩子多交朋友

家长可以利用周末和节假日，带孩子多到户外活动，特别是小区（村）公共活动场所，孩子聚集较多的公园、游乐场等，带孩子观察其他孩子的活动情况，也可以经常邀请同龄的孩子来家里做客，鼓励孩子尝试和别人交往，消除孩子面对同伴时的紧张感。等到孩子适应之后，再让孩子接触更多的集体生活。让孩子在和其他儿童的接触与交流过程中，体会区别于和父母相处的快乐感受。

（四）全家参与育儿

在育儿过程中，母亲不要大包大揽，可以多让孩子的父亲、爷爷奶奶、外公外婆，甚至是其他的亲戚朋友都参与进来，让孩子从小享受和谐自然的大家庭氛围，让他在和别人的接触过程中得到快乐，也可以相对弱化对父母的依赖。

四、帮助孩子应对分离焦虑

（一）什么是分离焦虑

分离焦虑，是指孩子因与父母或主要照护者分离而引起的焦虑、不安或不愉快的情绪反应。分离焦虑的出现，与孩子的不安全感有关。最初，这种焦虑的出现，是具有特殊的适应意义的，因为它促使孩子去寻找他所亲近的人，或者发出信号，呼唤妈妈的出现。这是孩子寻求安全的一种有效的方法。焦虑会引起孩子生理上的应激反应，长时间焦虑容易使孩子抵抗力下降，适度的分离焦虑是大脑安全系统的必要组成部分。

（二）如何应对孩子的分离焦虑

处于分离焦虑的孩子会经历独立面对变化、熟悉新环境、在安全的环境中学习与"陌生人"相处、逐渐形成信任感、建立多重依恋关系等过程，为之后同伴相处、自主探究打下基础。

[案例]刚入托的欣欣

欣欣入托的第二天，老师走过来坐在她身旁，轻轻地抚摸着她的肩膀。欣欣看了看老师，移开了她的手。老师仍旧坐在欣欣的身旁，说："妈妈离开了，我知道你很难过。"欣欣开始哭了。老师仍坐在她旁边，保持沉默。欣欣的哭声渐渐平息了，只是轻轻地抽泣。抽泣了一会儿，欣欣又急切地想去拿妈妈带来的尿布袋。老师帮她将尿布袋拿过来，欣欣紧紧地抱着它。老师从袋子里拿出了一个戴着围巾的毛绒小熊，欣欣一把抢过来，紧紧地抱着它，时不时地拿到鼻子前闻一闻，她的表情越来越放松了。老师拿来了一大盒玩偶和毛毯，把它们放在欣欣旁边的地板上。欣欣立即蹲了下来，把盒子翻过来，用一个小毯子包裹着一个玩偶，并将它放在盒子里的小床上，然后用围巾将它盖住。

孩子在陌生环境中，会学习调整自己的情绪，应对"分离焦虑"。老师应给予及时的回应和引导，帮助孩子放松下来，逐步和老师建立师幼依恋关系。当孩子和他人（老师）建立信任时，他也能变得更加自主和独立。

当孩子进入托儿所（幼儿园），因为分离焦虑，可能会出现让家长"烦恼"的表现。一是晨间大战。孩子处于入托焦虑期时，常出现晚上睡眠不稳、多梦易醒，早上睡不醒的现象。即便已经睡醒了，他也会赖在床上不起来，更多的时候是因为孩子知道起床之后就要去托儿所（幼儿园）了，这些行为只是抵制入托入园的一种方式。二是孩子生活技能倒退。入托入园之后，原有的生活秩序被打乱，孩子失去了对周围环境的掌控感，这种被剥夺的感觉让他感到无所适从。在这种情况下，孩子可能会出现黏人、不愿意自己吃饭、尿裤子、一点点小事就发脾气的现象。三是孩子容易生病。孩子从一个被精心照顾的小环境，来到集体的大环境后，饮食作息发生了一定的变化，生理和心理上都会有不适应的感觉，抵抗力有所下降，再加上孩子免疫机制还未成熟，容易因交叉感染而生病。

在了解这些"烦恼"的原因后，家长要调整好自己的心态，带领孩子一同应对"焦虑"，顺利适应入托入园后的生活。家长可以用以下方式来应对孩子的分离焦虑。

1. 入托入园前

（1）帮助孩子做好心理与生理的预备

了解"我"的托儿所（幼儿园）——家长带孩子参观托儿所（幼儿园），与老师交流，了解熟悉托儿所（幼儿园）的环境，观看小朋友的生活与游戏场景。带着孩子一边参观，一边讲解，"宝贝的托儿所（幼儿园）里有什么，老师会带着我们做什么"，让孩子初步了解托儿所（幼儿园）的生活。

了解"我"的老师——家长在新生入托入园面谈时，可以和孩子的班主任留影，带着孩子初步认识自己的老师。

模拟入学——家长可以为孩子预备一个儿童书包，贴上孩子的名字，鼓励孩子把自己的物品放进书包；模拟情境，玩一玩背着书包上学校的游戏，引发孩子对上托儿所（幼儿园）的期待。

调整作息——家长可以参照在园一日作息，对孩子的作息时间做适当的调整。

（2）当孩子出现焦虑时，给予支持

当孩子出现焦虑时，给予支持，做到温柔地坚持。如碰到"晨间大战"，家长避免与孩子过多谈论托儿所（幼儿园）的生活，尤其是入睡之前，避免孩子由于过度紧张而睡眠不好。温柔地坚持送孩子入托入园，一旦孩子建立起新的生活秩序，"晨间大战"也就消失了。在坚持送孩子入托入园的时候，避免要求孩子必须高高兴兴地去，这样会加重孩子的抵触心理。如孩子生病了，让孩子适当休息，同步关注班级的动态，与老师保持联系。接纳情绪，陪伴宣泄。当孩子出现黏人、不愿意自己吃饭、一点点小事就开始发脾气的现象时，家长不必过于担心，孩子需要用这种行为来吸引家长的关注，这更多的是一种情绪宣泄。所以，当孩子出现以上现象时，家长应避免斥责，接纳孩子的情绪，多给一点时间，多一点宽容。等待孩子入托入园适应后，孩子会做出相应的调整。家长可以通过多种多样的亲子游戏，让孩子有愉悦的心情，宣泄内心的焦虑。

2. 入托入园时

（1）稳重应对

当孩子表现出不想和爸爸妈妈分开时，爸爸妈妈可以拍拍孩子的背，与孩子共情："爸爸妈妈知道，你刚刚去托儿所（幼儿园），还没适应，但爸爸妈妈相信你会越来越好的，老师可喜欢你了，爸爸妈妈下班会来接你的，我们一起吃晚饭。"

（2）果断离开

一旦和孩子说再见，就要立即离开，这样有助于孩子应对分离焦虑。

3. 入托入园后

（1）积极沟通

家长可以将孩子在家的表现与变化如实与老师沟通，不要因孩子的哭闹就责怪老师和孩子，与老师保持积极沟通，共商策略，相互配合，帮助孩子顺利度过入托入园焦虑。

（2）积极赞许

家长如果看到孩子哭着跑向你，千万别惊讶，这是孩子在向你倾诉情绪，不妨给孩子来一个大大的拥抱："宝贝放学了，爸爸妈妈下班了，我们又见面了。"多表扬孩子："听老师说，今天你搭了一个很高的城堡，好棒呀！"让孩子感受家长对自己的关注，与老师产生信任的关系，引导孩子分享在托儿所（幼儿园）的美好点滴。

（3）切忌事项

①数落。如：小弟弟都不哭了，你还哭，羞羞脸！

产生影响：孩子哭得更厉害，产生羞愧的"自我"体验。

②欺骗。如：奶奶第一个来接你！

产生影响：实际上奶奶不是第一个到达托儿所（幼儿园），孩子感受被抛弃，持续产生焦虑，不易形成安全感。

③做无意义的约定。如：拉拉钩，我们明天不哭哦！

产生影响：把焦点放在了"哭"与"不哭"上，加深了孩子的心理压力（万一明天哭了，是不是说话不算数）。

④不当提问。如：有没有小朋友欺负你？

产生的影响：为孩子营造了受害者的心理。

⑤条件交换。如：你不哭，晚上我就带你去买小汽车。

产生影响：投射错误的因果，"控制情绪"是为了得到礼物。

参考文献

[1] 珍妮特·冈萨雷斯－米纳，黛安娜·温德尔·埃尔. 婴幼儿及其照料者：尊重及回应式的保育和教育课程：第 8 版 [M]. 张和颐，张萌，译. 北京：商务印书馆，2016.

[2] 卡罗尔·科普尔，休·布雷德坎普，德里·科拉利克，凯西·查尼. 0—3 岁婴幼儿发展适宜性实践 [M]. 洪秀敏，译. 北京：中国轻工业出版社，2020.

[3] 劳伦斯·科恩. 游戏力养育 [M]. 刘芳，李凡，译. 北京：北京联合出版公司，2020.

（执笔：李婷婷）

第 5 课

如何做好对孩子的回应性照护

课程简介

教学对象

0—3 岁儿童家长及其他照护者

教学目标

1. 了解回应性照护的意义、基本要求及方法。

2. 学会观察、了解孩子的需要，能尝试根据孩子的需要来提供回应与支持。

3. 理解孩子是独立的、发展的、值得尊重的独特个体，进而树立正确的儿童观。

教学时长

90 分钟

课程框架

[实例导入]

一、回应性照护的概念及重要性

（一）回应性照护的概念

（二）回应性照护的重要性

    1. 有利于帮助婴幼儿形成稳定的情绪

    2. 有利于帮助婴幼儿建立积极的依恋关系

    3. 有利于帮助婴幼儿形成对自我和他人关系的积极认识

二、回应性照护的基本要求与方法

（一）建立良好的养育环境

    1. 创建安全舒适的物质环境

    2. 创建和谐温馨的心理环境

（二）关注不同类型婴幼儿的需求

    1. 婴幼儿的基本需求

    2. 不同气质类型婴幼儿的需求与照护要点

（三）提供恰当的回应

    1. 有效的互动与沟通

    2. 适宜的支持与帮助

三、日常生活中的回应性照护实践

（一）亲子关系建立

    1. 分离焦虑

    2. 发脾气

（二）生活照护

    1. 回应性喂养

    2. 规则培养

课程内容

[实例导入]

小虎突然哇哇大哭，爸爸走过来看着小虎，边问"宝宝怎么了"，边伸手去摸他的纸尿裤，"哦，宝宝尿尿了，湿湿的，不舒服是不是？我们现在去换尿布哦，换上干净的尿布就舒服啦。"爸爸将小虎抱到床上，伴随着小虎期待的目光，爸爸很快拿来毛巾、湿巾和干净的尿布，一边给小虎换，一边用语言和他沟通整个过程。"好嘞，我们把尿布穿好，这边再拉好一下，换好啦，很舒服吧？"

爸爸给孩子换尿布的过程，像是亲子共同完成了一件有趣的事情，给孩子带来温暖的感受，既满足了其生理需求，也积极回应了其心理需求。

一、回应性照护的概念及重要性

（一）回应性照护的概念

促进儿童早期发展最直接、有效的方法就是养育照护。联合国儿童基金会、世界卫生组织（WHO）联合发布的《养育照护促进儿童早期发展》，将养育照护定义为："一个由照护者创造的环境，旨在确保儿童身体健康、饮食营养，保护他们免受威胁，并通过互动给予情感上的支持和响应，为他们提供早期学习的机会。"养育照护的核心内容为：健康、营养、安全、回应性照护和早期学习机会五项。

其中，回应性照护作为一种满足婴幼儿生理和心理需求的积极照护实践，是指在日常照护中，照护者敏感且持续地关注婴幼儿的行为与心理状态，尝试解读其行为动机与需求，并予以准确、及时的回应，帮助婴幼儿建立信任感和安全感，支持其自主自信地探索学习的过程。养育环境、婴幼儿需要和恰当回应是回应性照护的三个要素。

（二）回应性照护的重要性

温暖地、支持地、敏感地发现婴幼儿需求，并给予及时回应的良好养育照护环境，对婴幼儿来说有什么意义？

1. 有利于帮助婴幼儿形成稳定的情绪

回应性照护，能敏感地发现婴幼儿的需求，并以恰当的方式进行回应。当各种需求都能被敏感地觉察、满足时，孩子的情绪通常不易出现频繁波动、激烈起伏，有情绪时也更容易恢复到平静、稳定的状态。当孩子吃饱、睡足、衣物干爽舒适时，通常表现得平静、愉悦，反之便哭闹不止。当周围环境让孩子感到安全有序时，孩子容易对外在的人与事物产生兴趣，反之则表现得焦躁不安。当孩子感到自己被关注、被爱护时，便乐意与他人互动，反之可能不愿合作、富有攻击性。

2. 有利于帮助婴幼儿建立积极的依恋关系

6—8 个月大的婴儿基本可以与主要照护者形成情感纽带，建立依恋关系。这种情感关系的质量通常取决于养育照护的质量，并影响后期的亲子关系。当婴幼儿的生理、心理需要总能及时、恰当地被满足，就容易信任所处的养育环境，与照护者形成积极的情感纽带，获得安全感；反之，婴幼儿则容易感到不安、焦虑，难以形成对外界人与事物的信任，与照护者之间的关系也就更为消极、脆弱。

3. 有利于帮助婴幼儿形成对自我和他人关系的积极认识

回应性照护在强调给孩子支持的同时，也尊重孩子的独立性，注意激发孩子的自主性。当孩子摔倒时，家长不是马上将他扶起，而是平和关切地说："你还好吗？来，自己爬起来。"孩子就能理解自己是一个有能力的个体。当孩子出现分离焦虑时，家长温和地告诉孩子离开的原因、约定好回来的时间，并且每次都能按时归来，向孩子表达重聚的愉悦。这样更能帮助孩子接受短暂的分离，让孩子理解自己和父母是相互独立又相互联系的，也有助于孩子建立对他人的信任感。

此外，回应性照护也是一种积极的人际互动模式。当孩子与同伴发生冲突，家长不偏袒、不包庇，让孩子们各自描述事件经过，自行商量解决办法。这样有助于孩子学习换位思考、理解他人的需求、形成积极的关系认知，从而培养良好的社会交往习惯。

二、回应性照护的基本要求与方法

（一）建立良好的养育环境

1. 创建安全舒适的物质环境

家长要为孩子提供温暖的、支持性的、有丰富刺激与互动机会的养育环境。在日常照料中，融入眼神、语言和手势的交流。物质环境方面，提供舒适的游戏、生活环境，在家里创建儿童友好的游戏区域，除了保证家庭环境的安全舒适外，可以在孩子的活动区域摆放高度适当的桌椅，提供丰富多样的玩具，为孩子营造一个有利于探索的环境。

2. 创建和谐温馨的心理环境

良好的亲子关系可以为婴幼儿带来心理上的安全感，支持其不断探索、学习，使他在情感、社交和认知方面获得良好发展。

首先，做到尊重与接纳孩子。家长应充分尊重孩子的发展情况、能力水平和兴趣导向，无条件地接纳孩子，让他感受到爱。要允许孩子以自己的方式参与到各种活动中，对于孩子力所能及的事，如喝水、进餐、如厕、穿衣等活动，尽量让孩子尝试自己完成。对于性格内向的孩子，家长应顺应孩子的个性特点，欣赏他的专注与投入。当孩子遇到困难出现情绪时，共情是处理孩子情绪最基础也是最重要的一步。家长需要接纳并共情孩子，这样孩子便能感知到自己的问题被理解、自己的需求被认同、自己的感受被尊重，情绪也就慢慢平复下来了。

其次，对待孩子要真诚与支持。家长要诚实地向孩子表达真实的感受，根据不同环境给孩子不同的回应。当孩子提出无理要求时，不是一味否定，而是耐心听取孩子的想法，客观地告诉孩子拒绝的理由。在孩子表现不佳时，无须盲目表扬，而是结合孩子的实际情况提供建议，鼓励他继续做好。当孩子拿着他的"作品"来分享时，应专注聆听并鼓励孩子的创作，给予具体、明确的表扬。当孩子玩得兴奋不已时，能够给他足够的快乐时间。当孩子因为尿裤子而感到不好意思时，可以告诉他这是很正常的，自己小时候也尿裤子。当家长存在不当行为时，也能诚恳地向孩子道歉，及时提供恰当的回应。

（二）关注不同类型婴幼儿的需求

1. 婴幼儿的基本需求

人本主义心理学家亚伯拉罕·马斯洛从人类行为动机的角度提出需求层次理论。该理论介绍了人类需求的五级模型，从层次结构的底部向上分别为：生理的需求，如吃饱穿暖；安全的需求，如居有定所；归属与爱的需求，如家庭幸福；尊重的需求，如受人尊敬；自我实现的需求，如贡献社会。婴幼儿尚处在生命早期，其需求以生理、安全、爱和尊重为主。

2. 不同气质类型婴幼儿的需求与照护要点

孩子有着天生的气质类型差异，有些孩子天生爱哭爱闹，有些则平和爱笑，还有些则相对安静，这就要求家长学会根据孩子的气质类型给予更合适的照护。根据孩子在活动水平、生理节律、适应性、反应强度等方面的差异，可以将孩子的气质分为四种类型，具体如下：

（1）容易型

这类孩子通常对新的环境适应良好，饮食、睡觉、排便等都比较规律，情绪通常是高兴和愉快的。家长应注意正确引导，不要因为易养就忽视了他们。

（2）困难型

这类孩子与容易型相反，面对新的环境适应不良，对于新事物和环境倾向于退缩，对新异刺激反应强烈，饮食、睡觉等也不规律。家长要着重培养其规律的生活习惯，先让他接触安全的环境和友善的陌生人，事先提醒孩子应如何去做，逐步帮助孩子适应新环境。

（3）缓慢型

这类孩子通常反应温和，情绪既有积极也有消极，不太喜欢新环境，但能以自己的速度逐渐适应。家长要为孩子创造一个活泼、温馨的环境，经常和孩子说话，多引导他与别的小朋友接触。

（4）平均型

这类型孩子的各项反应处于中等水平。家长可以针对孩子不同的个性特点，给予支持和引导，促进其发展。

（三）提供恰当的回应

1. 有效的互动与沟通

日常生活环境是亲子互动沟通的最主要场所。家长要在日常生活中认真观察孩子的面部表情、身体姿势（动作、手势）、言语表达（语音语调），识别、理解孩子通过动作、语言、表情和口头请求所传递的生理与心理需求。除了仔细倾听、解读孩子的需求之外，家长还要调动合适的身体姿势、表情、眼神、肢体动作及语言、声音等，传递出容易让孩子观察到、注意到，并理解的有效信息。

家长要尝试理解孩子的对抗行为，用合作性的方式来表达自己的希望，可以调整表达方式、创造合作条件，让孩子感到被尊重。例如，"吃饭时间到了，吃了午饭我们就可以去楼下散步喽。""等你收拾好玩具，我们就可以开始听故事啦。""宝贝，我需要帮忙，请你帮我把筷子摆一下。"

2. 适宜的支持与帮助

当孩子在生活、游戏等情境中遇到各种问题时，家长可以参考如下方法，为孩子提供适宜的支持与帮助。

（1）准确判断孩子所能承受的最优压力水平

强度适宜的压力有助于鼓励、激发孩子参加各种活动的兴趣；压力过大会妨碍或抑制其尝试和探索的行为，让孩子出现退缩行为；而当孩子缺少挑战、面临的压力不足时，则容易让孩子失去兴趣，转移注意力。因此，家长要善于发现孩子所面临的挑战，当稍微超出其承受能力时，家长及时给予帮助，减少孩子的挫败感，支持他继续尝试解决问题。

（2）及时关注孩子行为背后的真实需求

家长的关注与回应对孩子来说极其重要，当孩子获得足够的、适宜的关注，则容易获得满足；如果他的适当行为不足以得到关注，则容易通过一些不恰当的行为来寻求关注，如滔滔不绝地讲话、大声尖叫或乱扔玩具等。家长需要用心观察，分辨孩子的行为是真正有需求还是在用不恰当的方式寻求关注。在满足合理需求的同时，对于那些没有危险性的小问题行为，可以适当忽略，这样也有助于不当行为的自然消除。

（3）提供与孩子的需求和行为相匹配的具体反馈

家长在养育照护过程中，要及时为孩子提供清晰、恰当的反馈。对于孩子做得好的地方，要及时给予精神上的鼓励和表扬。例如，用肯定的眼神或竖起大拇指为他点赞，向他人积极地谈论孩子，或者摸摸小脑袋表示感谢。对于孩子做得不对的地方，也要及时指出并告知如何改正。一方面，要让孩子知道自己的行为会给周围环境和他人带来什么后果，通过反馈帮助孩子建立起自己的行为与后果间的因果关系。另一方面，孩子可以通过家长的回应明确地知道该如何解决问题。例如，在孩子抓疼爸爸妈妈时，爸爸妈妈要用严肃的方式告诉他："你抓得我很疼，我不喜欢你这样。"而不是说着严肃的话，脸上却挂着微笑，这种不清晰的回应会给孩子带来矛盾的感觉，并不利于孩子调整自己的不当行为。

三、日常生活中的回应性照护实践

（一）亲子关系建立

1. 分离焦虑

随着孩子逐渐长大，可能会变得越来越黏人，与家人分开时常常会表现得焦虑不安或哭闹不止，家长应接纳、共情孩子的情绪。

[案例]我不要妈妈走

恒恒看到妈妈拿着包准备去上班，哇的一声哭了起来。妈妈平静、坚定地看着他说："现在妈妈要去上班了。晚上五点一下班，妈妈就马上回来。"说完拥抱了一下恒恒，告诉他："妈妈知道你想让我多陪你一会儿。让爷爷奶奶先陪你玩，你们一起玩游戏、看绘本。妈妈下了班就马上回来陪你玩。"然后轻轻关上了门。晚上六点，妈妈一进门就来到恒恒身边，摸着他的头说："宝贝，妈妈回来了。我们又见面了，真好！听说你下午自己看了两本书，这么认真呀。"

妈妈的态度对于孩子来说非常重要。趁孩子不注意偷偷离开，用哄骗的方式与孩子分开，或者在离开时一步三回头，表现得与孩子难舍难分，这些方式都会让孩子的分离焦虑越来越严重。真诚地告知、坚定地离开和回来后的关注才能够帮助孩子顺利度过分离焦虑期。

此外，日常生活中，家长可以拓展孩子的活动圈，经常去小区、公园等地与各种各样的人交往，帮助孩子适应不同的环境。在孩子入园、家长出差等较长时间的分离之前，也可以用循序渐进的方式，让孩子练习短暂的分别，逐步适应短暂分离后再向较长时间分离过渡。

2. 发脾气

当孩子因为各种原因哭闹、发脾气时，家长应该先观察、了解孩子为什么发脾气，表达共情的同时，引导孩子识别、理解自己的情绪。

[案例]扣扣子

莉莉学习自己穿衣时，扣不上扣子，着急得发脾气了。妈妈在观察她的动作和衣服的情况后，对她说："哎哟，这个扣子是有点小，确实不好扣，是我的话也要着急了。现在你想要再试试吗？我陪你一起再试试好吗？"当莉莉平复心情，终于扣上扣子时，妈妈及时鼓励："哇，宝宝会自己扣扣子了，真有一双能干的小手。"

如果孩子还是无法完成，也可以引导孩子学会找大人帮忙，教给孩子说："请你帮我……好吗？"在孩子说出请求以后，家长要热情地为孩子提供帮助。也可以用转换活动等方式，引导孩子用恰当的方式来表达情绪。例如，"奶奶准备了你喜欢的叉烧包，走，我们一起去吃好吃的包子吧。吃完有力气了再来扣扣子！"

（二）生活照护

1. 回应性喂养

培养孩子良好进餐习惯的基本要求：饭前洗手，进食时间、地点相对固定，不挑食，专心进食，逐步能够自主进食。在这些良好用餐习惯的基础上，回应性喂养还强调互动与反馈。

[案例]宝宝爱吃饭

互动：家长与孩子面对面，方便照护观察的同时与孩子互动，家长向孩子介绍食物的营养、口感："宝宝你看，红红的胡萝卜是小兔子最爱吃的蔬菜，吃了以后眼睛会变得特别漂亮。"说完，家长示范大口吃胡萝卜，引导孩子模仿家长的行为，及时表扬孩子。餐后，还可以与孩子进行关于吃饭的互动小游戏，激发孩子对于食物的兴趣。

反馈：观察发现孩子通过动作、表情、声音、语言等发出的饥饿、饱腹，以及对食物的好恶等反馈信号，并以恰当的、支持性的方式做出反应。"宝宝已经饿得肚子咕噜咕噜叫啦，想要快点吃饭啦，妈妈现在就给你盛饭！""宝宝今天真爱吃南瓜，把勺子都舔得干干净净的！"当孩子出现用手抓取、抢勺子现象时，家长要允许孩子尝试自主进食，为他提供方便抓取的食物进行练习。

2. 规则培养

孩子尚未养成规则意识，还没有"排队，按顺序玩"的概念时，是不擅长等待的。只给出"要排队"的口头要求，不一定能让孩子理解并遵守"排队"规则。家长可以先用行动引导，再加上语言鼓励的方式，帮助孩子养成良好的行为习惯。

[案例]排队

兵兵和同伴们争抢着玩滑滑梯，谁都不愿意排队。爸爸走到孩子们的身边，告诉他们要排队，同时轻轻抱住其中影响排队秩序的兵兵，陪他等待。当发现孩子们开始排队时，及时表扬他们的行为："航航和花花真棒，能自己排队等待玩滑滑梯。"

3. 日常安全

孩子在日常活动、游戏中可能存在各种安全隐患，家长要平静地帮助孩子排除隐患，确保安全就好，无须因为担心而表现得过于激动，甚至指责孩子。孩子有时会为了博取关注而故意调皮捣蛋，如果家长表现得过于激动或责怪孩子，可能会让孩子因为获得了关注而重复该行为，或改用别的方式继续吸引关注。家长要尽量冷静地与孩子对话，看着孩子的眼睛，用平等的交流态度帮助他认识到这种行为可能带来的不良后果。

[案例]好玩的小球

超超觉得好玩而把玩具小球塞进鼻孔，同伴们哈哈大笑，他也跟着一起笑起来。妈妈发现后冷静地及时帮超超取出小球，同时用平等、认真的态度告诉他："我们要快点把小球拿出来，不能再塞进鼻子里了。如果不拿出来，小球就不愿意出来了，那宝贝的鼻子就会很痛。"并再一次和超超强调，不能把物品塞进鼻子里。

（三）自主活动

1. 自主游戏

回应性照护并不是简单地满足孩子提出的所有要求，家长可以根据孩子的发展水平，激发孩子自己去试一试找到问题的解决办法，体验探索的乐趣。

[案例]自己想办法

孩子们在玩滚球游戏时，把小球滚到沙发底下了。凯凯哭着去找妈妈帮忙。妈妈说："你们自己试试看，有什么办法把小球拿出来呀？"于是，孩子们开始了各种有趣的尝试。有的跑到沙发后面趴在地上伸手去够，有的蹲在地上用晾衣叉把小球扒拉出来。

2. 争抢玩具

孩子们常常会因为玩具而发生争抢。争抢发生时，家长应充分尊重每一方的需求和想法，尽量客观地了解各方的想法、需求，而不是扮演仲裁者的角色去强制要求一方分享。可以多观察、了解孩子喜欢的玩具类型，尽量提供足够数量的玩具，也可以和孩子一起创造新的玩法。

[案例]玩具是我的

小丁想要抢小何的玩具，妈妈走过去，问小丁："你是想要玩玩具呢，还是想和小何一起玩？"小丁回答："我想要玩玩具。"于是妈妈通过示范，引导小丁与小何进行沟通："你的玩具能借我玩一下吗？"小何表示不愿意，妈妈尊重了小何的想法，对小丁说："这是小何的车，他现在还想玩，不方便借给你。那我们去找同样好玩的玩具吧。"

【附录】

婴幼儿养育回应性照护26条

1.回应性照护是要求父母及其他照护者能及时、恰当地注意、理解和回应婴幼儿发出的信号。回应性照护有助于促进婴幼儿认知能力与社会情感的发展。

2.对孩子信号的恰当回应不仅要具有及时性还应具有合理性，即照护者所做出的回应要符合儿童年龄、心理发展特点及环境需求。

3.婴儿交往最频繁的对象是母亲。母婴依恋关系是儿童最早形成的人际关系。儿童早期与母亲及其他照护者之间形成的关系的性质，将会影响儿童以后的发展。

4.当婴儿意识到自己表达的需求能够在合理的时间里得到恰当的回应而且感到满足时，对照护者的信任就会逐渐建立起来。

5.婴儿与依恋对象在一起时会感到最大的舒适、愉快和安全，有了这种感受，婴儿就能安心地玩耍，克服焦虑和恐惧，去探索周围的新鲜事物。

6.良好融洽的亲子关系建立在家长将婴幼儿当成独立的"人"平等对待的基础上，如果家长总是按照自己的意愿随意摆布婴幼儿，良好的亲子关系就难以建立。

7.敏感的照护者能及时发现婴幼儿身体不适的征兆，判断出饥饿和饱足，意识到潜在的危险，感受到婴幼儿的忧伤，并给予恰当的处理。

8.沟通是一个双向的互动过程，在沟通中，家长要善于观察和倾听，从而了解婴幼儿在想什么，在关注什么和需要什么。

9.喂哺过程是提供亲子互动的良好时机，喂哺时喂养者尽量与婴儿保持面对面，有充分的眼神交流和语言交流，留意观察婴幼儿饱和饿的信号，做出恰当的回应。

10.新生儿趴在母亲的腹部，会通过头部、手臂和腿部向前移动至乳房，张大嘴巴、用手去触摸乳房来吃奶，这时母亲可轻轻抚摸新生儿，并发出柔和的声音来进行回应。

11.婴儿通过微笑、发出欢快的声音、把手伸向餐具或食物、主动张嘴，表达想吃的愿望；也会通过吐出食物、用手推餐具或食物、扭头、皱眉等，表达不要吃的意愿。

12.婴儿在还没有口语表达时，更多通过自己的身体、面部表情及声音等非言语的沟通方式，来发起需求和回应照护者。

13.父母与新生宝宝的互动贯穿于所有的身体接触中，如抱着或抚摸宝宝时，给他喂奶和洗澡时。在这些身体接触中，宝宝会感受到父母的爱，发出自己的需求。

14.哭声是婴儿表达需要和情感的重要方式。学会聆听婴儿的哭声，可以帮助照护者建立良好的回应，作为照护者应努力理解婴儿哭声的含义。

15.婴儿发出的第一个带有社交意义的信号是微笑。照护者要对婴儿的微笑及时地做出回应，要尽情地表达喜悦与幸福的情绪，表现出笑脸、开心的姿态或语调。

16.不同的婴幼儿从周围获得信息和做出反应的方式会有所不同。照护者在日常的照料中要用心找到婴幼儿独有的互动方式，然后调整自己的方式与其互动。

17.优质的互动时间出现在婴儿平静而专注时，可能是他喝奶后的几分钟，也可能是小睡过后的几分钟，还可能是喝奶和小睡的间隔时间等。

18.照护者要学会追随婴幼儿的兴趣去做出回应。为了让照护者再次回应，他会更努力地去尝试发出声音或做出动作使照护者高兴，这有助于婴幼儿的学习和发展。

19.照护人要学着去揣测婴幼儿想要表达的内容。当婴幼儿注视着照护者或对他笑，或发出声音，或做手势，照护人要去揣测婴幼儿想表达的意思。

20.照护者在夸奖婴幼儿时应该尽量具体、真切，而不是笼统地夸奖，如"你真棒"。可以多尝试这样来夸奖，如："宝贝把汽车送回家了，你做得真棒！妈妈很高兴！"

21.照护者要用积极的方式来看待婴幼儿的行为。如当婴幼儿把东西反复扔在地上时，不要认为他在搞破坏，要积极地去理解其行为，可能他在显示他的才干呢！

22.照护者要保持平静的态度去关注幼儿的一些突发事件。如幼儿学走路摔倒后，不要急着抱起并安抚他，让他尝试着去面对和调整，也许他会停止哭声，自己站起来。

23.正确处理分离焦虑。父母离家时，婴幼儿通常会哭闹，有些父母会偷偷离开，这是不对的。提倡的做法是父母在与婴幼儿分别时，坦率地说明和微笑着说声再见。

24.让幼儿参与到日常生活中，充当父母的"小帮手"。幼儿会观察父母的言行，以后他会在游戏中模仿出来。如洗衣服时，可以请幼儿把衣服放进篮子里。

25.在 2—3 岁这个阶段，幼儿对同伴越来越感兴趣，互相模仿，逐渐开始对话，一起玩假想游戏。父母要给幼儿提供同伴游戏的机会，鼓励其与同伴一起玩耍。

26.照护者要为婴幼儿学习情绪控制做好榜样。在面对婴幼儿不当行为时，照护者不可自己先失态，不责备，不打骂，不去贬低婴幼儿，可清楚地说出自己的感受。

参考文献

[1]珍妮特·冈萨雷斯－米纳，黛安娜·温德尔·埃尔.婴幼儿及其照料者：尊重及回应式的保育和教育课程：第 8 版[M].张和颐，张萌，译.北京：商务印书馆，2016.

[2]韩映虹.婴幼儿行为观察与分析[M].上海：上海科技教育出版社，2017.

[3]邵洁，童梅玲，张悦，等.婴幼儿养育照护专家共识[J].中国儿童保健杂志，2020，28（9）：1063-1068.

[4]童梅玲，邵洁，等.婴幼儿养育照护关键信息100条[J].中国妇幼健康研究，2020（9）：1132-1136.

[5]朱宗涵.养育照护是促进婴幼儿健康成长的重要保障[J].中国儿童保健杂志，2020，28（9）：3.

[6]许培斌，奚翔云.养育照护策略与行动——解读世界卫生组织《儿童早期发展养育照护框架》[J].中国妇幼健康研究，2020，31（7）：4.

[7]王晶，童梅玲.婴幼儿养育照护的框架和策略[J].中国儿童保健杂志，2020，28（9）：993-996+1004.

[8]许培斌，尹春岚.婴幼儿养育照护中的回应性喂养[J].中国儿童保健杂志，2020，28（9）：3.

[9]朱宗涵.生命最初1000天：改变一生，改变未来[J].中国儿童保健杂志，2011，19（8）：2.

（执笔：林羽）

第 6 课

如何做好对孩子的生活照护

课程简介

教学对象

0—3 岁儿童家长及其他照护者

教学目标

1. 了解婴幼儿的身心发展特点。

2. 掌握婴幼儿基本生活照护方法。

3. 形成科学的养育观，提升婴幼儿生活照护的能力。

教学时长

120 分钟

课程框架

课程内容

[实例导入]

妈妈终于为小宝选好了合适的托育园。她在向带班的李老师介绍宝贝情况时，说小宝从小就是母乳喂养，现在 15 个月，正好可以趁着入托的机会断奶了。可是，她的想法并未得到支持。

根据李老师多年的工作经验，入托常会让孩子面对来自身心的双重挑战。一方面，离开亲爱的家人与熟悉的环境，孩子容易产生焦虑与不安的情绪；另一方面，从单纯的家庭环境进入相对复杂的集体环境，交叉感染的概率增大，孩子容易感染疾病。而断奶对孩子而言，也是一次重大的身心挑战。所以，李老师建议，最好等小宝适应了托育园生活，在身体健康、情绪稳定的情况下再进行断奶。

一、婴幼儿喂养

（一）母乳喂养

母乳是婴幼儿最理想的天然食品，含有婴幼儿所需的营养以及大量抗体和免疫活性物质，有助于婴幼儿生长发育，增强免疫力。

世界卫生组织与联合国儿童基金会联合建议，应持续母乳喂养至婴幼儿 2 岁或以上。中国营养学会建议，6 个月内坚持纯母乳喂养，6 个月后添加辅食并继续母乳喂养至 2 岁，2 岁后逐步让孩子断掉母乳。

1. 母乳喂养的优点

（1）对孩子的好处

①营养成分最合适。母乳含有婴幼儿所需的营养，其成分与含量还会随婴幼儿成长而不断变化，以适应其生长需要。母乳喂养一般都能保证婴幼儿最佳的生长发育，是最理想、最安全的天然食品。

②卫生安全，经济实惠。母乳是新鲜无菌、温度适宜的营养食物，无需特别的配比冲调，哺乳方便、安全卫生。

③利于消化吸收。婴幼儿肠胃功能尚未发育成熟，母乳中的蛋白质与脂肪等物质不仅营养价值高且易于消化吸收，能有效被婴幼儿机体所利用。

④增强免疫力。母乳中含有抗体及其他免疫物质（特别是产后分泌的初乳），能保护婴幼儿免受细菌和病毒侵袭，减少呼吸道和肠道感染的发生。母乳中不含食物过敏原，又可抑制过敏原从肠道进入体内，能预防食物过敏，避免细菌感染。

⑤促进肺部发育。在吸乳过程中，婴幼儿常需要用尽"吃奶的力气"，这能促进胸廓发展与肺功能发育，有利于呼吸调节。

⑥促进大脑、眼睛发育。母乳中足量的氨基酸与乳糖等物质对婴幼儿大脑发育有促进作用，其含有的长链多不饱和脂肪酸也能让婴幼儿有更优秀的视觉敏锐度。

⑦了解孩子状态。母乳喂养时，母亲与孩子有很多的肌体接触，有助于及时发现孩子的冷暖、疾病，便于及早诊治。

（2）对母亲的好处

母乳喂养能给予母亲敏感的信号，使之成功从孕期状态向非孕期状态过渡。至少在孩子出生的头 6 个月内，哺乳期暂停排卵，可以达到自然避孕效果。婴幼儿吸吮乳房能反射性地刺激母亲分泌催产素，帮助子宫收缩，减少阴道出血，预防贫血；也能减少母亲患卵巢癌、乳腺癌的危险。另外，乳汁的生成和分泌需消耗大量能量，消耗孕期储存的脂肪，有利于母亲的体重尽快减轻，恢复体形。

（3）促进良好亲子关系的建立

哺乳过程中，妈妈温暖的怀抱与轻柔的爱抚、安全又熟悉的味道、目光交流与微笑、言语互动与关心等，都构成了最佳的气氛，有利于孩子的情绪安定与消化吸收。孩子吸吮的强弱、身体的举动都被清晰感知，妈妈能第一时间掌握孩子的需求。母婴依恋的建立从第一次哺乳就开始了。

2. 哺乳的适宜时间与频率

（1）时间

最好在母婴都精神饱满、心情愉快时哺乳。妈妈把心理感受和体验传递给孩子，能提高喂养质量。理想的喂养时间最好由孩子自我调节，妈妈要注意总结孩子的吃奶规律。一般到满月时，大部分孩子都可以养成基本稳定的吃奶习惯。

（2）时长

哺喂的持续时间取决于孩子需求，通常10—15分钟几乎能吸空全奶。但每对母婴有个体差异，妈妈观察、调整适合自己和孩子的哺喂时间即可。

（3）频率

出生2—7天是母乳泌乳过程，喂奶次数应频繁些（1—2小时1次）。当孩子睡眠时间较长或妈妈感到涨奶时，应轻轻唤醒孩子并喂奶，通常一天喂8—12次（两三小时喂1次）。

3. 科学断奶

随着孩子的成长，对母乳的需求也越来越少，添加的辅食逐渐代替母乳成为主食。如果有条件，可以母乳喂养至2岁后开始断奶；如果妈妈奶水不足或因疾病、职业等原因不能坚持母乳喂养，在保证6个月纯母乳喂养的前提下，可以循序渐进、自然地断掉母乳。

（1）断母乳的过程应循序渐进

逐渐减少母乳哺育次数，不宜突然中断和用不科学的断奶方式。断奶不仅只是食物品种、喂养方式的改变，对孩子来说更是一次重大的心理挑战。强行与孩子隔离，或在乳头上涂抹药水、辣椒水、黄连水等吓唬孩子，这些方法都是不科学的，容易让孩子产生恐惧感。可以每2—5天减少1次哺乳，缩短每次哺乳的时间，拉长2次哺乳的间隔。尝试先停止白天的哺乳，最后才停止夜间或睡前的哺乳，以免影响孩子睡眠。

（2）选择孩子身体状况好的时候断奶

如果遇到孩子生病、出牙等情况，最好不要断奶。尽量选择在春秋季节断奶，春秋时节气候适宜，对孩子的室内外活动和睡眠等都很有利。而且春秋时节，适合孩子食用的新鲜、优质食物也比较丰富。

（3）给孩子一个心理上的适应过程

增加孩子与其他家庭成员的相处时间，减少对妈妈的依赖。妈妈也要注意调节自己的心情，不要因不忍心孩子哭闹，而导致断奶半途而废。

（二）人工喂养

1. 奶粉的冲调

（1）注意事项

冲调奶粉三要点：清洁、正确及新鲜。冲奶前务必洗手，器具充分清洗、消毒；吃剩的奶液应该丢弃，不能继续喂给孩子。

（2）冲调步骤

①加入温开水。饮用水煮沸 5 分钟，凉至 40—60℃后，根据冲调所需水量倒入消毒好的奶瓶中备用。

②加入适量的奶粉。根据孩子月龄及产品包装上的喂哺表，用专用勺量取适当奶粉。刮去多出量勺上沿的奶粉，保证量取奶粉的准确。将奶粉加入盛有温开水的奶瓶。

③溶解奶粉。用专用搅拌棒或轻轻摇动奶瓶，使奶粉充分溶解。

2. 奶瓶喂哺的方法

（1）在手背上或手腕内侧滴几滴奶液，感觉温度适合即可。太凉就放热水中加热，太热则放冷水中降温。

（2）给孩子戴一个围嘴，手中拿条小毛巾，以便随时擦掉溢出的奶。

（3）妈妈坐着抱着孩子，让他成半直立位，碰碰孩子靠近妈妈一侧的脸颊，让他转过头来。

（4）用奶嘴碰碰孩子的嘴唇，他就会含住开始吸奶。拿奶瓶注意角度，要使奶嘴里充满奶液、没有空气，以防孩子吸入过多空气。

（5）喂奶过程中，如果奶嘴扁了，轻轻把奶嘴拉出来，让奶瓶中进一点空气。

（6）如果喂奶过程中孩子打嗝，就让他坐起、打嗝，然后继续给他喂奶。

（7）每次喂好后，按孩子喜欢的方式让他打嗝排气。

3. 使用奶瓶的注意事项

（1）不要让孩子独自一人躺着吸奶，以免造成窒息。

（2）不要强迫孩子每餐一定要喝完瓶里的奶，过多喂奶容易导致孩子吐奶，让孩子产生不良的进食感受，从而出现喂养困难。

（3）留意奶嘴的孔是否大小合适。奶嘴孔的大小影响奶水流量，孔太小，孩子吸奶费劲，容易吸入过多空气或对吸奶失去兴趣；孔太大，则奶水流量过快，容易让孩子呛着。

（三）溢奶的预防和处理

1. 溢奶的发生

由于婴儿胃容量较小、扩张力较差等生理特点，加上吃奶时咽入空气，容易使奶汁由胃中反流至食道，从口中溢出，此为生理性溢奶。孩子3个月内易发生溢奶，1岁多即可自愈。

2. 溢奶的预防

（1）喂奶姿势。母乳喂养时，应让孩子的嘴唇完全含住乳头和大部分乳晕，这样孩子吸吮时不易吞入空气。使用奶瓶喂养时，奶嘴应充满奶汁，减少孩子吸入空气。

（2）拍嗝。喂奶后将孩子抱起，立着伏在照护者的肩上，手掌弓起呈杯状，以适当的力度由背中部往上拍，使孩子打嗝将胃中气体排出。

（3）喂奶后不要马上让孩子躺下，应抱起走走，不要过多翻动。

（4）按摩、抚触、洗澡、喂药等应在喂奶之前进行，以防喂奶后过多翻动引起吐奶。

（5）孩子躺下时稍微抬起头部，维持约半小时。睡姿以右侧卧为宜，以免将奶吸入呼吸道。

3. 溢奶的处理

溢奶时最主要的处理，是为了预防孩子因呛奶而引发的吸入性肺炎和窒息。溢奶时，应立即将孩子的头偏向一侧，或取侧卧位，轻拍其背部，使奶液从口角流出以防呛奶。如果鼻腔内有残留物，应及时用棉签蘸温水清理干净。如果呕吐物弄脏皮肤、衣物应及时更换，并用温湿毛巾清洁皮肤，保持皮肤清洁干燥（特别是颈部），最好不要用纸巾。

（四）辅食添加

辅食，是指婴幼儿满6个月后，在继续母乳喂养的同时，为了满足营养需要而添加的其他各种性状的食物，包括家庭配制的和工厂生产的。

出生 4—6 个月的婴儿，对脂肪、蛋白质、碳水化合物的消化和吸收能力迅速增强，肠道黏膜已能防止外来大分子蛋白质的通过，神经肌肉开始能习惯用勺子、杯子喂食，单纯母乳喂养已不能满足婴幼儿生长发育的需求。同时，由于婴儿口腔、胃肠功能发育、肠道微生态建立等需求，乳类已不能完全满足其营养需求，需要及时为婴儿添加辅助食品。

1. 添加辅食的意义

（1）补充母乳的营养不足

虽然母乳是婴幼儿最好的食物，但在孩子 6 个月后，母乳中的维生素 B_1、维生素 D 和铁含量已不能满足其生长发育的需要。

（2）增加营养以满足婴幼儿生长发育所需

随着婴幼儿逐渐长大、活动量增加，其所需营养与能量也日益增加，乳汁喂养已不能满足其需要，必须添加补充食物。多样化的食物，既有利于均衡的营养摄入，又有利于肠道微生态建立。

（3）为断乳做准备

吮吸和吞咽动作是天生具有的生理功能，但口舌搅拌与咀嚼功能的发育则需要适时提供生理刺激。换乳期添加的泥糊状食物，以及后续转换到碎的、指状食物，能促进婴儿学习固体食物的咀嚼、运送并吞咽食物固块的技能，是促进换乳期婴儿咀嚼功能发育的适宜刺激。添加辅食不仅能促进口腔感知觉与动作技能的发展，也有利于乳牙的萌出和发育，能让婴幼儿在摄取更多营养的同时为断乳做好准备。

（4）学习与发展

辅食的添加也有助于婴幼儿养成不挑食、不偏食等良好习惯，促进语言能力和认知功能的发展。

2. 添加辅食的原则

婴幼儿肠胃功能发育不完善，对新食物的适应能力弱，易发生消化、吸收紊乱等情况，添加辅食时必须遵循循序渐进的原则，不能操之过急。

（1）一种到多种，少量到多量

新食物要一样一样添加，每种食物试吃5—7天，其间无厌食、过敏、腹泻等异常情况方可添加另一种食物。可以从富含铁的泥糊状食物开始添加，如强化铁的营养米粉，观察添加后孩子的神态、皮肤和大便的情况。这样除了能了解孩子是否耐受该食物，也方便在孩子过敏时确认是由何种食物引发。（见表1）

表1 常见的食物过敏症状

过敏部位	过敏症状
皮肤	皮肤泛红、起疹，血管神经性水肿，不同程度的瘙痒等
消化道	恶心、呕吐、腹痛、腹泻、便秘，甚至消化道出血等
呼吸道	鼻塞、流涕、喉头水肿、哮喘等
其他	心动过速、眩晕、休克，甚至威胁生命等

同时，新食物添加的量要适合孩子的胃容量和消化吸收能力，每样食物的添加量应从少到多。如添加蛋黄从 1/5—1/4 个开始，逐渐增加到半个，然后再增加到 1 个。

（2）从细到粗

让孩子从吃泥糊状的米糊，到泥糊状的稠粥、软饭；从菜泥、菜末到碎菜；从米糊、烂面条、碎面条到馄饨、包子、饺子，逐渐适应食物。

（3）口味清淡

添加辅食应少盐、不甜、忌油腻。婴幼儿肾功能尚不完善，过量食盐会增加其肾脏负担，甜食易造成肥胖，油腻的食物不利于消化。一般也不用味精，不用化学添加剂。

（4）健康时添加

辅食应在孩子身体健康、消化功能正常时添加。要从孩子生理出发，选择适宜食物，慢慢添加，让孩子的胃肠道逐渐适应。

（5）辅食不可替代乳类

6 个月后的孩子仍应以母乳或配方奶为主食，辅食只作为补充食品，添加辅食后需继续母乳或配方奶的喂养。

（6）坚持试喂

孩子吃一种新食物时，会本能地用舌头将食物推出或恶心，这只是一种保护动作，并不表示不喜欢。只要坚持多次尝试，待孩子熟悉后就会接受该食物。

（7）用小匙喂

添加辅食也是在训练孩子用匙吞咽和咀嚼的能力。尤其是纯米粉类，应用适合孩子口形的浅、平小匙喂，不要加奶粉调配后放在奶瓶中让孩子吸吮。

3. 添加辅食的顺序与类别

（1）添加顺序

4 个月前添加辅食对婴儿的生长并无益处，还容易增加胃肠道感染及食物过敏的风险，但也不宜迟于 6 个月，以免孩子营养不良。

因孩子有个体差异，开始添加辅食的时间也因人而异。通常，当孩子有下列情形之一便可添加：每日摄奶量达 1000mL；吃完约 250mL 奶后 4 小时内又饿了；体重达到出生时的 2 倍；可以坐起来了；月龄达到 6 个月。

新生儿 2—4 周起，首先添加鱼肝油 400 IU。1—3 个月，可添加菜水或果汁，如山楂汁、橘汁、西红柿汁、胡萝卜水、菠菜水等。4—6 个月，先添加米糊，随后逐渐添加蛋黄、鱼泥、动物血、菜泥、果泥等。7—9 个月，添加烂饭、面条、饼干等，随后添加鱼、蛋、肝、肉末等。10—12 个月，添加软饭、馒头、制作精细的动物性及植物性食物。

（2）辅食类别

①淀粉类

4 个月后，婴儿的胃肠道能消化淀粉类食物，通常先加大米粉，不易引发食物过敏，也有助于补充铁质。6 个月后，喂食米粥、煮烂的面条；7 个月起，可喂饼干、略烤黄的馒头或面包干，训练其咀嚼能力，有助于长牙。

②蛋白质类

蛋类是补充蛋白质的首选辅食，一般添加蛋黄。鱼类富含优质蛋白质和铁，又较容易消化，可从 5—6 个月起添加。7—8 个月，可将富含铁元素的动物肝脏碾压成泥混入粥、面中，也可将猪、牛、羊、禽肉制成肉末，加入粥、烂面中喂食。

③维生素、矿物质类

新鲜蔬菜和水果富含胡萝卜素、维生素C、多种矿物质以及膳食纤维。4—5个月孩子可由菜汁、果汁逐渐向菜泥、果泥过渡，6—7个月后可食用切细的蔬菜。

（五）培养良好的饮食习惯

1. 培养孩子的饮食习惯

从小培养规律、愉悦、不挑剔的饮食习惯，有助于孩子胃肠功能的发育完善，促进营养素吸收，有利身心健康。

（1）定时、定点、定量

每天固定用餐时间，可以帮助孩子养成良好的饮食规律，到时间就会产生饥饿感和食欲。同时控制用餐时长，最好在20—30分钟内吃完，吃得过慢要及时撤食、不迁就。

保持固定的进餐地点，帮助孩子区分用餐和非用餐区域，可以在饭桌旁喂食，让孩子与大人一起用餐。固定用餐地点有助于孩子将特定区域与吃饭联系起来，养成专心用餐的习惯。有时孩子吃着吃着会想去玩耍，若是吃饱或不想吃了就将孩子抱离用餐区域，若还想吃就继续留在餐椅上，不要让孩子一边吃饭一边到处乱跑、玩耍，也应避免追着孩子喂食的情况发生。

确保吃好正餐，餐间可加1—2次点心，餐前不要给零食以免影响正餐食欲。饭菜先少盛，吃完再添，以免养成剩菜、剩饭的习惯。不宜用食物作奖励，以免孩子偏食又影响了正餐。

（2）做好准备、专心用餐

饭前收好玩具、如厕洗手、休息片刻，振奋食欲，做好餐前准备，避免孩子因觉得突然而拒食。吃饭时要专心，不要让孩子边吃饭边玩玩具，或听故事、看动画片，尽量不大声说笑以免孩子呛食。

（3）愉悦进食

吃饭时保持精神愉悦，不责骂、不催促孩子。家长可以用简单的语言介绍餐桌上的食物，丰富孩子的饮食知识。鼓励孩子吃多样的食物，在许可范围内让孩子自己选择喜欢的食物。

（4）自主进食

适时训练孩子自己用杯、勺、碗、筷。1 岁左右可以让孩子自己拿杯子喝水，1 岁半开始自己用匙吃饭，2 岁可在成人协助下自己吃饭，3 岁左右学习用筷子吃饭。鼓励孩子练习自己用餐具，自主进食，能有效激发孩子的用餐兴趣，培养其独立能力，提升自信心。

（5）以身作则

孩子有很强的模仿能力，如果家长自己边吃饭边玩手机或大声说笑等，会给孩子不好的示范。家庭成员要以身作则、言传身教，让孩子玩好、睡好、精神好，少吃零食，保持正餐的旺盛食欲，从小养成良好的饮食习惯。

2. 厌食、拒食怎么办

厌食、拒食是婴幼儿喂养中一个棘手的问题，可能发生在任何月龄，也不论何种喂养方法。最常见的是孩子在 6—7 个月时，表现为不肯吃奶或不愿吃辅食，可能在居住环境改变或照护者更换时发生，也可能是孩子有隐性疾病。遇到孩子厌食或拒食时，首先要排除疾病原因，再观察有无环境改变等影响孩子的情绪和食欲的情况，做适当处理。

大多数孩子在 6—7 个月后，随着生长发育速度较前期放缓，食欲会有所下降，有些也可能是由于喂食太过频繁、辅食添加过晚或过多、未提供进食示范并引导孩子学习食用固体食物的机会，或是喂养气氛不愉快、太强迫等原因所引发。只要耐心引导、示范，鼓励孩子多次尝试即可。当孩子尝试后，要予以描述性表扬。一般坚持 2 周左右，孩子便会接受。如，"宝宝，妈妈今天煮了萝卜汤，很好喝哦，妈妈吃一口，哇，味道很好呀，宝宝要不要喝一口？""宝宝今天喝了小半碗萝卜汤，真不错！"

3. 纠正饮食误区

（1）错误观点：咀嚼过的食物易于消化

人体口腔是个多菌环境，家长把自己咀嚼过的食物喂给孩子，容易将成人口腔中的细菌传给孩子，引起感染。实际上，孩子已具备较好的咀嚼和消化食物的能力，孩子自己咀嚼食物不仅能促进牙齿生长，还有利于培养咀嚼和吞咽习惯。避免给孩子喂食生硬、粗糙、油腻或刺激性强的食物即可。

（2）错误观点：奶粉越浓，营养成分越多

孩子肠胃发育尚不成熟，对能量和营养的耐受性相对较弱。奶粉按说明配制适宜浓度即可。过稀会引起营养不良，过浓则可能加重胃肠道和肾脏的负担，导致消化功能紊乱、肠胀气等问题，影响孩子的生长发育。

（3）错误观点：想吃就吃，长得胖胖的才健康

让孩子摄入过量食物，容易加重其肠胃负担，出现不消化、积食现象，影响孩子的身体健康，同时，体重增长过快也会增加成年期代谢性疾病的风险，如糖尿病、高血压等。日常哺喂应适量，同时要避免重油、重盐等重口味的食物，尽量不让孩子喝含乳饮料、果味饮料等高糖饮品。

（4）错误观点：胃口小就是缺乏食欲

孩子的食量是有个体差异的，在任何年龄段都存在这种差异。家长不要以孩子食量大小来衡量孩子是否吃得好，有些孩子虽然胃口小，但只要生长发育指标正常，那就是健康的。

（5）错误观点：保健品有益健康

保健品中含有一定的激素、微量活性物质，盲目进补只会影响孩子正常的生长发育，同时还可能影响孩子的食欲。正常孩子只需根据实际需要进食、均衡饮食即可保证充分的营养。

（6）错误观点：纯净水/蒸馏水、精细食物让孩子更健康

纯净水/蒸馏水等除去了水中大部分的矿物质和微量元素，长期饮用将导致矿物质和微量元素摄入不足；精细食物中的B族维生素、铬含量等不足，也会给孩子的生长发育带来不良影响。

（7）错误观点：可以吃点成人饭菜、品尝酒精饮料

与大人同桌进餐时，孩子常常会对成人的饭菜表现出极大的兴趣，有些家长会不忍孩子"眼馋"而直接给孩子喂食成人的饭菜，甚至会用筷子蘸点酒或含酒精的饮料给孩子品尝，满足其好奇心，这些都是非常不恰当的做法。成人饭菜用油和盐较多，调味料繁杂，且食物不够软烂、颗粒较粗，而孩子肠胃脆弱，成人饭菜会加重其胃肠负担；并且孩子味觉敏感，尝过成人的饭菜滋味后很可能会拒绝辅食，从而给喂养带来麻烦。与孩子同桌进餐时，建议有1—2

样适合孩子的碎、烂、软食物，且少糖、少盐，不加其他调味料。孩子的肝脏还不能分解酒精，其神经系统对酒精也非常敏感，给孩子品尝含酒精饮料会影响孩子的生长发育。

二、婴幼儿如厕

（一）为什么要培养良好的如厕习惯

1. 促进健康

人体健康与其行为和生活方式密切相关，良好的大小便习惯有助于帮助孩子建立健康的行为和生活方式。

人体各器官在生物节律调节下张弛有度地活动着，以保证机体的良好运行。培养孩子规律地饮食、睡眠、大小便和游戏活动，有助于形成条件反射，提高机体的工作效率。

2. 自主自信

养成良好的大小便习惯，需要时能自己如厕，这些是婴幼儿发展独立与自律品质的重要内容，不仅满足了孩子的自主需求，也有助于建立自信。

3. 适应社会

良好大小便习惯的培养过程，也是行为规范的训练过程，有助于孩子了解并建立起社会认可的行为方式，为将来适应集体生活打下基础。

（二）婴幼儿如厕能力发展进程

0—1 个月孩子尿布湿了要及时换，大便后要及时清洗。2—5 个月孩子定时喂养，有利于自然形成定时大便的习惯。6 个月后孩子可通过表情、声音、动作来表达自己的大小便要求。6—8 个月孩子要在固定地方的便盆中大小便。10—12 个月孩子可在提醒下知道是否有大小便，并练习自己坐便盆。1 岁半孩子对膀胱和肛门肌肉开始有控制能力，家长要固定时间提醒排便。1 岁半到 2 岁的孩子可培养主动坐便盆的习惯，2 岁后可在指导下主动坐便盆。3 岁孩子会自己脱下裤子坐便盆，并练习自己擦屁股。

（三）大小便后的清洁卫生

1. 便后清洁

大小便后要给孩子洗手。大便后用卫生纸把孩子屁股擦干净。女孩儿一定要从前向后擦，避免引发尿道炎、膀胱炎。每天晚上要用温水给孩子洗屁股。每次便后要将便盆清洗消毒。

注意：要留意孩子的大小便信号，及时做出反应。孩子不小心拉到裤子上时，家长不要责怪，要允许孩子失败，鼓励多次尝试，一旦成功就给予表扬。每个孩子的生理成熟程度不同，大小便控制有明显的差异，如厕训练要因人而异。

2. 换尿布

（1）及时更换

新生儿因膀胱容量小会经常尿湿，每周大约要换80块尿布，1岁后每周约用50块。尿布更换的时间、次数因人而异，一般在孩子醒来时、睡觉前、洗澡后要及时检查更换尿布。喂奶后不要立即换尿布，以防过多翻动导致孩子吐奶。

（2）清洁卫生

换尿布前准备所需用物，洗净双手。一只手抬起孩子的双脚，换去脏的尿布，用温水洗净孩子臀部及会阴部，轻轻擦拭干净。注意男女孩生理结构不同，擦洗时要给予不同的护理：女孩子要由前往后擦洗，减少污物进入阴道的概率，男孩子则确保擦净所有皱褶处。

（3）臀部护理

观察孩子臀部的皮肤状况，如果得了尿布疹，可用棉签蘸护臀膏涂抹臀部，形成保护膜，防止进一步感染或过敏，还要注意多透气。

（4）安全舒适

在柔软、温暖、防水的垫子上帮孩子换尿布，正确安置以防孩子滚落造成不必要伤害。尿布贴紧孩子的腰和腿部，上缘不要覆盖脐部。注意室温不可过高或过低，动作尽量迅速、熟练，避免孩子感冒。

（5）敏感回应

换尿布时要把注意力全放在孩子身上，通过目光接触与温柔的抚触让他感到被关爱，与孩子共同协作完成，可以边换边向孩子解释正在进行的步骤，通过对话、歌曲和问答与孩子互动。如果孩子表现出不愿意或抗拒，可以耐心解释为什么要换尿布，给他选择"你想现在换还是 2 分钟后换"，让他对自己的身体更有掌控。

（四）培养良好的如厕习惯

婴幼儿良好的如厕习惯包括：定时大便、较早控制大便、主动坐便盆等。良好的排便习惯能随其身心发展逐步建立，家长也需要适时、适当地给予引导和训练。

1. 抓住如厕时机

1 岁以内的孩子，还不能把排泄大小便的生理现象与自己的内部感觉结合起来，所以不能有效地控制大小便。1.5—2 岁孩子，生理和心理发育逐渐成熟，开始具备如厕训练的生理基础。3 岁左右孩子，能有意识地控制肠道和膀胱肌肉，对大小便的控制能力增强。

家长可以观察、了解孩子的如厕信号，如特殊的声音、表情、动作，适时让孩子熟悉便盆，建立条件反射，养成良好如厕习惯。如果发现孩子出现以下信号，说明他已做好了自主如厕训练的准备：能模仿大人上厕所的样子；能理解大人的要求，并用简单的语言表达自己的感觉；在纸尿裤里尿了或者拉了，能用语言或行动表达不舒服；愿意在便盆/马桶上坐着，哪怕只是玩耍；尿湿尿布的时间间隔变长，至少 3 小时以上；喜欢研究自己的身体器官。

2. 循序渐进引导

使用专为孩子设计的安全便盆，将便盆放在让孩子感到熟悉、安全的固定位置。一步步引导孩子自己完成排便，如学会向成人表示便意，自己脱裤子，使用卫生纸，洗手等。只要孩子有点滴进步，就及时给予鼓励。

让孩子的控制能力逐步提升，可以先从控制大便开始，逐步过渡到能控制白天的小便，再到能控制夜间的小便。

需要注意：在孩子还不具备良好生理控制能力的情况下，不要过早让孩子进行自主如厕训练，以免给孩子太大的心理压力，造成紧张、焦躁不安或抵制的心理反应，影响后期的如厕练习。

3. 培养规律的排便习惯

一般在睡前、醒后、喂食前后与出门前让孩子小便，间隔时间不宜太短，以免造成尿频。

定时大便最好在早餐前进行，开始时可能便不出来，可以每天定时让孩子去坐一会便盆，逐渐培养孩子规律的晨间排便习惯。注意：坐便盆时要让孩子专心，不要一边玩耍或饮食，也不要坐太久，一般不超过 5 分钟。

在孩子专心玩耍、阅读等情况下，不要为了提醒如厕而强行打断，这会影响其专注力发展。在孩子睡着时，不要为了防止尿床而强行叫醒他，以免影响其睡眠稳定性。平常让孩子自己学习控制排便，自主决定是否如厕，不要刻意地把屎把尿或强制其大小便。

家长只需要为孩子提供轻松、舒适、安全的如厕环境与必要的辅助（如保护其坐稳不摔倒），在孩子能提前表达便意、顺利坐便盆、没有拉到裤子里等情况下，一定要及时指出孩子的进步并给予鼓励。如果孩子还没能像家长期望的那样学会控制大小便，也不要介意，要尊重每个孩子的发育进程，耐心等待。

三、婴幼儿睡眠

（一）孩子要睡多久

新生儿每日睡眠时间可达 16—20 小时。随着大脑皮层逐步发育，孩子睡眠时间逐步缩短。只要没有疾病，可由孩子自己决定睡眠时间。3 岁左右的孩子，午睡时间不宜超过 2 小时，以免影响夜间睡眠。

（二）影响孩子睡眠的因素

影响孩子睡眠的主要因素有以下几个方面。一是神经兴奋。睡前玩的时间过长，过度疲劳或过度兴奋，白天受到惊吓，情绪焦虑、恐惧、紧张等，使大脑皮层过度兴奋，影响睡眠。二是饮食不当。晚饭吃得过多、腹胀难受，或吃得过少、饥饿影响睡眠。三是睡姿不当。因睡姿不舒服，手、脚或胸口受压引起不适。四是排便不适。尿布湿了没有及时更换引起不适，或膀胱胀有尿意而感到不适。五是睡眠环境。卧室空气、温度、湿度、光亮、噪声等环境因素，或衣物、被褥等不合适而影响睡眠。六是疾病。孩子患病引起的身体不适，如高烧、鼻塞、腹痛等症状影响睡眠。七是生活变化。住房迁移、卧室改动、更换照护者等生活变化影响睡眠。

（三）营造良好的睡眠环境

创造适宜的睡眠环境是保证孩子高质量睡眠的前提。尽量让孩子在自己所熟悉的环境中睡觉，给他布置一个温馨、舒适、安静的睡眠环境。

保持室内空气新鲜，应经常开门、开窗通风，新鲜的空气会使孩子入睡快、睡得香。卧室的环境要安静，灯光暗一些。

选择一张适宜的小床，让孩子单独睡。床的软硬度适中，最好是木板床，以保证孩子脊柱的正常发育。被褥要干净、舒适，与季节相符。让孩子换上宽松、柔软的睡衣。睡前不做剧烈运动，避免引起孩子过度兴奋。有时孩子喜欢吸吮手指可以不干预，这对稳定其情绪能起到一定作用。

四、婴幼儿盥洗

皮肤具有保护身体不受病菌入侵的屏障作用，还有调节体温、感受刺激、排泄废物等一系列重要功能。皮肤排出的汗液、皮脂，皮肤本身脱落的上皮细胞与环境中尘土形成的污垢，是细菌生长繁殖的温床，影响皮肤的排泄功能。清洁是保护皮肤正常功能的重要措施，家长需要为孩子做好日常清洁，帮助孩子养成良好的卫生习惯。

（一）新生儿洗澡

家长给新生儿洗澡前，准备好专用浴盆、小毛巾、浴巾、沐浴露、洗发水、润肤油、护臀霜、碘伏、棉签、换洗衣物、尿片、爽身粉等。一般在上午10点到下午4点洗，宜在喂奶前30分钟或喂奶后1—1.5小时进行，每次洗澡不超过10分钟。天气热的时候每天洗1—2次，冷的时候一周洗2—3次即可。洗澡和护理过程注意保暖。孩子生病和注射疫苗时不要洗澡。洗澡时室内温度保持在24—26℃，水温37—40℃。脐带未脱落前，不要让洗澡水浸湿脐部。

1. 洗脸

家长用手肘和腰部夹住孩子的屁股，手掌和手臂托住孩子的头，慢慢清洗。洗眼，由内眼角向外眼角擦；洗额头，由眉心向两侧轻轻擦拭前额；洗脸，用纱布或小毛巾蘸水后轻轻擦拭；洗耳，用手指裹毛巾轻轻擦拭耳廓及耳背。

2. 洗头

将孩子专用洗发水倒到手上，在孩子的头上轻轻揉洗，注意不要用指甲接触孩子头皮。新生儿头部皮脂腺分泌旺盛，如不经常清洗，皮脂腺粘上尘土后会结成又黑又厚的乳痂。已形成乳痂的，可以涂抹煮熟后晾凉的植物油，软化乳痂，然后用棉棒轻轻擦拭，一次不易完全除去的可分数次进行，不能硬揭，以免损伤皮肤引起感染。

3. 清洗身体

将孩子衣服脱掉后立即放入水中，以免着凉。左手托住孩子头部、肩部，右手托住孩子臀部并引导孩子的脚先进入水中，然后以头高脚低的姿势进入浴盆。清洗顺序为：颈部、腋下、手、足、尿布区域，最后用清水冲洗干净孩子的身体与头部。

将孩子放在铺好的浴巾上迅速包裹起来，仔细擦干身上的水分，特别注意颈、臀、腋下等部位。用棉棒蘸一点润肤油在外耳道、鼻腔轻轻转 2—3 圈，清除污垢，用碘伏清洁肚脐，最后为孩子穿上干净的衣服。

4. 脐带护理

新生儿的脐带一般 7—10 天脱落，如果脐带比较细会脱落得早一些。脐带护理要用医院配的碘伏和医用纸棒棉签。用棉签蘸碘伏后，由肚脐中间向外擦拭约 3cm 的范围；换棉签，用手指把脐带部位皮肤撑开，顺时针再擦几圈。注意：每擦一圈都要换棉签，不能一根用到底。可以闻一下棉签上有没有难闻的气味，如果只有碘伏的气味就说明擦干净了，不要过度清洁。清洁完成后，若脐带部位还有一些水分，不要再用棉签去擦，碘伏挥发会吸干多余的水分。脐带脱落后，每次洗澡还是要进行护理。

（二）婴幼儿洗手

正确地洗净双手，可以显著减少手上所带的各种病菌，有效预防感冒、腹泻、肺炎、脑膜炎、肝炎、细菌性痢疾等疾病。

1. 洗手前准备

若有条件可以在盥洗室打造适合孩子身高的儿童洗手台，以便孩子自主洗手。若不便添加儿童洗手台，可以为孩子配备一把稳固防滑的小椅子或木制小阶梯，让孩子能自己洗手。确保洗手台和地面清洁干燥，准备好洗手液或肥皂。

2. 学习洗手步骤

可用顺口溜"内外夹弓大立腕"来记忆洗手的七个步骤，也可用趣味儿歌让孩子喜欢上洗手。

（1）七步洗手法

洗掌心（内），掌心相对，手指并拢相互揉搓；

洗手背（外），手心对手背，沿指缝相互揉搓；

洗指缝（夹），掌心相对、手指交叉，沿指缝相互揉搓；

洗指背（弓），手指弯曲，握空拳，把指背放在另一手掌心揉搓；

洗拇指（大），一手握另一手大拇指，旋转揉搓；

洗指尖（立），指尖合拢，立在另一手掌心中揉搓；

洗手腕（腕），揉搓手腕。

（2）洗手儿歌

"两个好朋友，手碰手；你背背我，我背背你；来了一只小螃蟹，小螃蟹；举起两只大钳子，大钳子；我跟螃蟹点点头，点点头；螃蟹跟我握握手，握握手"等。

3. 养成洗手习惯

日常生活中，餐前便后，玩耍游戏、户外活动之后，引导孩子及时洗手，家长自身也做好勤洗手的示范，帮助孩子养成自主、自觉洗手的好习惯。

参考文献

[1]童连.0—3岁婴幼儿保健[M].上海：复旦大学出版社，2020.

[2]孔宝刚，盘海鹰.0—3岁婴幼儿的保育与教育[M].上海：复旦大学出版社，2012.

（执笔：林羽）

第 7 课

如何做好对孩子
的保健护理

课程简介

教学对象

0—3 岁儿童家长及其他照护者

教学目标

1. 了解婴幼儿常见健康问题的预防策略，学会监测孩子的身心健康发育。
2. 掌握婴幼儿常见健康问题的防护方法，做好孩子生病时的家庭护理。
3. 培养婴幼儿卫生保健能力，提升家庭养育能力与信心。

教学时长

120 分钟

课程框架

[实例导入]

一、婴幼儿年龄分期与生长发育规律

（一）年龄分期与护理要点

1. 新生儿期

2. 婴儿期

3. 幼儿期

（二）生长发育的一般规律

1. 具有连续性和阶段性

2. 各器官发育不平衡

3. 遵循发育的一般规律

4. 存在个体差异

二、婴幼儿发育监测与保健

（一）体格生长监测

（二）心理行为发育监测

1. 心理行为发育里程碑

2. 心理行为发育预警征象

（三）计划免疫和预防接种

（四）眼、耳、口腔的保健

1. 视力保健

2. 听力保健

3. 口腔保健

三、婴幼儿常见疾病的护理

（一）婴幼儿疾病与症状

1. 疾病护理相关知识

2. 常见症状护理

（二）常见疾病的防护

    1.营养性疾病的防控

    2.传染病的预防与家庭护理

    3.危重症识别

参考文献

课程内容

𓏢 [**实例导入**]

飞飞妈妈和其他托班家长交流发现，有很多家长对孩子能跳多远距离、会串几颗串珠、远视储备量是否足够等情况了如指掌，可自己对孩子的这些情况不怎么了解，甚至有的还听不懂。

"工作这么忙，你们怎么挤时间去学了这么多呢？"飞飞妈妈发出疑问。原来这些家长并非花了多少时间去学习早期养育，只是按时带孩子到社区卫生服务中心接受健康管理服务。社区卫生服务中心为家长开展了婴幼儿体格生长与心理行为发育、母乳喂养与辅食添加、视听与口腔保健以及常见疾病防治等方面的指导，对家长养育好孩子起到了很大帮助作用。

实例中提到的是国家基本公共卫生服务项目中的0—6岁儿童健康管理服务。0—6岁儿童健康管理是社区根据各年龄阶段儿童的生长发育特点，提供的综合性保健服务。家长积极带孩子接受婴幼儿健康管理，掌握必要的儿童保健知识，能有效促进孩子的身心健康发展。

本课将以婴幼儿的保健护理为重点，指导家长了解婴幼儿生长发育的一般规律与生长发育监测，认识并掌握婴幼儿常见疾病的保健与护理，指导家长为孩子的健康成长提供更好的保障。

一、婴幼儿年龄分期与生长发育规律

（一）年龄分期与护理要点

1. 新生儿期

新生儿期，是指孩子出生到生后28天。护理要点包括加强保暖、喂养、清洁卫生、消毒隔离等。

2. 婴儿期

婴儿期，是指孩子出生后到1周岁。护理要点包括提倡母乳喂养，指导合理营养，及时添加辅食；有计划地接受预防接种，完成基础免疫程序；重视卫生习惯的培养等。

3. 幼儿期

幼儿期，是指孩子 1 周岁到 3 周岁。护理要点包括喂养逐渐过渡到成人饮食，培养良好的卫生、生活习惯；加强户外活动，防止意外创伤和中毒等。

（二）生长发育的一般规律

虽然遗传、睡眠、营养、体格锻炼等因素会给每个孩子的生长发育带来不同影响，但婴幼儿的生长发育仍遵循一定规律，认识这些规律有助于我们更好地评估孩子的情况，科学育儿。

1. 具有连续性和阶段性

孩子年龄越小，体格增长速度越快。出生后 6 个月内生长最快，尤其在出生头 3 个月。身高体重在 1 岁内增长速度最快，第二年速度逐渐减慢，到青春期又开始加快。

2. 各器官发育不平衡

全身各个器官的发育快慢与不同年龄的生理功能有关，如神经系统发育先快后慢，生殖系统则先慢后快。

3. 遵循发育的一般规律

孩子生长发育遵循一般规律，即头尾原则、远近原则、大小原则。头尾原则是指婴幼儿的身体发育是由头到脚、由上至下的，身体发育次序依次为头部、颈部、躯干和下肢。远近原则是指婴幼儿身体发育从身体中部开始，由近及远发展，即头和躯干的发展先于手臂和腿；手臂和腿的发育又先于手指和脚趾。大小原则是指婴幼儿身体的大肌肉发展先于小肌肉，由大肌肉的粗大动作开始，逐步发展到小肌肉的精细动作。

4. 存在个体差异

虽然婴幼儿生长发育的模式和过程相同，但受遗传、环境、疾病等因素的影响，每个婴幼儿的发展速度却不同，存在个体差异。如有些婴儿 10 个月便学会独立行走，有些要到 15 个月才学会独立行走，这些都是婴幼儿身体生长发育时的个体差异。

二、婴幼儿发育监测与保健

定期接受健康检查、及时接种疫苗是预防婴幼儿常见健康问题的必要策略，也是婴幼儿健康成长的重要保障。

0—6岁儿童健康管理中适用0—3岁婴幼儿的内容有：新生儿家庭访视、新生儿满月健康管理和婴幼儿健康管理。其中，新生儿家庭访视由儿童保健医生在新生儿出院1周内到家中进行；新生儿满月健康管理和婴幼儿健康管理则由家长或监护人在孩子满28天后，以及3、6、8、12、18、24、30、36月龄时带孩子到所辖镇卫生院或社区卫生服务中心、区妇幼保健院进行，以便家长及时了解孩子的生长发育情况，尽早发现可能存在的健康问题，掌握相应的家庭保健与护理技能。

（一）体格生长监测

婴幼儿体格生长监测包括体重、身高（长）、头围、胸围、体重指数等指标。其中，体重是身体各器官、系统、体液的总和，是衡量体格生长、营养状况的重要指标；身高（长）代表了头部、脊柱和下肢的长度总和，2岁以下婴幼儿测身长，2岁以上幼儿测身高；头围大小则反映了脑和颅骨的发育程度。

国家卫健委发布的《7岁以下儿童生长标准》（可以通过网络下载），提供了7岁以下儿童生长水平与营养状况的评价指标和评价方法。（见表1）

表1　儿童生长水平的百分位数评价方法

百分位数法	评价指标		
	年龄别体重	年龄别身长/身高	年龄别头围
≥ P97	上	上	上
P75 ≤ · < P97	中上	中上	中上
P25 ≤ · < P75	中	中	中
P3 ≤ · < P25	中下	中下	中下
< P3	下	下	下

家长可以根据孩子的性别、实足月龄找到其体格生长数据所在的百分位数区间，了解孩子相对于同龄儿童的发育水平。使用百分位数评价法，若孩子的体格数据低于第3百分位或高于第97百分位，或出现生长速度平缓或下降或

突增，应及时就诊。

（二）心理行为发育监测

1. 心理行为发育里程碑

"一看二听三抬头，四撑五抓六翻身，七坐八爬九扶站，十学扶走捏小物，一岁说话会迈步"，这是人们对婴儿发育行为规律的总结。虽然每个孩子生长发育的快慢存在一定的差别，但每阶段的发育也具有一些共同的里程碑式的进展。及时了解婴幼儿心理行为发育的里程碑，有助于及时评估，为孩子的心理行为发育提供更有针对性的支持。

国家卫健委发布的《0—6 岁儿童发育行为评估量表》（可以通过网络下载）提供了 0—6 岁儿童心理行为发育评估的内容、方法及参考范围。家长可以使用该量表了解孩子在大运动、精细动作、适应能力、语言和社会行为等 5 个能区的发展情况。

特别提醒，0—3 岁婴幼儿仍处在心理行为发育的初始阶段，同时也是高速发展阶段，这意味着婴幼儿的心理行为发育具有无限潜能。在评估孩子各能区发展情况时，对于那些尚未能完成的项目，家长应先确认日常是否给孩子提供了足够的练习机会（如让孩子自主进食以锻炼精细动作）或相关经验（如给孩子讲解行为规范以培养其社会行为），而非武断地认为孩子不具备该项能力。

2. 心理行为发育预警征象

0—6 岁儿童健康管理是开展国家基本公共卫生服务的重要内容，在带孩子进行健康检查时，应积极配合进行"儿童心理行为发育问题预警征象"筛查等儿童心理行为发育检查，保障和促进孩子身心健康发展的同时，也有助于早发现、早治疗，预防和控制发育偏异的可能与风险。

（三）计划免疫和预防接种

婴幼儿计划免疫是根据儿童的免疫特点和传染病发生情况制定的免疫程序，是预防、控制和消灭相应传染病发生的关键措施。计划免疫程序是通过大量科学试验而制定的，有严格的操作程序，婴幼儿须按程序进行预防接种。

接种疫苗通常不会引起严重的反应，但部分婴幼儿可能在预防接种后出现轻重不同的反应，如局部红、肿、痒、痛，或发热、头晕、过敏性皮疹、晕针等。为保证安全、减少反应，预防接种前须全面观察孩子的身体状况。如身体不适，暂时不要进行接种，待身体恢复后，再主动与保健部门联系补种疫苗。

免疫接种的注意事项：空腹饥饿时不宜打预防针；腹泻时不要口服婴幼儿麻痹症糖丸；发热时不要打白喉、百日咳、破伤风三联疫苗。打针前要做好孩子的思想工作，消除其紧张心理。注意孩子注射部位的清洁卫生，暂时不要洗澡，以防局部感染；打针后2—3天应避免剧烈活动。

（四）眼、耳、口腔的保健

1. 视力保健

家长需提高对视力不良和近视的防控意识，定期带孩子接受眼保健和视力检查服务，完成眼病筛查、视力和"远视储备量"的监测，早发现、早治疗，预防眼部健康问题。

日常应保证婴幼儿充足睡眠、均衡膳食和户外活动时间，减少持续近距离用眼时间，保持眼部清洁卫生。2岁以内孩子不建议观看或使用电子屏；2岁以上孩子使用电子屏需限制时间，每天累计不超过1小时，每次不超过20分钟。

如果孩子出现如下症状应及时就诊：不能追视、对外界反应差；看东西时凑近、眯眼、皱眉、斜眼、歪头；瞳孔区发白、畏光、流泪、眼部发红或有脓性分泌物等。

2. 听力保健

主动带孩子接受耳及听力保健服务，注意观察孩子对声音的反应和语言发育情况。

日常应远离强声或持续噪声环境，避免让孩子去有强工业噪声、娱乐性噪声的场所；避免让孩子使用耳机；洗澡或游泳时防止呛水和耳部进水；不要自行清洁外耳道以免损伤；避免头部、耳部外伤和外耳道异物；若患腮腺炎或脑膜炎后，应注意观察其听力变化。

如发现孩子有以下情形之一，应及时就诊，接受进一步评估：耳部及耳周皮肤异常；外耳道有分泌物或异常气味；有拍打或抓挠耳部的动作；有耳痒、耳痛、耳胀等症状；对声音反应迟钝，或有语言发育迟缓的表现；头常常往一侧歪，或对呼唤无回应。

3. 口腔保健

培养孩子良好的口腔卫生习惯，在萌出第一颗乳牙后开始早晚刷牙，家长可根据情况选择适合的牙刷。例如，长 1 颗牙时使用指套刷，长 2—3 颗牙时用硅质牙刷，长 8—11 颗牙时用尖形刷毛的牙刷。建议使用儿童含氟牙膏，牙膏用量为米粒大小。

每次进食时间不超过半小时，切勿含饭；进食后喂白开水或清洁口腔；尽量避免餐间摄入含糖饮食，饮水以白开水为主；家长不应将食物嚼碎后喂给孩子，不与孩子共用餐具。

第一颗乳牙萌出到 12 月龄之间，进行第一次口腔检查和患龋风险评估，之后每 3—6 个月定期检查。对患龋中、低风险的孩子，每年使用含氟涂料 2 次；高风险的每年使用 4 次。乳磨牙深窝沟可行窝沟封闭。一旦发现牙齿有颜色、质地及形态的改变，建议及时就诊。

三、婴幼儿常见疾病的护理

（一）婴幼儿疾病与症状

1. 疾病护理相关知识

（1）早发现、早治疗

婴幼儿感到不适的主要反应是啼哭，家长要细心观察。在排除饥饿、二便、过冷、过热等因素后，应仔细检查孩子全身。从头到颈、躯干、四肢，稍用力抚摸一遍，再查看后背、颈下、腋窝、大腿根等部位是否存在皮肤损伤、硬物压迫、小虫叮咬；耳朵、鼻腔是否有异物；口腔有无溃疡、鹅口疮而影响进食；有无腹胀等不适。如果碰到不适部位，孩子会加剧哭闹或把家长的手推开，反复做几次，就可发现病症的部位。

孩子的精神状态也是反映病情轻重的重要指标。通常孩子面色红润，眼睛有神，正常玩耍，食欲好，说明病情不重；如面色发白，眼睛无神，哭声无力或异常，不吃奶，烦躁不安或嗜睡，频繁呕吐或腹泻等，都表明病情较重，应及时就医。

（2）婴幼儿测温

发热是婴幼儿生病时的常见征象，也常是家长发现孩子生病的最早现象。孩子正常体温不超过 37.3℃，但受环境影响较大，哭闹、进食、活动、室温过高、衣着过多等都会使体温升高，应在进食、运动出汗等半小时后再测体温。哭闹时应设法让孩子停止，保证在安静状态下测体温。腋下有创伤、皮肤溃疡、炎症、肩关节受伤时不宜测腋温；患有腹泻、心脏病的婴幼儿不宜测肛温。

选择体温计一般要注意安全、准确、快速、方便。可根据实际情况挑选适宜的体温计。电子体温计读数方便、准确度高，但需要孩子配合，建议给配合度高或年龄较大的孩子使用。耳温计也叫耳温枪，测温迅速，但要将耳道牵扯平直才能准确测量，适合 2 岁以上孩子。如果孩子刚从寒冷的室外进入室内，需待至少 15 分钟后再使用耳温计测体温。额温计操作简单，对配合度要求低，小婴儿也可适用，但要注意保持孩子的额头干燥清洁，没有头发遮挡，使用时垂直对着孩子的前额。

（3）婴幼儿用药

应严格按医嘱要求的剂量和时间间隔给孩子用药，以免增加药物毒性作用。

喂药前须核对所服药物的名称、质量、剂量等。喂药时向孩子说明服药目的，态度温和、充满爱心，若孩子不肯张口，不要硬喂，更不可恐吓、威胁，以免孩子产生恐惧心理而拒绝服药。对于年龄较大的孩子，即使哭闹也应保持镇静，坚持喂药，喂药后最好喂几口白开水。把药物放到孩子拿不到的地方，防止孩子误服。

（4）就医准备与注意事项

婴幼儿易患的多为常见病，最好就近就医。若大医院距离较远，路途劳顿，候诊时间长，可能增加交叉感染的机会。若孩子病情严重应拨打"120"。

根据不同季节准备好就医物品。冬天备好口罩、帽子、围巾、外衣或小毯，夏天做好防风、防雨、防晒准备。如有腹泻，一般需做大便检查，最好在家里留好孩子的大便（可用一次性水杯装），以便及时化验。

熟悉就医程序，带好上次看病的病历，向医生说明就诊原因，以及在家自行做的处理及用药情况。叙述孩子病情要实事求是，不可随意夸大。在医生作诊断开处方时，要将孩子的药物过敏史及时告知，以免取药后不能用。

出现疑难病症，需到权威医院就诊时，应事先了解有关专家或专科门诊的时间和就诊情况。

2. 常见症状护理

（1）正确认识症状与疾病

疾病发生时可能出现疼痛、畏寒等症状，这是机体的一种自我调节反应，也可以说，症状的出现是机体自我保护的一种反应。

症状是家长认识孩子疾病的第一步，但症状只是疾病的外在表现而非本质，症状与疾病不是一一对应关系。在疾病治疗早期，如果一味对症治疗，可能削弱机体的自我调节能力而导致疾病加重。如婴幼儿受病毒感染常出现发热症状，发热要经历"体温上升、高热持续、体温下降"三个阶段，如果在体温上升期进行温水擦浴的对症处理，反而增加孩子的不适。面对孩子的异常情况时，家长不应盲目地"对症治疗"，最好及时就医。

（2）常见症状护理

①发热

发热分为体温上升、高热持续到体温下降三个阶段。体温上升期，孩子会出现身体发烫但手脚冰凉甚至打寒战的症状，此时不适合物理降温，应适当保暖，增加哺乳次数或喂适量温水。高热持续期，体温升到一定高度，孩子的手脚也发烫了就要及时退热。体温下降期，不要捂汗，以免影响排汗而使体温更高。

一般腋温超过 38.5℃才需在医生指导下吃退烧药；如果孩子有高热惊厥史，或因发热精神状态不佳，即使 38℃也可服药；0—3 个月龄婴儿发热应以物理降温为主，体温超过 38℃就须送医，不可自行服药。

当孩子用药后没有迅速退烧，但也无更严重的症状时，无需重复用药或再次送医，以免药物增加孩子的肾脏负担，或频繁折腾使孩子更虚弱。

②呕吐

婴幼儿呕吐的原因多种多样，弄清引起呕吐的原因方可有针对性地处理。喂养不当容易引发呕奶，这种生理性呕吐一般会随婴儿胃肠功能发育完善而好转。日常注意科学喂养与护理，呕吐时将婴儿的头侧向一边，以防呛奶；稍大些的可把身体稍抬高、头前倾，轻拍其背部，以免误吸呕吐物；呕吐后让孩子用温开水漱口，及时清理衣物，擦净下颌、颈部等处的污迹。

如果孩子吃奶后奶水像喷水一样从口或鼻中喷出，或喂奶1小时以上仍呕吐，且呕出物酸臭并伴有食欲减退、疲乏等情况，则为生病引起的，需及时就医。

③腹痛

婴幼儿腹痛病因较复杂，便秘、急性胃肠炎、胆道蛔虫症、肠道痉挛、肠套叠、急性阑尾炎、先天性巨结肠等都可能引发腹痛。注意观察孩子的面色和精神状态，如果精神状态好且无其他伴随症状时，可用热水袋焐一下肚子或轻轻按摩一会。若孩子伴有剧烈的腹痛、腹泻、呕吐、发烧等症状，家长不要盲目动手按揉腹部，最好的办法是立即就医。

④腹泻

如果孩子的大便次数突然增加且拉得像水一样，就是腹泻了。腹泻可由多种病因引起，不要急于吃药止泻。家长应引导孩子养成饭前便后洗手的卫生习惯。腹泻时注意：调整饮食，少吃高蛋白、高脂肪食物；腹部保暖防着凉；臀部护理防红臀；孩子用过的器具、衣物及时清洗、消毒；观察孩子的精神状态、排便次数及排泄物性状，发现异常及时就医。

腹泻容易导致脱水，当孩子出现嘴唇、口部及皮肤干燥，眼周出现皱纹，眼泪少，眼睛有塌陷的感觉，小婴儿囟门塌陷，脸色苍白，尿少，精神疲乏，肚子扁或腹胀等情况时应及时补充淡盐水。

⑤便秘

婴幼儿不良饮食习惯，缺乏定时排便练习，或疾病、服药等因素都可能引起便秘。新生儿平均每天排便4次，1岁以上幼儿约每天2次都算正常。每个孩子的习惯不同，除了排便次数，大便质地软硬、排便用力程度、疼痛与否等都可判别是否便秘。

可为人工喂养的婴幼儿选择添加β–植物油的配方奶粉，增加富含膳食纤维的食品；也可以帮孩子按摩腹部（顺时针按摩，每天3次，每次3—5分钟）。当便秘引起孩子较大痛苦时，应及时就医。

⑥尿布疹

尿布疹多见于 1 岁以下婴儿。尿液或大便内的尿毒素经细菌消化产生腐蚀性物体，使婴儿娇嫩的表皮受损，受损肌肤易被细菌感染从而形成尿布疹。粪便引起的尿布疹与由霉菌或细菌引起的尿布疹症状则不同，应由医生指导使用合适的药物。

日常注意婴幼儿屁股的清洁，选择适宜的尿布，大小便后及时换尿布，换下尿布后可以让孩子的屁股晾一会儿，以保持干燥。

⑦湿疹

湿疹是一种皮肤炎症反应，会反复发作。婴幼儿湿疹常发于头面部，也可蔓延全身。患湿疹时，皮肤表面会长出很多红斑或小丘疹，渗出明显，有刺痒感，常使婴幼儿焦躁不安、哭闹不止，以致影响夜间睡眠。

婴幼儿湿疹应保持皮肤清洁，遵医嘱用药；睡觉时可用软布松松地包裹孩子的双手，以免抓破皮肤；衣物以柔软、宽松、浅色的棉布衣为宜，不要穿盖过多；少用肥皂，除适用婴幼儿的擦脸油外，不用任何护肤品；如果是吃奶粉引起的，可停用一段时间；湿疹发作时不进行预防接种，以免发生不良反应。

特别提醒：孩子生病时难免情绪不佳，甚至乱发脾气，此时家长可能会放宽一些限制，对孩子多些细心呵护，但最好不要打破孩子惯常能遵守的规则，尽量保持与往常一样的养育态度，以免让孩子混淆，认为生病或哭闹就可突破底线。

（二）常见疾病的防护

1. 营养性疾病的防控

（1）缺铁性贫血

自 6 月龄起，要及时为孩子添加富含铁的食物，以预防缺铁性贫血。发生缺铁性贫血应按医嘱及时补充铁剂。

（2）营养不良

合理添加辅食，保障婴幼儿生长所需营养素。合理安排身体活动，预防儿童期肥胖。若孩子连续两次出现体重增长不良，或营养改善 3—6 个月后身长仍增长不良的，应及时就医。

（3）维生素D缺乏性佝偻病

婴幼儿出生数日后即可开始补充维生素D，尽早进行户外活动，充分暴露身体部位，以预防佝偻病发生。若发生维生素D缺乏性佝偻病应按医嘱治疗。

2. 传染病的预防与家庭护理

婴幼儿常见传染病有幼儿急疹、风疹、手足口病、水痘、流感等。家长应参照《国家免疫规划疫苗儿童免疫程序及说明》及时为婴幼儿接种疫苗；注意个人卫生，保持室内空气流通；传染病流行期间不去人多聚集的地方；经常带孩子进行适量的身体活动。

婴幼儿患病期间要遵医嘱进行治疗，做好隔离和环境物品的清洁消毒，注意休息和营养，做好口腔、皮肤等护理。

3. 危重症识别

婴幼儿如出现以下症状应立即就诊：精神状态较平时差，进食量明显减少，不能喝水或吃奶；抽搐或囟门凸起；频繁呕吐；呼吸加快（＜2月龄超过60次/分钟、2—12月龄超过50次/分钟、2—3岁超过40次/分钟）；鼻翼扇动、胸凹陷等呼吸困难，呼吸暂停伴紫绀；腹泻水样大便持续2—3天，大便带血，小便明显减少或无尿；眼窝凹陷或囟门凹陷，皮肤缺乏弹性，哭时泪少；脐部脓性分泌物多，脐周皮肤发红和肿胀；新生儿皮肤严重黄染（手掌或足底）、皮肤脓疱；眼或耳部有脓性分泌物。

参考文献

[1]人力资源和社会保障部中国就业培训技术指导中心组织编写.育婴员[M].北京：海洋出版社，2013.

[2]童连.0—3岁婴幼儿保健[M].上海：复旦大学出版社，2020.

[3]国家卫生健康委办公厅.3岁以下婴幼儿健康养育照护指南（试行）[EB／OL].（2022-11-19）[2023-10-15]. http://www.nhc.gov.cn/fys/s3585/202211/22e3f33c47f54f2c81c28db4e8ee7723.shtml.

[4]国家卫生健康委.7岁以下儿童生长标准[EB／OL].（2022-09-19）[2023-10-12]. http://www.nhc.gov.cn/fzs/s7848/202211/8b94606198e8457dafb3f8355135f1a3.shtml.

[5]国家卫生健康委.国家免疫规划疫苗儿童免疫程序及说明（2021年版）[EB/OL].

（2021-02-23）[2023-10-17]. http://www.nhc.gov.cn/jkj/s3581/202103/590a8c7915054aa682a8d2ae8199e222.shtml.

[6]国家卫生计生委.0岁～6岁儿童发育行为评估量表[EB ／ OL].（2017-10-12）[2023-10-14]. http://www.nhc.gov.cn/wjw/fyjk/201710/8e070f8482144cae97088668f0dfe25a.shtml.

[7]国家卫生健康委.0～6岁儿童孤独症筛查干预服务规范（试行）[EB ／ OL].（2022-08-23）[2023-10-12]. http://www.nhc.gov.cn/fys/s3585/202209/17deed3b6ecb417aaa947d108bf5ab3a.shtml.

（执笔：林羽）

第 8 课
——

如何预防和处理孩子
的意外伤害

课程简介

教学对象

0—3 岁儿童家长及其他照护者

教学目标

1. 了解意外伤害的概念、类型，婴幼儿意外伤害的特点和原因。

2. 掌握婴幼儿意外伤害预防与急救的方法。

3. 预防婴幼儿意外伤害，促进家庭和谐幸福。

教学时长

120 分钟

课程框架

参考文献

课程内容

[实例导入]

妈妈准备给 2 岁男孩闹闹洗澡。她先在洗澡盆中放进热水，正准备放凉水时，闹闹直接坐进了洗澡盆中。妈妈立即将闹闹抱出来，但为时已晚，闹闹的屁股被烫得通红。妈妈立即将闹闹送往医院救治。

2 岁女孩小米与保姆阿姨同乘电梯下楼。在电梯下行期间，阿姨一直在看手机。到达 1 楼后，阿姨拉着滑板车走出，电梯门关闭，小米被独自留在电梯间。电梯自动升至 8 楼后，小米走出电梯间，爬上电梯厅的窗户后坠亡。

意外伤害已经成为导致儿童死亡的主要原因之一。婴幼儿处于生命早期，意外伤害所造成的后果可能会影响其一生的发展。世界卫生组织和联合国儿童基金会发布的《世界预防儿童伤害报告》显示：在世界各地，每天都有 2000 多个家庭因非故意伤害或意外事故失去孩子，家庭变得破碎。《2020 年中国儿童伤害状况报告》显示：儿童伤害病例的发生地点主要是在家中，占病例总数的 55.84%。有研究表明，90% 的意外伤害是可以预防的。那么 0—3 岁孩子家庭意外伤害频发到底是何原因？家长该如何预防？事故发生后，要做出什么样的措施以减轻意外给孩子带来的伤害？这些问题需要引起每个家长的关注和重视。

一、意外伤害的类型与特点

（一）意外伤害的概念

"意外"有意想不到、非故意的意思。因此，意外伤害指由意想不到或非故意的原因对人体造成的损伤，包括物理因素（如烧伤、烫伤、溺水、触电、雷击、坠落、摔伤、窒息、车祸等）、化学因素（如强酸、强碱、药物中毒、农药中毒、一氧化碳中毒、有毒植物中毒、汞砷金属品中毒等）和生物因素（如食物中毒、狗蛇咬伤、蜜蜂蜇伤等）。

（二）意外伤害的类型

我国对儿童意外伤害的分类尚未制定统一标准。按国际疾病分类标准，可将意外伤害分为：交通事故伤害、各种中毒、溺水、意外窒息、坠落伤、磕碰伤、切割伤、烧伤烫伤、运动伤、动物昆虫咬伤、医源性伤害等。

（三）意外伤害的特点

1.意外伤害的年龄差异

不同年龄阶段，常见的意外伤害类型不同。

（1）新生儿期（0—1个月）

新生儿时期最常见的意外伤害是窒息、皮肤烫伤及跌落伤。如：母亲的喂奶姿势不正确，躺着喂奶时睡着，致使乳房堵塞新生儿的鼻孔，引起新生儿窒息；新生儿溢奶后，家长对其呕吐物的处理不及时，导致新生儿将奶倒吸入气管引起窒息；被子意外蒙住新生儿头部，引发其窒息。给新生儿洗澡时，水温不恰当导致烫伤。未将新生儿抱紧，导致新生儿跌落引发跌落伤。

（2）婴儿期（1—12个月）

婴儿期最常见的意外伤害为跌落伤和窒息。婴儿期的孩子由不会翻身，到学会翻身，会坐起来，会爬行，会站立和走路，这种动作能力的发展增加了婴儿跌落伤的风险。婴儿非常容易从床上、沙发上跌落。根据弗洛伊德的人格发展阶段理论，婴儿期的孩子处于口唇期，主要通过吮吸、咀嚼、吞咽、咬来获得快感与满足，这也在一定程度上增加了窒息的风险。

（3）幼儿期（12—36个月）

幼儿期最常见的意外伤害为磕碰伤、跌落伤、窒息、溺水等。幼儿期的孩子具备了独立行动的能力，随着活动范围的扩大，幼儿受伤的风险也在提升。例如，幼儿从高处跳下引发跌落伤，将玩具上的小珠子塞进鼻孔里导致窒息，跑到池塘、小河边玩耍导致溺水。

2.意外伤害的性别差异

有调查发现，除了婴儿期外，在其他年龄阶段，男孩的意外伤害发生率均要高于女孩。原因在于：相较于女孩，男孩更加胆大、好动，好奇心更强，更喜欢具有挑战性的活动，也更爱玩有危险性的物品。

3.意外伤害的城乡差异

城乡婴幼儿的意外伤害事件存在一定的差异。例如，城市高楼林立，车水马龙，路况复杂，婴幼儿发生交通、坠楼等意外伤害的数量多于农村地区；而农村父母外出打工，留守儿童大多由祖父母看管，生活环境复杂，防护设施少，更容易发生误食、溺水、触电等意外伤害。

二、意外伤害发生的原因

探究0—3岁儿童发生意外伤害的原因，可从儿童、照护者、意外伤害三个方面进行分析，从根源上杜绝意外伤害的发生，为孩子打造安全生活的内外部环境。

（一）儿童自身层面

1.生理发展的原因

（1）运动系统

0—3岁孩子骨骼中的有机物较多，而无机物较少，因此其骨骼的弹性大、可塑性强，与成人相比，更容易受到意外伤害的影响而发生弯曲变形。且孩子肌肉中的水分较多，能量储备较差，肌肉收缩力差，因此遇到意外伤害时容易躲闪不及。

（2）消化系统

0—3岁孩子消化系统的肝糖原储存较少，新陈代谢旺盛，容易疲劳、饥饿，然后容易出现情绪不稳定、注意力分散、身体动作协调性差等问题而受到意外伤害。孩子的肠壁通透性强，吸收率高，但屏蔽功能较差，与成人相比，更容易发生中毒意外。

（3）神经系统

0—3岁孩子的神经系统容易兴奋扩散，不容易抑制，往往因过于兴奋忽视危险的存在，对外来刺激的反应较慢，紧急情况下难以迅速做出反应以规避危险。

（4）皮肤

0—3岁孩子皮肤的屏障功能差，吸收功能强，对刺激的反应较迟缓，相较于成人，更容易发生中毒、烫伤等意外。

（5）呼吸系统

0—3 岁孩子的呼吸效率较低，需氧量较大。他们的免疫系统发育不完善、不成熟，易患呼吸道感染；呼吸道发育不成熟，咳嗽反射较弱，咳痰能力不足，出现异物时不能够及时咳出；咽反射较弱，在进食的时候容易发生呛咳。因此，更加容易发生窒息危险。

2. 心理发展的原因

（1）感知觉

由于 0—3 岁孩子的视听系统发展尚不完全，因此在判断声音方位上存在一定的困难，会出现反应时间滞后的现象。特别是在交通安全方面，孩子更有可能存在判断失误、难以辨别危险来源的问题，从而导致交通事故的发生。

（2）注意力

0—3 岁孩子注意力保持时间短，容易分散，且注意的广度有限，因此在游戏过程中，往往过于投入而不能关注到危险的到来。

（3）执行功能

0—3 岁孩子的执行功能尚未发展成熟，因此，对于行为的抑制力相对较弱，在执行过程中常因被好奇的事物吸引而忽视危险的存在。例如，3 岁的轩轩，曾听妈妈说起，尖尖的东西不能玩，但他又觉得好玩，还是忍不住拿起它，将妈妈的叮嘱抛在脑后，东戳戳西捅捅。

（4）评估和判断

0—3 岁孩子不能准确判断自己的能力，很容易因高估自己的能力、低估环境的风险而受到意外伤害。例如，2 岁的乐乐，当手里的球滚到路上时，他无法评估横穿马路的危险，做出先让车通行或者让妈妈帮忙捡球的判断，而直接跑过去捡球引发交通事故。

（5）思维

根据皮亚杰的认知发展理论，0—3 岁的孩子处于感知运动发展阶段和前运算阶段，主要依靠自己的肌肉动作和感知觉与外界事物交互作用，从而获得认知的发展。处于该阶段的孩子对外部世界充满好奇，喜欢直接与环境进行接触来获得认知需求。因此，一旦环境中存在危险物，孩子就有可能受到意外伤害。再如处于"口唇期"的孩子，任何能够被触及的东西都有可能会被他拿来品尝，这就在一定程度上增加了中毒或因异物窒息的风险。班杜拉的观察学习理论认为，一个人通过对他人行为及其强化性结果的观察，获得某些新的反应，或使既有的反应得到矫正。0—3岁孩子观察到年龄较大的儿童从高处跳下收获了同伴的掌声，于是也会有从高处跳下以获得他人赞许的行为。

（二）照护者层面

1.思想上缺乏安全意识

（1）疏忽大意

婴幼儿发生意外伤害，家长的疏忽大意是主因。有的家长安全意识薄弱，把孩子独自留在家里，以为自己就离开一会儿应该没事的，结果孩子发生了坠楼；孩子在吃东西时，逗孩子玩，结果导致孩子吸入异物而出现窒息；把盛满热水的杯子放在了桌子边，孩子触碰杯子，结果导致孩子被烫伤。

（2）思维定式

有的家长存在思维定式。比如，之前孩子没有从沙发上跳下，家长就会认为现在孩子也不会这么做；之前让孩子在河边玩耍没有发生意外，现在也不会发生意外。这种思维定式使得家长忽视了意外伤害的偶发性，对于可能发生的意外存在疏忽。

2.行动上缺乏预防措施

（1）忽视安全隐患

家庭生活中存在着一些安全隐患，有的家长没有采取预防措施。据天津市某社区开展的一项调查发现：36.5%的家庭未能定期检查婴幼儿的玩具有无破损、松动、小物件散落，预防孩子发生窒息；78.0%的家庭不会对宠物进行约束，预防宠物对孩子的伤害。有的家庭没有保管好药品、灭鼠药、消毒剂和杀虫剂等化学品，导致孩子误食引起中毒。

（2）缺乏安全教育

有的家长没有对孩子进行安全教育，这无形之中增加了孩子发生意外伤害的风险。例如，3岁的乐乐在房间里玩打火机，点燃了布艺窗帘。乐乐吓坏了，躲进房间，没有向外呼救，直到奶奶闻到烟味才灭了火。

（三）伤害事故层面

1. 低概率事件增强了家长的侥幸心理

意外事故之所以称为"意外"事故，是因为其具有偶然性，即事故发生的概率相对较低。家长会认为意外伤害不会发生在自己的身上，所以抱有一定的侥幸心理。但是小概率事件不代表不会发生，意外事故造成的严重伤害也不允许家长忽视任何可能发生意外伤害的情况。

2. 环境中的危险因素增加了意外发生的可能

由于商业需要，一些商品在造型上对孩子极具吸引力，但却暗含重大安全隐患。例如，氢气球外包装上的卡通形象对于婴幼儿极具吸引力，但是氢气球非常容易爆炸；糖果的外包装很可爱，但是婴幼儿吃糖果容易发生窒息意外。

三、意外伤害的预防与处理

意外伤害并非"意外"，是可以被认知、预测的；可通过干预与控制，有效减少伤亡，降低损失。家长应当做好意外伤害的预防，从根源上杜绝意外伤害的发生。与此同时，家长还需掌握意外伤害处理的方法，在意外伤害发生时将孩子的受伤害程度降到最低。

（一）烧烫伤的预防与处理

烧烫伤是由热辐射导致的对皮肤或者其他机体组织的损伤，包括皮肤或其他组织中的部分或全部细胞因热液（烫伤）、热的固体（接触烧烫伤）、火焰（烧伤）等造成的损伤，以及由放射性物质、电能、摩擦或接触化学物质造成的皮肤或其他器官组织的损伤。常见的烧烫伤原因包括热粥、热水等烫伤，取暖设备等烫伤，蒸汽高温等烫伤，火焰烧伤等。

1. 预防措施

家长要将热水、热汤等热的液体放到孩子碰不到的地方；热水袋避免直接接触孩子的皮肤；在加热、取放热物时要观察孩子有没有在周围，避免因碰撞、泼洒造成烫伤；家庭中的桌子、柜子上不使用桌布等孩子可以拉扯的物品，以免孩子拉扯物品导致汤水、热饭倾倒、坠落引发烫伤；给孩子洗澡时，应先在澡盆中加冷水，再加热水；化学用品、打火机、火柴等易燃物品应当放置在孩子接触不到的地方。

2. 处理方法

发生烧烫伤时，应先移除热源，再根据"一冲、二脱、三盖、四送"的流程进行处理。

一冲：指冲冷水，在发生烫伤后，可用冷水冲烫伤部位至少 15 分钟，减轻热力继续向深层组织传导所致的损害，并减轻疼痛，清洁创面。但如果伤处面积太大，要注意冲水时间不能太久，否则会导致体温降低。

二脱：指脱掉烫伤处皮肤的衣着，起到去除余热的效果。应边冲水，边剪开，避免拉扯造成创面扩大。如果衣服粘在皮肤上，最好到医院再处理，不要因为一时心急，脱衣物的同时连同孩子的皮肤也一起扒下。

三盖：指把消毒后的纱布或清洁的小毛巾浸透 50%—70% 酒精（高浓度白酒可替）盖在创面上，可立即止痛并防止感染。

四送：指送往医院，无论孩子烧烫伤的范围大小，最好尽快将孩子送到医院急诊部门处理。

（二）跌倒伤的预防与处理

跌倒伤是指一个人因倒在地面、地板或其他较低平面上的非故意事件造成的身体损伤。常见的跌倒伤原因包括：滑倒；从家具、楼梯或娱乐运动设备上跌落；从阳台坠楼等。0—3 岁孩子正处于运动能力的发展过程中，跌倒伤较常见，家长应加强防护，预防孩子跌倒伤。

1. 预防措施

（1）硬件设施

①室内地面应平整、防滑、无障碍、无尖锐突出物，条件允许的情况下铺上软垫。

②不在窗户、楼梯、阳台等周围摆放孩子可能会攀爬的家具或设施。

③墙角、窗台、暖气罩、窗口竖边等阳角处应做成圆角或使用保护垫。

④孩子的床要加装防护栏。

（2）生活照护

①为孩子选择适宜大小的衣物和鞋子，避免孩子因为衣物不合适摔倒。

②孩子在床上、沙发上时，家长要专心看护，始终与其保持近距离。

③孩子玩耍运动前，家长要进行安全性检查，并在孩子玩耍的过程中全程安全看护。

2. 处理方法

伤害发生时家长要沉着冷静，安抚孩子的情绪，并判断伤情；观察孩子的精神状态，有无哭泣。根据孩子的伤情，采取相应的措施。

（1）轻伤

对于只是发生轻微擦伤、瘀青、少量出血的，可以清洁伤口、压迫止血；肿胀且无开放性伤口的，可以冷敷，但不要对受伤部位进行揉搓。

（2）头颈碰撞

发生头颈部碰撞的，如果孩子还保持清醒，不要让孩子坐着，可让孩子背部伸直并平躺，但注意不要移动孩子的头颈部。家长要注意陪伴，密切观察，及时发现病情变化。受伤 24 小时内，每 2 小时观察一次，若有昏睡、持续性呕吐、手脚或嘴角抽筋等现象，须紧急送医。几天之后，如果孩子有以下症状，如嗜睡、呕吐、手脚无力、说话含糊不清、头痛、痉挛、口鼻流血或是透明液体、瞳孔大小不一致、眼球转动不一致，需要立刻送去医院。

（3）骨折

发生骨折伤害，如果只是手指、脚趾等小型骨折，可带孩子前往医院就诊。若骨折严重，不可轻易还原骨头的位置，应立刻拨打"120"急救电话，等救护车来到现场，由医护人员进行专业处理。注意此时不能随意让孩子进食或饮水。

（三）窒息的预防与处理

窒息，是指呼吸道内部或外部发生障碍引起血液缺氧的状态。常见的孩子窒息原因：被床上用品、成人身体、塑料袋等罩住口鼻；吸入和咽下食物、小件物品、呕吐出的胃内容物等阻塞气道；绳带等绕颈造成气道狭窄；长时间停留在密闭空间导致缺氧等。

1. 预防措施

（1）排除隐患

①应将绳带、塑料袋、小块食物、小件物品等可造成孩子绕颈或窒息的物品放在孩子接触不到的地方。

②应经常检查孩子的玩具、物品有无零件、装饰物、扣子等破损、脱落或丢失的情况，发现问题及时处理。

③为家中的橱柜、衣柜等密闭空间设置防护设施，防止孩子进入。

④排除护栏、家具、娱乐运动设备中可能卡住孩子头颈部的安全隐患。

（2）生活照护

①不给孩子喂食易引起窒息的食物；在孩子进食时提醒孩子保持安静，避免跑跳、打闹等行为，家长也不能逗弄孩子。

②孩子在娱乐运动设备上玩耍时，家长应加强看护，避免拉绳、网格等造成孩子窒息。

③孩子睡眠时，检查其口鼻有无被床上用品、衣物等覆盖的情况，发现问题及时清除。

2. 处理方法

3岁以下孩子的身体器官、人体组织等尚未发育成熟，不适合使用成人的海姆立克法，可采用拍背压胸法。当孩子不满1岁，或满1岁但体重较轻时，可以将孩子翻转面部朝下，骑跨在家长的前臂上（手臂可以支撑在自己大腿上），这只手的食指和拇指握住孩子的下巴以支撑其头部，注意让孩子头部略低于躯干。同时用另一只手的掌根拍击孩子两肩胛骨之间的背部（尽量向上搓着拍），拍击1—5次，观察孩子是否将异物吐出。拍击的时候一定要注意稳住孩子，当心坠落伤害。若孩子在1岁到3岁之间，或体重较重时，可将其脸朝下趴放在救护人的膝盖上，进行上述操作。

如果上述操作后异物还没有排出，可以扶住孩子后颈部，将孩子翻转过来。让孩子躺在家长的胳膊或大腿上，保持头低脚高位。另一只手的食指和中指放在两乳头连线中点下方一横指的位置，快速向下重击压迫，进行连续5次有力的胸部冲击。观察异物是否排出，孩子能否正常咳嗽、呼吸。

排出异物后，如果孩子没有呼吸或者心跳，立即进行心肺复苏，直至医护人员赶到。

（四）中毒的预防与处理

中毒，是指因暴露于一种外源性物质造成细胞损伤或死亡而导致的伤害。常见的毒物包括：农药、药物、日用化学品、有毒植物、有毒气体等。

1. 预防措施

（1）饮食安全

①避免有毒食物引起孩子中毒，如有毒蘑菇、未彻底煮熟的扁豆等。

②烹调食物时要生熟分开，避免交叉污染。

③冷藏食品应保质、保鲜，动物性食品食用前应彻底加热煮透。

④家庭药箱要按内服、外用等分门别类分开、有序放置，并将药物放在孩子拿不到的地方。严格遵照医嘱，给孩子服用药物前详细阅读药物说明书。

（2）环境安全

①孩子的玩具及生活用品应安全无毒，同时家长要关注孩子的啃咬行为，避免孩子因啃咬而导致中毒。

②家庭内不种植有毒植物，不饲养有毒动物。

③在厨房内安装排气扇或吸油烟机，并定期检查烟道有无堵塞，煤气管道有无泄漏。

④无论是使用炭盆取暖，还是煤炉取暖，均要注意开窗，保持室内的通风和换气。

2. 处理方法

（1）食物中毒

①催吐：如果孩子食物服用时间在 1—2 小时内，立即进行催吐。可以先用手指、筷子或牙刷柄轻轻刺激孩子的咽后壁诱发呕吐，吐后让孩子喝温开水然后再催吐，直到呕吐物是清亮的没有杂质为止。

②导泻：如果孩子服用食物时间较长，一般已超过 2 小时，而且精神较好的情况下，则可服用泻药，促使中毒食物尽快排出体外。

③解毒：根据不同类型的中毒原因进行解毒。如果是吃了变质的鱼、虾、

蟹等引起的食物中毒，可采用食醋解毒；如果是误食了变质的饮料或防腐剂，可以喝牛奶解毒。

④送医院抢救：如果在家中积极处理效果不佳，或中毒情况较严重，应立即送医院治疗。

（2）药物中毒

尽快催吐洗胃：孩子清醒时，先用手指、筷子或牙刷柄轻轻刺激孩子的咽喉部催吐，使孩子将胃内的残留药物呕吐出来，吐后让孩子喝温开水然后再催吐，直到胃内残渣全部排出体外为止。

若孩子昏迷，不能在家中催吐和洗胃。应将孩子放置于平卧位，稍垫高肩颈部使颈部伸直，以保持呼吸道的通畅。孩子呼吸微弱时，需进行口对口人工呼吸，并紧急送医院治疗。

（3）煤气中毒

立即关闭煤气总阀，打开门窗，将孩子转移到空气新鲜处，解开其衣扣，清除口鼻分泌物，保持呼吸通畅。对呼吸、心搏骤停的孩子，要立即进行现场心肺复苏。迅速到室外拨打急救电话并送医院救治。

（五）异物伤害的预防与处理

异物伤害，是指因各种因素导致异物进入体内，并对机体造成一定程度损伤，出现了各种症状和体征，如食道穿孔、气道梗阻、脑损伤等。孩子异物伤害多因异物通过口、鼻、耳等进入身体造成损伤。

1.预防措施

（1）物品收纳

要注意及时收纳可能被孩子放入口、鼻、耳等身体部位的小件物品，如硬币、电池、小磁铁、装饰品（项链、皮筋、耳环等）、文具（笔帽、别针等），放置在孩子接触不到的地方。

（2）及时检查

①使用玩具、儿童用品等前后，家长需检查物品有无零件、装饰物、扣子等破损、脱落或丢失。

②需定期检查家具、娱乐运动设备有无易掉落的零件、装饰物（例如螺丝

钉、螺母等），并加以固定。

（3）生活照护

①密切关注孩子，及时制止孩子把硬币、电池等小件物品放入口、鼻、耳等身体部位的行为。

②选择适合孩子年龄的玩具，不提供含有小磁铁、小块零件的玩具。

③不提供易引发异物伤害的食物，如含有鱼刺、小块骨头的食物等。

2. 处理方法

（1）异物进入鼻腔

叮嘱孩子用手紧按无异物的鼻孔，然后让孩子用力擤，将异物排出；或用羽毛、棉花、纸捻等物品刺激孩子的鼻腔，使孩子通过打喷嚏将异物排出。如果异物在鼻腔中长时间排不出来，需立即送往医院就医。

（2）异物进入耳朵

需要根据不同类型的异物采取不同措施。如果是植物性异物，体积小，可叮嘱孩子头歪向有异物的一侧，然后单脚跳，使异物排出；如果是动物性异物，可用手电筒照射，诱导异物出来。如果急救效果不佳，立即送往医院就医。

（3）异物进入眼睛

立即用生理盐水或冷开水冲洗眼睛，再滴眼药水，将异物冲出，处理效果不佳时立即送医。

（4）异物进入咽喉部

立即采用拍背压胸方法急救，并立即送医。

（六）咬伤的预防与处理

咬伤，是指人或动物的上下颌牙齿咬合所致的损伤。0—3 岁的孩子由于缺乏自我保护能力，常会发生被动物咬伤的意外。

1. 预防措施

避免单独把孩子和宠物放在一起。可以考虑养没有伤害性的动物。日常叮嘱孩子要和动物保持适当的安全距离。

2. 处理方法

一旦孩子被动物咬伤，要立即使用肥皂水、流动的清水彻底冲洗伤口至少

20分钟，不可耽误时间，因为时间越久，病毒进入人体组织的概率就越高。

动物（猫、狗）咬伤的伤口小而深，因此在冲洗时应当尽量将伤口扩大，用力挤压伤口周围的软组织，再用碘伏或酒精消毒伤口。被狗咬伤后的伤口非必要不进行包扎，因为狂犬病毒厌氧，在缺氧环境下会大量生长。要及时（24小时内）到医院注射狂犬疫苗，不要抱有侥幸心理。若就诊后，孩子出现发烧，伤口肿胀、发红、疼痛加剧、发出难闻气味等情况，应及时联系医生或前往医院复诊。

（七）溺水的预防与处理

溺水，指的是因液体进入呼吸道和肺部而导致呼吸损伤的过程。常见的溺水地点包括：浴缸、水盆、水桶等室内设施；池塘、河流、游泳池等室外场所。随着孩子活动范围的扩大，发生溺水危险的可能性也在不断提升。

1.预防措施

（1）室内设施

家庭内的井、鱼缸、鱼池等安装防护栏并确保孩子不能打开。水缸、盆、桶等储水容器加盖，并避免孩子进入储水容器所在区域。使用完水池、浴缸、盆、水桶后要及时排水。

（2）室外看护

密切关注孩子的行踪，避免孩子走进池塘、河流等有水区域。孩子在水中或水边玩耍时，家长要专心看护，始终与其保持近距离，以免发生意外。

2.处理方法

（1）尽快将孩子从水中救出

第一时间将孩子从水中救出后，将孩子的头偏向一侧。清理孩子口鼻中的异物，并在其口角处放牙垫，然后将其舌头拉出口外，并将手绢卷或牙刷柄从口角放入上下齿之间，防止舌头后坠堵住喉部影响呼吸。

（2）采用正确方法进行控水

①单腿跪膝式：救护人员单腿跪膝，将溺水者腹部置于救护者的大腿上，背向上，头脚下垂，轻压其背部且不时颠簸，借助体位使溺水者体内的水从气管、口腔中排出。

②肩托法：可将溺水者俯卧在救护者肩上，救护者来回跑动，将溺水者气管、口鼻内的水倒出。

③斜坡法：可将溺水者俯卧于斜坡上，头朝下，脚向上，将气管、口鼻内的水倒出。

（3）进行心肺复苏

①人工呼吸

如果溺水者呼吸心跳停止，立即拨打 120 急救电话，同时立即进行口对口人工呼吸。将孩子的头部略向后倾 15° 左右，以使其呼吸道畅通，检查喉内有无异物。操作者深吸一口气，如孩子 1 岁以下，将嘴覆盖孩子的鼻和嘴。如果是较大的孩子，用口对口封住，拇指和食指紧捏住孩子的鼻子，保持其头后倾，将气吹入，同时可见孩子的胸廓抬起。停止吹气后，放开鼻孔，使其自然呼气，排出肺内气体。重复上述操作，18—20 次 / 分，婴儿可稍加快。

②胸外心脏按压

如果口对口呼吸无效，要立即实施胸外心脏按压。救助 1 岁以下的孩子时，用一只手垫着背部，支撑起孩子的头颈，用另一只手的两个手指，按压胸骨下部的位置，每分钟至少 100 次，压下的深度约为 4 厘米。救助 1 岁以上的孩子时，将其放置在一块平地上，一只手根部压迫胸骨的下部，每分钟至少 100 次，压下的深度约为 5 厘米。若单人操作，2 次呼吸配合 30 次压迫；若双人操作，2 次呼吸配合 15 次压迫。进行胸外心脏按压的同时，也可同时按捏或针刺人中、合谷、内关等穴位。

（4）紧急送往医院救治

复苏抢救应在血液循环系统工作之前，即在摸到脉搏之前不能停止。心肺复苏术必须持续进行至症状缓解，然后边抢救边设法转送附近的医院继续抢救。

（八）交通事故伤害的预防与处理

交通事故伤害，指的是因道路交通碰撞造成的致死或非致死性损伤。0—3 岁孩子缺乏安全意识，因此容易发生交通事故。

1.预防措施

（1）安全出行

家长在带孩子出行时，严格遵守道路交通法规。自驾或搭乘汽车时，正确使用儿童安全座椅。

（2）加强看管

密切关注孩子的行为，及时制止孩子可能引发交通事故的行为。

（3）安全教育

日常注意对孩子进行交通安全教育，提醒孩子，在没有成人的带领时，不在道路上玩耍。

2.处理方法

（1）报警求救

交通事故伤害发生后，应立即拨打电话"120"和"110"，保护现场。

（2）处理伤情

现场人员首先查看孩子的伤情。对于意识清醒的孩子，可以询问孩子哪里疼痛，有没有不能移动的部位，并立刻检查伤处，根据不同的伤情进行不同的处理。如孩子发生脊柱损伤，不能拖、拽、抱，应使用颈托固定颈部或使用脊柱固定板，避免造成二次伤害。如果有骨折，应先固定后再进行转移。

（3）心肺复苏

如果孩子呼吸心跳停止，应立即进行胸外心脏按压与人工呼吸。

参考文献

[1]张燕，刘丁玮，王雨露.我国婴幼儿家庭意外伤害及防护现状的研究进展[J].中国妇幼保健，2019，34（7）：1687-1689.

[2]刘丁玮，蒋堃，张燕.天津市某社区婴幼儿家庭意外伤害防护认知、行为现状调查及策略分析[J].天津护理，2018，26（4）：379-383.

[3]毛淑炯，黄先玫，杨一华.杭州市0—6岁儿童伤害及家长认知行为调查[J].浙江预防医学，2010，22（5）：80-81.

[4]心文.北京杭州儿童意外伤害烧伤居首位[J].中国生育健康杂志，2005（4）：233.

[5]田腾.多学科视角下幼儿意外伤害发生机制研究[D].南京：南京师范大学，2018.

[6] 国家卫生健康委办公厅. 托育机构婴幼儿伤害预防指南（试行）[EB/OL].（2021-01-12）[2023-04-06], http://www.nhc.gov.cn/rkjcyjtfzs/s7786/202101/1567222bc85843408693850915575885.shtml.

[7] 林奏延, 台湾长庚纪念医院儿科医疗团队, 周育如. 华人育儿百科 [M]. 北京: 北京联合出版公司, 2016.

[8] 骆庆明. 成长的陷阱——儿童意外伤害 [M]. 沈阳: 辽宁科学技术出版社, 2017.

[9] 全国妇联人才开发培训中心, 全国妇联妇女发展部, 中国家庭文化研究会. 家庭母婴护理 [M]. 北京: 海洋出版社, 2014.

[10] 段蕾蕾, 叶鹏鹏, 汪媛, 等. 2020 年中国儿童伤害状况报告 [EB/OL].（2022-04-01）[2023-04-06]. https://xueshu.baidu.com/usercenter/paper/show?paperid=113v0gc0s4540ea0ba3c0rv08f569882.

[11] 薛元坤, 王书军, 曹永娟, 等. 家庭急症与意外伤害自救 [M]. 北京: 人民卫生出版社, 2016.

（执笔: 宋丹花）

如何促进孩子的
感知觉发展

课程简介

教学对象

0—3 岁儿童家长及其他照护者

教学目标

1. 了解感知觉的含义与重要性、发展与特点。

2. 学习婴幼儿感知觉能力培养的策略。

3. 重视培养婴幼儿的感知觉发展。

教学时长

120 分钟

课程框架

[**实例导入**]

一、感知觉的概述

（一）感知觉的概念

（二）感知觉发展的重要意义

    1. 感知觉是婴幼儿认知发展的基础

    2. 感知觉是婴幼儿认识自己和世界的主要方式

二、婴幼儿感知觉的发展

（一）婴幼儿感觉的发展

    1. 视觉

    2. 听觉

    3. 触觉

    4. 前庭觉

    5. 本体觉

（二）婴幼儿知觉的发展

    1. 空间知觉

    2. 时间知觉

三、婴幼儿感知觉的培养策略

（一）尊重孩子的感知特点

（二）借助环境积极培养感知觉

    1. 环境色调要柔和

    2. 提供丰富多样的玩具

    3. 提供具有"开放性"的玩具

    4. 巧用生活情境促进感知觉发展

（三）分年龄的感知觉培养策略

    1.0—8 个月

2.9—12 个月

3.1—2 岁

4.2—3 岁

（四）感觉统合失调的识别与干预

1. 触觉失调的识别与干预

2. 前庭觉失调的识别与干预

3. 本体觉失调的识别与干预

参考文献

课程内容

妈妈切好了火龙果给壮壮吃。壮壮第一反应是："妈妈，我没吃过这个。"妈妈朝他点点头说："哦，那今天是你们第一次见面，它是火龙果的果肉，味道还不错，你可以尝一尝。"壮壮先看了盘子里的水果块一会儿，又用叉子摆弄了一会儿，再用手点一点、摸一摸，还端起盘子凑到鼻子前闻一闻，最后才用小叉子叉起一小块塞进嘴里。看他皱着眉，试着嚼了两下，直到眉头舒展。妈妈笑着问："这个水果新朋友怎么样？"壮壮点点头，塞进了第二块。

在了解"火龙果"的过程中，壮壮通过看一看，了解颜色与形态；通过点一点、摸一摸，感受质地；通过闻一闻，了解气味；通过咀嚼和吞咽，感受味道。在短短的几分钟内，壮壮通过一系列的动作，调动起了视觉、触觉、嗅觉、味觉，我们把这些称为感知觉。

一、感知觉的概述

（一）感知觉的概念

感知觉是人类接受外部信息的过程，包括感觉和知觉两个部分。

感觉是指人类通过各种感官器官接受外界刺激，如眼、耳、鼻、舌、皮肤等感官器官，通过看、听、闻、品尝、触碰等接触外在世界，从而将刺激信息转化为神经冲动传递给大脑。

知觉是指大脑将获取的感觉信息进行编码、整理，传输到大脑的神经系统，形成有意义的心理体验或认知。

如实例中的壮壮，通过感官不断收集关于"火龙果"的信息，结合已有经验判断是否安全，并将这些信息加以整合，逐渐形成新的经验。婴幼儿就是借助感知觉收集和加工信息，来不断探索周围的世界，并根据自己的发现和经验来认识事物。

（二）感知觉发展的重要意义

1. 感知觉是婴幼儿认知发展的基础

在感觉、知觉、记忆、想象、思维这些心理过程当中，感知觉是最早在个体心理发生发展的，其他的高级心理过程都在感知觉的基础上产生。

0—3岁是婴幼儿感知觉发展的关键期。婴儿一出生，就能运用视、听、嗅、味、触等感官，投入信息收集的过程，并加以利用，当他们不断收集和应用感觉信息时，大脑中的神经通路，或者脑细胞间的树突连接也会得以加强。

通过神经突触联结网络发育图（见图1）能看出，在孩子出生后的1—6个月中，神经突触联结成倍增加；2—3岁后，没有被强化的神经联结就会逐渐退化或断裂。而大脑中的神经突触越发达，就意味着孩子的智力水平发展越好。如果能够抓住0—3岁婴幼儿感知觉发展的关键期，为其提供丰富的环境与积极的支持，将有效促进其认知发展。

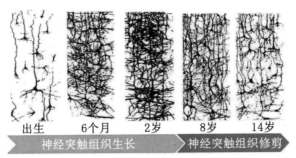

图1 神经突触联结网络发育图

2. 感知觉是婴幼儿认识自己和世界的主要方式

婴幼儿主要依赖感知觉来认知世界，而不是依靠语言交往、文字信息等获得知识来认识自己和世界。婴儿的感知觉是一个积极的主动活动，2个月的婴儿就具备了这样的主动性。各个感官通道不是相互孤立的，而是相互影响、相互作用的。例如，妈妈听到孩子的哭声回应道："宝宝，妈妈来了！"孩子听到妈妈的声音，并看到妈妈从屋外走进来抱起他，他联合听觉、视觉与触觉等感受自己的哭声和妈妈的回应。这种跨通道感知促进了婴幼儿自我效能感的产生和发展，保证了其正确处理自己的行为与结果的关系，是儿童日后形成自我认识和自我意识的基础。

二、婴幼儿感知觉的发展

（一）婴幼儿感觉的发展

感觉根据刺激的来源可分为外部感觉和内部感觉。外部感觉是由身体外部刺激作用于感觉器官所引起的感觉，如视觉、听觉、触觉、嗅觉、味觉、皮肤觉等。内部感觉是由身体内部的刺激引起的感觉，如本体觉（包含运动觉等）、前庭觉（平衡觉）和内脏觉等。

1. 视觉

视觉是婴幼儿最重要的感知觉之一，对外部环境的大多数感知信息都由视觉提供。新生儿已具备了一定的视觉能力。1岁是婴幼儿视觉发育的黄金时期，4—5岁在外界环境不断刺激下视觉逐渐发育成熟，基本达到成人的水平。

（1）出生—1个月孩子的特征

①喜欢留意人的面孔和对比强烈的图案（如黑白图案）。

②能把视线集中于近距离（20—25cm）的物件上。

③视线能有限度地随人的面孔或具有吸引力的大物件移动。

（2）1—3个月孩子的特征

①张望四周的环境。

②会定神注视人的面孔，尤其是妈妈的面孔。

③能从较远处认出熟悉的人，视线会随熟悉的人移动。

④视线和头部会追随物件而左右转动。

⑤会注视和把玩自己的小手。

（3）4—7个月孩子的特征

①开始分辨彩色和非彩色，喜欢色彩缤纷的图画。

②从远处也能认出熟悉的人。

③视线能迅速流畅地随物件移动。

④会注视及追随近距离的细小物件。

（4）8—12 个月孩子的特征

①几乎拥有和成人一样的视觉能力。

②感知远近、深浅的深度知觉开始发展。

③转眼自如，视线能跟随物体移动，对消失的东西会有寻物反应。

④能辨别物体大小、形状及移动速度，可以看到小物体，能区别简单的几何图形。

（5）1—2 岁孩子的特征

①手眼协调能力快速发展，喜欢触碰所有看到的新事物。

②能根据形状将物体配对，能把不同形状的积木插到对应的插孔中。

③模仿能力增强，可以细致地模仿看到的行为。

④能集中注意力观看动画片或书本上的图画。

（6）2—3 岁孩子的特征

①远距离视觉发展，能看见细小的东西，能注视 3 米远的小玩具，且视线能跟上快速移动的东西。

②视觉记忆能力增强，可以指出喜爱的颜色。

③能分辨几何图形的名字和形状，能画圆圈等图形。

通过家庭自检，及时发现孩子视觉发育方面的问题，比如，1 个月内遇强光不会眨眼，3 个月内不会注视物品或跟随物品移动，7 个月内不会伸手捡取及握住物件，3 岁内斜视等。如果孩子有以上问题，家长应带孩子去医院做进一步检查。

2. 听觉

人的听觉在妈妈子宫里就已经开始形成，新生儿一生下来就有听力，对人类说话的声音很敏感。到了 3 个月的时候，对声音有了定向的反应；到了 6 个月左右，对声音刺激有了精细分辨能力；到了 8 个月的时候能区别语言的意义；10 个月开始出现言语模仿；1 岁能听懂自己的名字；2 岁能区别高低声音；4 岁听力发育完善。

（1）出生—1 个月孩子的特征

①留意人的声音，而且特别注意高音。

②听到声音会眨眼、手脚舞动或静止不动。

③妈妈的声音及柔和的音乐可舒缓宝宝的情绪。

（2）1—3个月孩子的特征

①头部会随声音（如妈妈的声音）的方向转动。

②会聆听音乐。

③听到熟悉的声音会笑，听到妈妈的声音会笑得更高兴。

④开始模仿或发出某些声音，如"咕咕"声和"呀呀"声。

（3）4—7个月孩子的特征

①妈妈在房间的另一角说话也会引起他的注意。

②能别过头来找出从旁边发出的柔和声音。

（4）8—12个月孩子的特征

①能倾听自己和别人发出的声音，而不是立即寻找声音的来源。

②能够理解简单的语言，对简单的语言做出反应，尝试模仿学习语言。

③具备声音定位功能，有清楚的定位运动，主动向声源方向转头。

（5）1—2岁孩子的特征

①能寻找视野以外的声音。

②能区别高低音。

③对语言的理解能力逐渐增强，从听词和短语发展到听简单句和较长句子，并开始喜欢听有简单情节的故事。

（6）2—3岁孩子的特征

①听觉理解能力进一步增强，表达能力有了发展。

②能按要求做力所能及的事。

③能唱儿歌，叙述简单的事情。

通过家庭自检，及时发现孩子听觉发育方面的问题，比如，1个月内对响亮的声音没有反应；3个月内不会发出声音，对家长的声音没有反应；7个月内对别人的声音没有反应、不会寻找声源，甚少或者不会发出任何声音；12个月后对语言的理解、记忆等能力没有增强，不会模仿语言等。如果孩子有以上问题，家长应及时带孩子去医院进一步检查。

3. 触觉

触觉是最先发育起来的感觉系统，当视觉、听觉系统刚刚开始发育的时候，触觉系统已开始有效地发挥功能了，如吸吮反射、防御反射、抓握反射等都是触觉的反应。触觉与运动能力相关联。婴幼儿的触觉发展主要反映在口腔触觉与手的触觉两方面。

（1）口腔触觉

口腔触觉对婴儿获取物品信息起着重要的作用。婴儿期，由于视觉、动作等发展缓慢，口腔探索成为婴儿了解物体的主要方式。例如，1个月婴儿已能凭口腔触觉辨别软硬度不同的乳头，4个月婴儿能同时辨别不同形状和软硬度的乳头。随着动作的发展，口腔的探索渐渐减弱，但在相当长的时间内，婴幼儿还是会把口腔探索作为手的探索的补充。例如，6个月的婴儿会把抓握到的东西塞进嘴里，2岁的幼儿也会把桌上的玩具或地上的东西放进嘴里。

（2）手的触觉

手的触觉是从原始的抓握反射开始的，经历了三个阶段的发展。5个月以下的婴儿，手眼协调较为困难，更多地处于触觉的本能反射时期，也称为抓握反射时期。真正开始手的探索出现在5个月左右，婴幼儿的触觉与视觉协调能力发展起来，开始尝试通过触觉探索外部世界，这也是婴幼儿认知发展过程中的里程碑。7个月以后的婴幼儿喜欢用手去挤、甩、滚、摆弄，这也成为2岁以前孩子探索世界的主要方式。孩子在此过程中不断积累对物体的经验，建立对物体的认知，同时渐渐达成双手探索的协调。2岁以后，孩子的触觉在整个认知活动中的作用相对减小，视觉和听觉的作用越来越大。

触觉除了和动作能力相关联，也是婴幼儿情感需要被满足的通道之一。心理学家米拉尔德提出"皮肤饥饿"理论，认为婴儿天生有一种被抚摸的需要。生活中缺乏皮肤触摸的孩子，往往会自己咬手指、啃玩具、哭闹不安，这是"皮肤饥饿"的表现。如果孩子长时间处于皮肤饥饿的状态，会引起孩子食欲不振、智力发育迟缓及行为异常等。所以对于婴幼儿来说，家长经常抱一抱孩子，定时对他的背部、颈部、腹部及四肢进行抚摸，多多亲吻和拥抱他，面对面交谈时可以拉拉他的小手，捏捏他的小脚，这会极大地满足他的触觉需要，有利于建立起良好的依恋关系。

4. 前庭觉

前庭觉又称平衡觉，其感受器是人体内耳中的前庭器官，包括三个半规管和球囊、椭圆囊，在保持身体自动平衡等方面起着重要作用。

前庭觉的发展，大致分成三个阶段。

（1）0—3个月——反射动作

该阶段的婴儿能感受到自己身体和重力的感觉，并出现相当多的顺应性反应。例如，家长把孩子抱起后忽然往下放低，他就会显得很慌张，并伸出双手做出类似拥抱的动作，这就是一种自然的反射动作。

家长可以抱抱孩子，让他熟悉适应充满地心引力的新世界；也可以借助摇篮的适度摇晃，促使孩子前庭觉正常发展，但注意不要过度摇晃。

（2）4—6个月——抬头、转头、坐

一般在5个月左右时，婴儿的头颈部就非常有力了，已经可以抬头和转头了。到了6个月，婴儿的身体力量逐渐增强，开始慢慢学习"坐"的姿势。

家长可以抱起孩子走来走去，轻轻摇晃或者翻转孩子的身体等，这些移动的感觉，都能使孩子感到快乐。

（3）7—9个月——平衡感趋于成熟

该阶段婴儿的平衡感已经较为成熟，可以接受来自不同方向的前庭刺激，以及复杂的重力、空间变化。

5. 本体觉

本体觉是一种高度复杂化的神经应变能力，也是大脑可充分掌握自己身体的能力。本体觉可以分成：运动觉——掌控运动速度和方向；位置觉——掌控肢体所处空间位置；振动觉——掌控接触面不同振动频率和幅度。

本体觉的发展，是以前庭觉和触觉发展为基础的。前庭平衡失调、触觉失调的个体，其本体觉也会失调。有了本体觉参与，其他感觉才能正常地发挥功能。本体觉正常的孩子，不用眼睛看便能上楼梯，不照镜子就能摸到鼻子。而本体觉不良的孩子，如果不用眼睛看时，通常做任何事都感觉困难；即使用眼睛看着，也常常难以协调自己的身体；到了学龄期，还会出现阅读时跳字、注意力不能集中等现象。

家长应注意：本体觉不是天生就具备的，而是需要后天的训练。例如，婴儿期的翻身、滚翻、爬行的训练；幼儿期的拍球、滑梯、平衡等训练；学龄期的跳绳、踢毽子、游泳、打羽毛球等训练，对孩子本体觉的发育都是非常重要的。

（二）婴幼儿知觉的发展

知觉是在感觉的基础上形成的，它是大脑对感觉器官获取的信息编码，进行理解、解释并输送到神经系统的过程。知觉的发生较晚，出生4—5个月后的婴幼儿才会出现明显的知觉活动，手眼协调的动作也是在此时出现。知觉可分为空间知觉、时间知觉。

1. 空间知觉

空间知觉是对物体属性以及物体之间关系的知觉，包括形状知觉、大小知觉、方位知觉和距离知觉。有研究表明，在3—4个月时，婴儿已出现对形状的知觉；4个月的婴儿对物体有整体的知觉，能把部分被遮蔽的物体视为同一物体；6个月的婴儿已经具有了大小的感知，但需要在比较中建立；1岁的婴幼儿开始有了大小的知觉；2岁开始有了大小的概念；3岁可以在大小不等的东西中挑出大小，初步有了中等的概念；从2岁半到3岁，幼儿辨别平面图形大小的能力快速增长，对图形很感兴趣，能够辨认，但大多是对图形的笼统体验，还未形成图形的概念。

2. 时间知觉

时间知觉是个体对客观现象的延续性和顺序性的反应。这种反应总是通过某种媒介来实现的，如沙漏、时钟等计时工具，昼夜的循环交替、月亮的盈亏、季节的变化等自然现象，以及人自身的消化、睡眠等生理过程的节律性活动。

婴儿一出生就存在于时间中并感知着时间，但由于缺乏对时间的直觉体验，因而新生儿常常昼夜不分，尚无真正意义上的时间概念。随着年龄的增长，才慢慢建立一定的时间概念。婴幼儿的时间知觉主要与识记的事件相联系，对事件的记忆是时间知觉和时间表象的主要信息来源。例如，婴儿会把起床以后洗脸、刷牙与早上的时间概念联系起来。

婴儿后期便开始接触那些标志时间的现象，但还未能掌握标志时间长短的量度和相应的词汇，因而知觉时间的能力较差。对于时间知觉的认知顺序，一般先知觉和理解"一天""一小时"这些较大的时间单元，然后才慢慢知觉和理解"分""秒"这些较小的时间单元，和"周""月""年"这些更大的时间单元。4岁孩子对认知一天的时间仍有困难，5—6岁对认知一年内的时序有困难。

三、婴幼儿感知觉的培养策略

（一）尊重孩子的感知特点

心理学家皮亚杰把婴幼儿从出生到2岁的时间段称为"感知运动阶段"，"无意感知"是这个阶段感知的主要特点。这个特点导致婴幼儿难以将注意力稳定在一个物品和一个行为上，也就注定了婴幼儿的学习方式是"自发"和"随意"的，其行为随时都容易受到周围环境的影响。

［案例］"难培养"的豆豆

豆豆妈妈不想错过0—3岁这一大脑发育的黄金时期，于是买了许多益智玩具，想好好培养豆豆的智力。她一边整理玩具，一边想象着豆豆学习的美好场景。她把2岁的豆豆叫到身边，让他拼图、积木叠高、串珠子……可是，豆豆的表现大大出乎妈妈的意料。他用拼图叠高，把积木乱丢到远处，比起串珠，他更喜欢让珠子在地上滚来滚去。妈妈灰心丧气，忍不住吐槽：我的孩子会不会存有认知困难，太难培养了！

案例中，并非豆豆故意不听妈妈的话，也不是妈妈的学习流程制订得不周密，而是跟婴幼儿"无意感知"特点有很大关系。当孩子专注于"扔积木"的动作时，他不会去想：能不能扔，应该往哪里扔，扔过去会不会砸碎花盆……游戏结束后，他也绝不可能自发地做好总结。但是，强调孩子的"自发"，并非让家长什么都不要做，恰恰相反，家长应在尊重孩子的感知特点的基础上，善于观察孩子当下的兴趣所在，有意识地创造一些游戏提升其感知觉能力。例如，当孩子对扔积木感兴趣，在保证安全的前提下，可以找一个塑料筐，试着跟孩子玩一玩谁扔得准的游戏，再数一数筐内的积木数量。这样既锻炼了孩子视觉、本体觉，也可以让孩子形成多和少的概念。

（二）借助环境积极培养感知觉

到了 2 岁，孩子开始慢慢从无意感知阶段过渡到有意感知阶段，也就是说，孩子有目的的探索行为逐渐增加。家长创设有利于孩子有意感知的环境显得尤为重要。例如，孩子所处的环境是丰富或贫乏，玩具材料的种类是否全面，孩子在互动中的情绪体验是积极或消极等，这些因素都影响着孩子有意感知的发展。

1. 环境色调要柔和

孩子处在柔和的色调环境中，更能激发心理的安全感，从而更自主地投入与环境的互动中去。玩具等刺激物的色调与周围背景的色调差异越大，越容易引起婴幼儿的注意。

2. 提供丰富多样的玩具

一些家长为了让孩子越玩越聪明，买了许许多多的玩具，这些玩具堆积如山，被杂乱地堆放在客厅里。孩子在这样的环境和纷繁杂乱玩具的刺激下，不仅分散了注意时长，还削弱了对新事物的好奇，自然也就减少了形成"有用"突触的机会。所以，对孩子来说，丰富的环境不等于"满"，它需要熟悉的物品与新奇的物品、持续活动经验与临时变化游戏、稳定空间布局与灵活设置的活动区等之间有机的结合。例如，孩子刚出生后，会有很多叔叔阿姨购买类似功能的玩具。家长需要根据孩子的发展情况，拆开一两件来玩。当孩子对部分玩具感知兴趣减弱时，家长可以把这些玩具暂时收起来，过一阵再摆放出来。学步期的孩子仍需要通过触摸来探索周围的环境，家长可以在活动区域放上一些光滑的、褶皱的、坚硬的或柔软的不同质地的玩具，让孩子光着脚爬到里面玩耍。在保证安全的前提下，可以带领孩子一起玩水、玩沙子、画手指画等。

3. 提供具有"开放性"的玩具

越是简单的玩具，越能让孩子创造更多的玩法，越能激发孩子多元的感知力。遥控车、机器玩偶等声光电玩具虽然非常炫酷，但是它的玩法通常是固定的。孩子只需要按几个按钮，剩下的就靠玩具本身的功能了，孩子能参与的地方有限。相反，开放性玩具往往都非常简单，且没有指定的玩法，比如一张白板、一支笔、一个南瓜、一堆落叶、一团面粉等。正是这种"简单且没有指定的玩法"的特性，让孩子自己主导玩的过程，主动创造、动手实践，激发其创造力、想象力等能力。因此，只要能满足安全的要求，很多生活用品都可以称得上开放性玩具，如瓶盖、纸箱、袜子、卷纸筒、纽扣。家长可以让孩子用奶粉罐拼接成小火车，感知长和短；将积木塞入瓶口，感知瓶罐里空间的变化；倒来倒去，观察芝麻在瓶罐里的流动；把布当作野餐垫，摆上"果汁"，假想游戏就这样开始了。

4. 巧用生活情境促进感知觉发展

各种生活情境是促进孩子感知觉发展的重要载体，家长要有意识地借助生活中随处可见的物品、游戏或事件。例如，用太阳和月亮让孩子感知到白天和黑夜，白天主要是吃和玩，晚上主要是休息和睡觉。还可以将生活中与时间相关联的事情，以"再看10分钟电视，我们就吃晚餐""明天是星期天，我们去公园玩""爸爸下个星期一就出差回来了"等方式告诉孩子，培养其对时间的感受和反应。当然，婴幼儿时期的孩子对于时间知觉的感受是比较低的，一直到7岁左右才开始利用外部的时间标尺来准确地感知时间。

（三）分年龄的感知觉培养策略

为了促进孩子的感知觉器官发展，有的家长给刚刚出生不久的孩子强烈的光线、声音的刺激；有的为了刺激孩子的前庭觉，过度晃动孩子的身体，导致孩子头部和胃部不适；还有的过度保护孩子，看到自己的孩子平衡感不好，走路总是摔倒，就常常抱着孩子，避免孩子走路摔倒受伤。这些做法都可能对孩子产生不可逆的伤害。因此，家长在培养孩子的感知觉时，必须尊重孩子的个体差异，遵循感知觉发展规律。

1. 0—8个月

（1）视觉追随的训练

将孩子挺直抱在胸前，让孩子的脸朝外看移动的物体，如电扇的彩色布条、水槽中的流水、移动的人等。或家长移动自己的身体位置，抱着孩子从不同角度看感兴趣的图片。经常调换孩子感兴趣的图片位置或孩子躺着时头的方向，调整孩子面前悬挂玩具的移动速度，注意速度不宜过快。

（2）声音分辨与定位的训练

孩子醒着的时候，需要时常有人唱歌或说话给他听，母亲的声音是婴儿最喜欢的声音之一。减少收音机、电视机等电子设备的播放，利用生活中的声音，如水滴声、脚步声、动物叫声、风声等，锻炼婴儿的听力。在婴儿床的末端贴上一个压一下就发声的软垫，引导孩子用脚去踩，发出声音。

（3）触觉的训练

当孩子醒着的时候，家长要抱抱孩子，多给孩子做抚触操。用不同织物，可以是硬的、软的、湿的、干的，触碰孩子的皮肤，带着孩子去触摸门、书、树干等，增加触觉感受力。鼓励孩子用嘴去探索，同时注意物体的清洁。

（4）气味与味道分辨的训练

让孩子闻闻不同物体的气味。如吃饭时，让孩子闻闻调料的香味；洗澡时，让孩子闻闻肥皂的味道。6个月给孩子添加辅食，让孩子尝试各种味道的食物。

（5）本体觉的训练

轻微地左右摇晃孩子或改变孩子的空间位置，如滚动孩子身体、把孩子举高放下、抱着孩子转圈等。但是一定要注意，剧烈的、突然的、速度很快的身体位置变动会伤害孩子脑部。

2. 9—12个月

（1）听力的训练

听到声音，家长可以向孩子解释声音的来源和特征。例如，家长可以说：听到了吗？这声音是水流出的声音。这声音是开门的声音。这声音是爷爷在叫宝宝。给孩子洗澡时，家长可以说：水很滑、很温暖，会把宝宝身上的脏东西冲干净。

（2）视动协调的训练

家长可把物品放在地板上，引导孩子伸手够物。"伸手够物"被视为婴儿对客观世界初次探索的重要方式，而灵活的"伸手够物"将使孩子对事物的认识更全面和更深入。

（3）刺激消失与出现的训练

对孩子进行一些视觉或听觉记忆的游戏，如"躲猫猫""藏藏找找""听声音后找物"等。

3.1—2 岁

（1）颜色辨认的训练

家长可以结合日常生活中看到的各种颜色实物来进行训练，也可以用色卡进行训练。按"基本色（红、黄、绿、蓝）—间色（橙、黄绿、紫）—无彩色（黑、白、灰）—深色浅色、冷色暖色"的顺序训练，先从颜色配对开始，然后到颜色指认，再到颜色命名。

（2）听觉辨认的训练

家长可以用发声玩具，也可以选择不同速度、响度或不同乐器奏出的音乐让孩子辨别，还可以让孩子辨别家中不同物体的敲击声，如敲击铁盒声、敲碗声等。

家长可根据不同情景，用不同语调说话，来训练孩子语音的分辨力，使孩子逐渐能够感受到语言中不同的感情成分，提高对语言的区别能力。

让孩子听不同旋律的音乐，以提高孩子对音乐的感知能力。还可以握着孩子的双手教孩子和着音乐拍手，边唱歌边教孩子舞动手臂。

（3）感觉记忆力的训练

家长可以让孩子根据记忆寻找所需要的玩具。例如，先让孩子看一个小球，然后把看到的球收起来，再让孩子在其他的玩具中找这种小球。还可以教孩子认识身体各个部位的图与名称；教孩子认识常见动物、交通工具的图片与名称等。

4. 2—3 岁

（1）感觉稳定性的训练

①增加新玩法

例如，小孩玩皮球时，常常玩一会儿就扔掉不玩了，家长可以带他玩推球、抛接球、用羽毛球拍"赶小猪"等一些新的玩法。

②注意力集中法

例如，在各种几何图形中，要求孩子在短时间内找出三角形，并在这个图形上画一个点。

（2）扩大感觉范围的训练

家长多引导孩子注意物体之间的联系，发展注意力的分配。多带孩子接触大自然，如看日出日落、感受风吹草动、听鸟语、闻花香等，引导孩子调动多种感觉器官参与观察活动。

（3）图形背景辨认的训练

培养孩子把物体从背景中区别出来的能力。例如，从森林图片中找出长颈鹿，从混杂的几何图案中找到圆形，从一大群人的照片中找出爸爸妈妈。

（4）视觉填充的训练

培养孩子建立从局部到整体的思维能力。可以玩找缺失的图片游戏，如故意把眼镜少画一条腿，故意少画一只小白兔耳朵，让孩子去发现缺失的部分。

（5）听觉系列化能力的训练

训练孩子把家长口述的一系列信息按次序回忆出来。如让孩子按顺序复述家长说出的数字或事物名称，让孩子向其他人转告电话里所说的话。

（四）感觉统合失调的识别与干预

婴幼儿早期的感觉整合有助于孩子知觉和使用来自不同刺激通道的信息。婴儿天生就具备知觉各感觉通道的关系的能力。但这种整合能力的提高，是需要通过经验和训练来实现的。如果感觉统合出现失调，家长要学会识别并给予科学的干预支持。

1. 触觉失调的识别与干预

（1）触觉依赖

"触觉依赖"的婴幼儿往往会有这些表现：戒不掉奶嘴；习惯吸手指；过分依恋自己专用的小棉被或手帕；过分喜欢摸别人或某些物品；需要父母特别多的抚摸等。

这类孩子可能是因为出生前后缺氧或其他因素，使脑部的感觉统合不良，触觉运作无法顺畅，触觉需求（包括口欲和手的触觉）未获得适当的满足。例如，有的家长因为安全和卫生等考虑，禁止孩子吸手指，不准吸奶嘴，不给玩具，以致孩子长期对特定的触觉刺激，如奶嘴、手指、手帕、毛毯等产生过分的情感依附。

如果孩子出现以上情况，家长不要采取高压或恐吓的手段，应该先适度地满足孩子对触觉的需要，可提供适合孩子年龄、能力的玩具，如质地柔软的布偶、软胶按摩抚触球、牙胶等，既可以满足孩子的咬、啃等口腔触觉的需要，也可进一步转移到抓、握、扔、丢等手掌的触觉需求，进而促进孩子手部精细动作协调地发展。

（2）触觉防御

"触觉防御"的婴幼儿往往有这些表现：对温度（如气温、水温或食物）变化极为敏感；不喜欢赤着脚在草地或沙滩上行走；洗脸、洗头或理发时非常不合作；不喜欢穿毛料或是质料较粗的衣服，讨厌别人帮他脱/穿衣服；相当怕痒，不喜欢被父母以外的人碰触、抚摸或拥抱；被别人触摸后习惯去抓或轻揉该处；被别人突然碰到时极易发怒。

这类孩子可能是因出生前后发生缺氧情况，如难产、脐带绕颈等，致使触觉神经核受到伤害；或是因为婴儿时期很少被抱，少有触摸的机会，以致触觉神经系统不成熟，对触觉刺激无法加以适当的处理，久而久之，养成以排斥的方法来应对外来的刺激。这一类型的孩子忙于应付各种触觉刺激，所以无法集中注意力，情绪较不稳定，容易与人起冲突，人际关系也较差。

家长可以在孩子洗脸、洗澡或睡觉前，用手或柔软的毛巾，柔和地触压或按摩宝贝的手、脚或背部。这些刺激具有安定神经的作用，可以减轻孩子紧张痛苦的感觉，进而使孩子比较容易与家长合作，也比较容易放松而入睡。

（3）触觉迟钝

"触觉迟钝"的婴幼儿往往有这些表现：被别人触摸时不易察觉到；碰撞淤血或流血时，自己常未察觉，一点都不怕痛，不怕打针或看牙医；天气变冷或变热时，不能敏感地察觉；拿东西时常掉落地。

假若孩子出生前后缺氧，伤及触觉神经核时，除了可能造成触觉防御过当外，也可能导致触觉迟钝。若是婴儿时期经常生病，或家长过于保护，很少让孩子以手的触觉去探索环境，也会影响孩子触觉辨识能力的发展。

面对触觉迟钝的孩子，家长可以这样做：用软刷来刷孩子的手心、手臂、背部、腿部，以唤醒触觉；特别要注意，婴儿学爬的阶段对触觉识别的发展极为重要，家长千万别总是把孩子放在婴儿车或学步车内，使其丧失了爬行及用手触摸环境的机会；提供各种触感的触摸玩具，让孩子在玩耍中不知不觉地增强触觉识别能力。

2. 前庭觉失调的识别与干预

当婴幼儿的前庭觉失调时，会出现以下两种情况。

（1）抑制功能不足

具体表现为：过分喜欢旋转、摇晃、攀爬，重复玩多次；睡前要摇很猛才睡得着；喜欢爬到高处往下跳，没有危险的概念。玩同一个活动，别人已获得前庭满足感，但这类孩子可能只得到 1/10 的刺激，故需要 10 倍的活动量，才得到满足感。

家长可以善用摇篮、骑木马、坐电动玩具、溜滑梯、荡秋千、跳弹簧垫等活动，使孩子获得丰富的前庭刺激，帮助其脑部前庭系统传导正常化。

（2）促进功能不足

具体表现为：不喜欢被举高，惧高，怕搭电动扶梯；不喜欢被抱着旋转，害怕坐旋转玩具，易晕车；不喜欢骑木马、荡秋千，不敢玩儿童游乐园的设施。

家长可以为孩子提供各类前庭刺激的活动，如摇荡的活动（摇篮、摇木马等），加速度的活动（滑梯等），抗地心引力的活动（跷跷板、攀爬架），旋转活动（被抱着旋转、旋转地球等），平衡的活动（走直线、平衡木等）。

3. 本体觉失调的识别与干预

本体觉失调的婴幼儿会出现许多手眼不协调、手耳不协调、身脑不协调、脑口不协同等情况。

（1）粗大动作技巧不足

具体表现为：颈部无力，很晚翻身，不善爬行，很晚才会走路；平衡差，腿无力，常跌倒，走楼梯依赖扶手；动作笨拙、缓慢；易绊倒、碰伤；攀爬架子、骑三轮车很慢；玩踢球、丢接球有困难。

（2）精细动作技巧不足

具体表现为：流质食物吃很久，不喜欢咀嚼，流口水较久；眼睛欠灵活，拿东西易失手掉落，容易把东西弄坏；手无力，脱/穿衣服、解纽扣学得慢。

家长可以多带领孩子做一些使肌肉紧张、收缩的运动，如婴儿期的翻身、

滚翻、爬行，幼儿期的拍球、滑梯、平衡等活动；多接触和观察大自然，可以
安静地坐着观察蝴蝶，闻闻大自然的花香，还可以在草地上打滚、奔跑等，大
自然可以为孩子提供最佳的感官发展的自然体验。

参考文献

[1]珍妮特·冈萨雷斯－米纳，黛安娜·温德尔·埃尔.婴幼儿及其照料者：尊重及回
应式的保育和教育课程：第8版[M].张和颐，张萌，译.北京：商务印书馆，2016.

[2]周念丽.0—3岁儿童观察与评估[M].上海：华东师范大学出版社，2013.

[3]韩映虹.婴幼儿行为观察与分析[M].上海：上海科技教育出版社，2017.

（执笔：李婷婷）

第 10 课

如何促进孩子的
动作发展

课程简介

教学对象

0—3 岁儿童家长及其他照护者

教学目标

1. 了解婴幼儿的动作发展规律与特点。

2. 学习婴幼儿动作技能培养的策略。

3. 重视培养婴幼儿的动作发展。

教学时长

90 分钟

课程框架

[实例导入]

一、婴幼儿动作发展的规律特点

（一）婴幼儿动作发展的规律

    1. 首尾规律

    2. 近远规律

    3. 整分规律

    4. 大小规律

    5. 无有规律

（二）婴幼儿动作发展的过程

    1. 粗大动作发展

    2. 精细动作发展

二、婴幼儿动作发展的意义

（一）动作发展影响睡眠质量

（二）动作发展影响身体各系统发育

    1. 可以促进骨骼发育

    2. 可以促进神经系统的发育

    3. 可以促进呼吸系统的发育

    4. 可以促进循环系统的发育

    5. 可以促进消化系统的发育

（三）动作发展影响心理发展

三、婴幼儿动作发展的指导策略

（一）婴幼儿动作发展的养育误区

    1. 缺乏动作发展的空间和活动

    2. 缺乏动作发展的养育观念

（二）婴幼儿动作发展的培养策略

    1. 适宜性策略

    2. 顺序性策略

    3. 敏感期策略

    4. 愉悦性策略

    5. 安全性策略

    6. 生活化策略

    7. 协同发展策略

（三）动作发展的家庭指导案例

    1. 坐的练习（5—8个月）

    2. 下肢动作练习（10—13个月）

    3. 上肢动作练习（15—30个月）

参考文献

课程内容

[实例导入]

小凡在婴儿时期，备受家人保护，未经过爬行练习，就直接行走，但在行走时，常常脚踩不实，容易摔跤。家人心疼小凡，更加舍不得让他参加活动和锻炼，也极少带他出去与小朋友交往。

入托后一个月，老师向小凡的家长反映：小凡不能听从老师的指令，稍不合自己的心意，就大哭大闹；经常做一些危险动作，向小朋友扔积木，喜欢原地打转或爬高，常常磕碰跌伤；穿脱衣服、系鞋带、扣纽扣、洗漱、用餐等动作僵硬缓慢，不会做折剪、粘贴纸、图片涂色等活动。

家长带小凡去医院做了感觉运动评估。结果报告显示，小凡存在感觉统合失调，核心特征是精细动作水平低，动作间以及动作与感知觉之间的协调性差。

动作发展能力，是婴幼儿生长发育程度的一个重要表征，会影响婴幼儿感知、认知和社会适应等能力的发展，对儿童早期心理发展乃至今后的智力发展有着广泛而深刻的影响。

一、婴幼儿动作发展的规律特点

（一）婴幼儿动作发展的规律

动作是个体生存与发展最重要的基本技能，是个体与外界环境相互作用的重要手段，是个体生理与心理发展的基础，有利于促进个体认知、语言和社会性的协调发展。动作发展有个体差异，但总体仍遵循着首尾规律、近远规律、整分规律、大小规律及无有规律。

1. 首尾规律

是指动作发展先从头部和身体上半部分开始，然后至身体的下半部分。婴儿视物能力发生在控制躯体之前，他们先学会控制身体的上半部。例如，他们先学会抬头、俯卧，然后是翻身、坐、爬、站、走等动作。

2. 近远规律

是指动作发展从身体的中央部分开始而后到四肢动作。个体先发展头部和躯干的动作，接着是臂和腿的粗大动作，然后是手和脚，直至手指和脚趾的精细动作。

3. 整分规律

是指动作发展从整体的、全身的、笼统的动作到分化的、局部的、精细的动作。由于神经系统逐步进行髓鞘化，婴儿最初的动作是整体的、全身的反应，随着神经系统的发展，个体动作逐步分化，趋于局部化、准确化和专门化。

4. 大小规律

是指动作发展从大肌肉动作开始而后向小肌肉动作发展。个体首先发展粗大动作，如躯体动作、臂部动作和腿部动作，然后才会发展精细动作，如手部精细动作及手眼协调动作。

5. 无有规律

是指动作从无意动作向有意动作发展。婴儿动作最初是无意的，随着个体的发展，逐渐出现有意义、有目的的动作。6 个月以后，个体逐渐意识到自己所做的动作是有意义的、有目的的。

（二）婴幼儿动作发展的过程

1. 粗大动作发展

粗大动作也称大运动、大肌肉群动作，包括颈肌和腰肌的平衡动作以及爬行走、跑掷跳等动作，具体的动作包括头的控制、翻身、坐、爬、站、走、蹲、跑、跳等。

（1）0—1 岁婴儿

0—3 个月这个阶段，婴儿主要的大动作是抬头。1 个月的婴儿能微微抬头并能转动，到 2 个月时就可以抬头 45 度了，而到了 3 个月，婴儿头和肩膀能够完全抬起。4—6 个月的婴儿可以翻身、拍手、坐起，会自己跟自己玩，从侧位玩到仰卧位，完成不同方向的翻身，仰卧位时还摸着脚往嘴里塞。7—8 个月，开始手膝爬行，随后从爬行换到坐的姿势。9—10 个月，能扶着东西站起来，部分婴儿能独立站几分钟，视野也会发生变化。12个月左右，开始独立行走，从摇摇摆摆地行走到独立稳定地行走，能更好地控制自己的身体，能玩身体儿歌游戏，喜欢模仿大人的动作。

（2）1—3岁幼儿

12—15个月，幼儿可以走得更稳当了，能完全蹲下捡东西。15—18个月，能小跑起来，部分幼儿可以向前踢球，但抬腿不高。18—24个月，能跑得稳当，踮起脚尖拿东西，会双脚跳；能独立上台阶，扶着下楼梯；摆腿把球踢出去，也可以用手把球扔出去。24—30个月，能感知运动节律的变化，动作逐渐协调。30个月左右，可以单脚站2—5秒，双脚离地跳，举起手臂，有方向地投掷。30—36个月，可以单脚站5—10秒，独立双脚交替上下楼梯，平衡性和灵活性在增强。

2. 精细动作发展

精细动作主要是指手的动作，也称为小肌肉动作，是指个体主要凭借手以及手指等部位的小肌肉或小肌肉群的运动，在感知觉、注意等多方面心理活动的配合下完成特定任务的能力。具体包括手上的捏、握、屈、旋转的动作，还有托、扭、拧、撕、抓、刮、拔、压、挖、弹、鼓掌、夹、穿、摸、抹、拍、摇等动作。

（1）0—1岁婴儿

0—1个月婴儿，大多数时间双手紧握成拳头状，偶尔会屈起手臂，不能抓握。1—3个月，会松开双手，向外伸展手臂；双手的大部分时间处于半开合状态，但会将手张开又闭合，会把物品塞嘴里，会尝试把手塞嘴里，然后是拇指或者食指；会盯着自己的手指研究；可以用手摆弄悬挂在面前的玩具，用手抓玩具并摇晃。4—7个月，已经可以自如地将玩具送进嘴里，开始用拇指和其他手指拍、抓、扒，会捡东西，会把玩具从一只手换到另一只手，会抓起自己的脚塞进嘴里；坐着时候，会用手去拍打膝盖或者大腿；会用双手支撑着坐稳，接着不用双手支撑也能坐稳。8—12个月，会笨拙地将东西往自己身边扒，会准确地用拇指和食指捏东西；会拿着两个玩具相互敲击；会将玩具从盒子里拿出来或者放回去；会用食指戳小孔，会自如地张开手指，会兴高采烈地扔东西。

（2）1—3 岁幼儿

1—2 岁幼儿，能按压开关，会转动门把手，旋转圆盘子；能叠放 2—3 块积木，逐步到可将 6—7 块积木搭成柱状不倒塌；握笔随意地涂鸦，独立翻书，一页或多页地翻；会转开瓶盖（非螺旋盖），拿杯喝水，拿汤勺进食；会剥开糖果的包装；会脱下没有扣子的外套。2—3 岁幼儿，会画不规则的点、线；会串珠子；会使用安全剪刀；取物不易失手掉落，会丢接球。3 岁左右，可将 9—10 块积木搭成柱状不倒塌；能画一个圆和"十"字；穿脱衣服不困难，会解纽扣。

二、婴幼儿动作发展的意义

（一）动作发展影响睡眠质量

粗大动作的发展直接影响孩子的睡眠质量。粗大动作发展良好的婴幼儿，其睡眠出现波动的概率不到 50%。粗大动作发展滞后的婴幼儿，其睡眠出现波动的比例高达 80% 以上。

（二）动作发展影响身体各系统发育

1. 可以促进骨骼发育

丰富的运动可以加快骨膜的血液循环，从而提高破骨细胞和成骨细胞的活力，最终促进骨组织的生长发育。

2. 可以促进神经系统的发育

相关研究发现，与运动相关脑区的神经元较为丰富，这些神经元又与视觉、听觉、记忆、思维、语言等能力发展密切相关，运动能力的发展在很大程度上也影响着其他能力的发展。通常动作发展水平较高的孩子，其他能力的发展也较好；而动作发展迟缓，则会对孩子其他能力的发展也带来消极影响。

3. 可以促进呼吸系统的发育

充分的动作发展，如吸吮母乳、抬头、翻身、爬、走、跑、跳、哭、叫喊等均有利于肺泡、上皮细胞、巨噬细胞、内皮细胞等肺组织细胞的生长发育，有利于提高血氧含量，促进机体的生长，还可减少日后肺炎、哮喘等疾病的发生。

4. 可以促进循环系统的发育

动作发展可以促进血液流动，有利于心脏的生长发育，增强心脏的射血功能，促进形成成人期的循环系统。

5. 可以促进消化系统的发育

动作发展可以促进人体对营养物质的分解和吸收，提高孩子的消化能力，增强孩子的食欲和消化功能。

（三）动作发展影响心理发展

动作发展对婴幼儿的认知、情绪和社会性发展都有重要影响。婴幼儿基本动作技能掌握得越多、越熟练，其心理健康水平越高，正向情绪和朋友也越多。婴幼儿能参与运动并且会玩耍，会提升他的自信心和社会适应能力。例如，婴幼儿在进行各种游戏的过程中，自然容易接近其他小朋友，从中学会与他人合作，并建立良好的社会关系。同时，若在游戏中体会到成就感，可进一步增加自信心。

在动作发展过程中，坐、爬、站、走、跑、跳等粗大动作和各种精细动作水平都提高了婴幼儿的生活能力，对整体发展有巨大的促进作用。例如，爬在婴幼儿的发展进程中有着里程碑式的意义，爬行可让其扩大接触和探索环境的范围，有利于手眼协调性地发展，从而促进认知能力、思维能力和解决问题能力的发展；爬行有助于婴幼儿将自己和其他事物区分开，开始真正认识自己的身体，认识自己的能力，认识自己同周围人的关系等，从而促进其建立最初的主客体概念，有利于他们的"去自我中心化"，促进情感和社会性发展。

三、婴幼儿动作发展的指导策略

（一）婴幼儿动作发展的养育误区

婴幼儿处于感知运动的重要阶段，动作在其认知发展过程中起着重要作用。但是不少照护者对于孩子的动作发展不够重视，存在一些养育误区。

1. 缺乏动作发展的空间和活动

孩子获得各种动作技能离不开空间和活动。生活环境中有趣的事物，激发了孩子想要触摸、探索的愿望，他才想抬头、翻身、坐起来，去够、去爬。随着城市化进程的加快，孩子大多生活在高楼大厦里，活动空间小，与自然疏离；农村孩子留守儿童比较多，长辈们忙于工作和生计，往往仅关注孩子的健康喂养，婴儿期多让孩子躺着或者抱着，幼儿期多放在学步车或者动力小车里，导致孩子活动空间受限，影响动作发展。

2. 缺乏动作发展的养育观念

有的照护者担心孩子着凉，给孩子穿上厚重的衣物；有的照护者存有"绑腿避免O形腿"的观念，既妨碍孩子运动，还可能导致体温升高，甚至髋关节脱位等情况；有的照护者认为孩子走得早说明孩子聪明，忽视了孩子的爬行阶段，让孩子过早地用学步车或者牵手走路；有的照护者担心孩子遭遇意外伤害，不让孩子碰这个、拿那个；有的照护者担心孩子独立吃饭弄得脏兮兮，一直追着喂……使得孩子没有足够的机会锻炼。

研究证明，没有经过爬行阶段的孩子，其运动能力、协调性、空间感、思维能力、语言能力的发展都会受到一定的影响。婴儿从匍匐爬行到手膝爬行，由扶物行走再到独立行走，其间经历了从全身着地再到直立行走的飞跃，肢体的支配能力、平衡能力都得到很大的提升，这一阶段切不可错过。

精细动作的发展，与粗大动作发展不同，它不是与生俱来、自然而然的过程，它需要相当长的发育、统整和协调的过程。家长应及时改正错误的养育观念，充分关注并提供给孩子锻炼和动手的机会、适合操作的物品及环境。

（二）婴幼儿动作发展的培养策略

婴幼儿期是孩子动作发展极为迅速的时期，促进其动作发展至关重要。

1. 适宜性策略

孩子的动作发展不仅受后天学习的影响，还受制于先天的遗传与生理成熟，有其发展的时间与节奏。"适宜"包含两层意思：一是适应当下的发展水平，二是在当下水平的基础上，能适当地促进发展。既不能超前，也不能滞后，更不能在孩子原有水平上重复，原地踏步。

例如，一个7月龄会"腹爬"的孩子，若此时开始练习走就属于超前了，因为其身体状态还没有做好走的准备，不仅难以学会，强行练习还可能造成身体伤害。但若此时还在练习抬头就滞后了，因为孩子早已掌握抬头技能，对抬头的练习会感到索然无味，也无法从中得到进一步的发展。这时可以在"腹爬"的基础上，让孩子学习"手膝爬行"。这既符合孩子现有的发展水平，同时又有一定的挑战性，能促进孩子更进一步地发展与提升。所以，家长在培养和训练动作发展能力时，应符合婴幼儿当下的身心发展水平，采取适宜性策略。

2. 顺序性策略

顺序性策略，是指在培养动作发展能力时，要遵循孩子粗大动作与精细动作的发展顺序，按照一定的方向，系统而有序地进行递进练习。无论是粗大动作，还是精细动作，都有其固定的先后顺序。如"三抬、四翻、六坐、七滚、八爬、九扶、周岁会走"，这句民间俗语就说明了粗大动作发展的顺序。后一个动作的发展往往建立在前一个动作的基础上，一个动作成熟后，才能为后一个动作的发展提供条件。如"站立"是"走"的基础，"拇指分化"是"拇指与食指对捏"的基础。家长要根据孩子能力的发展顺序来进行练习，不可跳级，也不可倒置。

3. 敏感期策略

敏感期，是指孩子学习或者掌握某种技能最容易的时期。把握住敏感期对某种技能进行练习，将起到事半功倍的效果；如果错过了某种技能的敏感期再进行练习，往往事倍功半。婴幼儿期会出现粗大动作与精细动作的各类敏感期，家长应敏锐地观察并捕捉到这些敏感期，及时有效地进行某项动作的练习。

那么，如何判断某个动作发展的敏感期呢？家长可以观察孩子的行为表现，当孩子表现出想要尝试进行某个动作，并反复尝试时，则意味着这个动作的敏感期到来了。例如，10个月左右的孩子尝试着想要站立，想扶着沙发的边缘站起来，摔倒后也要继续尝试；当他被大人抱在怀里时，他的腿想往地上蹬，并且乐此不疲。这些行为都说明孩子的站立敏感期到来了，家长要抓住这个时机进行站立的练习。再如，孩子从7—8个月后，会陆续出现抠东西、戳洞洞等行为，遇到有洞孔的地方（如鼻孔、耳朵、门孔、小瓶口等）都喜欢去抠，即使制止也没效果。这就说明孩子"抠"动作的敏感期到来了，家长给孩子提供一些有洞洞的玩具、材料，让孩子在抠、挖、戳的过程中，促进精细动作和手眼协调能力的发展；还可以充分利用家中随手可得的物品，帮孩子制作一些适合他探索的东西，如把纸盒剪出小洞，让孩子往里面塞动物小玩偶，或者找一些不易碎的小瓶子、小盒子，将小球、豆子等小的物品放进去再拿出来。当然也要确保物品的"洞"不至于伤害或卡住孩子的小手。

4. 愉悦性策略

愉悦性策略，是指对孩子进行动作练习时，应尽量营造一种轻松快乐的氛围，使孩子感受到快乐。婴幼儿期以无意注意为主，注意力很容易为外界刺激所干扰，对同一个事物的注意力时长很有限，容易感到疲劳与厌倦。因此，家长可以通过布置温馨舒适的环境，播放轻松舒缓的音乐，运用童趣可爱的玩教具，展现和蔼可亲的面容、亲切热情的神态，营造轻松愉悦的氛围，让孩子感到动作发展练习是一件很快乐的事情，愿意较长时间地参与动作练习，从而达到较好的效果。

5. 安全性策略

安全性策略，是指在设计与实施孩子的动作练习时，要在环境、材料、内容与练习方式等多个方面考虑孩子的身心安全，保证其在安全的基础上进行动作练习。

在环境上，开展动作练习的环境可以在室内，也可以在室外，但要保证环境较为宽敞，地势较为平坦；室内最好铺有地垫，室外最好是塑胶、草地等较为柔软、有缓冲的地面材质；无过多障碍物，尖锐、细小可吞咽等存在风险的物品都要收纳好；整个环境要干净整洁，通风明亮。

在材料上，要保证所提供的玩教具材质安全，符合国家有关生产标准，无毒、无害、无锐角；要定期清洁消毒，保证干净；有破损的地方要及时发现、修补或替换；材料用完后要及时清点数目，归类整理。

在练习的内容上，要结合孩子动作发展的规律与特点，多观察孩子在各个阶段的变化，抓住孩子动作发展的敏感期，不能超前，更不要滞后，选择适宜孩子身心发展水平的内容。切不可为了达成某个年龄段的发展目标，而盲目让孩子练习一些还不能完成的动作。

在练习方式上，同样要选择适合孩子身心发展水平的方式。例如，家长创设有趣的情境，做出生动的示范，引导孩子乐意模仿某项动作，亲子共同练习的方式更有利于孩子的动作发展。

同时注意练习实施时的细节，包括练习时段、强度和安全性等。练习时段要安排在孩子精神状态较好的时间，孩子午休、生病等期间不宜练习；要把握适宜的练习强度，不要让孩子过于疲劳，以免影响身体健康；要提前预判避免任何可能给孩子带来损伤的练习，如在给孩子做热身操时，不能过于用力挤压孩子的四肢，给孩子做包裹毛巾毯练习平衡时，不能将毛巾毯抛得过高过快。

6. 生活化策略

婴幼儿期以直观行动思维为主，孩子的学习依赖于亲身获得的直接经验。真实的生活就是孩子学习的重要场所。因此，无论是练习材料的选择，还是内容的设计，都应尽量贴近孩子的生活。例如，在孩子学习抬头时，可以选用孩子生活中喜欢的玩具来逗引孩子，孩子在学习手部"舀"的动作时，就可以用上真实生活情境中的碗、勺子、黄豆等开展学习。

7. 协同发展策略

孩子的动作发展是一个相互影响、相互支持的整体过程，粗大动作与精细动作交互发展，单一的动作练习也需要许多肌肉的共同参与，粗大动作或者精细动作里的每个小动作之间也是紧密联系、相互影响的。例如，家长拿着孩子感兴趣的玩具，在前方吸引孩子爬行练习，他会边爬边抓握玩具，或者举起玩具自己坐起来，这些都是爬、坐、抓、握、举等动作之间的协调和交互。

（三）动作发展的家庭指导案例

1. 坐的练习（5—8 个月）

（1）学习准备

场地准备：床上、沙发上、地垫上均可，需要有靠垫、枕头，可支持宝宝坐起来。

材料准备：为促进宝宝维持一定时长的坐姿，可提供一些有趣的玩具或绘本，供宝宝玩耍。

（2）练习活动

当孩子不能独立坐起时，家长可轻轻地拉住孩子的双臂，将孩子拉坐起来。当孩子还不能坐稳时，他可能独立坐一会儿之后就会倒下去，家长要轻轻抱住孩子。

当孩子能够由卧位自主坐起，但背部需要依靠支撑物才能保持坐姿时，可用靠垫、枕头帮助孩子保持坐姿，直到孩子能独立坐起并保持一定时间。此阶段可给孩子提供有趣的玩具或图书，供他坐时玩耍。

2. 下肢动作练习（10—13 个月）

（1）学习准备

身体准备：婴幼儿有了身体向上牵引、想要站起来的欲望，而又无法独立站立起来。

场地准备：在沙发边、床沿边、棱角圆滑的矮桌子边（桌子须有一定的重量，不能轻易移动），孩子感兴趣的小玩具。

（2）练习活动

让孩子扶着桌子站稳，妈妈站在桌子的对面或者侧面，告诉孩子："看，妈妈在这里。"等孩子注意到妈妈，妈妈躲入桌子下，然后喊："宝宝，妈妈在哪里？"并引导孩子下蹲。然后母子在桌下对视，妈妈又从桌子下出来，站起来，说："宝宝，妈妈在哪里？"逗引孩子也跟着站起来。

妈妈也可以坐在孩子的后面，有意识地护着孩子，一手拿着玩具在孩子的前方吸引孩子，并对他说："宝宝，看妈妈手上的小火车哦！"孩子看到玩具后，会尝试扶着桌子走出几步去拿。由此引导孩子扶着桌子练习弯腰、伸腿、扶站、扶走等，学习控制身体，为独立站立和走路打好基础。

3. 上肢动作练习（15—30 个月）

（1）学习准备

身体准备：上肢的力量和手眼协调能力增强，具备了预测方位的能力。

场地准备：质地柔软又有一定重量的材料，如皮球、海洋球等球类玩具，或者自制的沙包、纸团等；小篮球筐、塑料桶或者篮子等各种筐类或盒类物品。

（2）练习活动

邀请孩子一起玩"发射导弹"的游戏。爸爸妈妈先做示范。爸爸扔出"导弹"（即球类玩具），跟妈妈说："导弹来了，马上拦截哦！"妈妈拿着小篮球筐去接住，并说："拦截成功了一个。"爸爸继续"发射"，妈妈继续"拦截"。随后，邀请孩子一起玩投掷游戏。家长可以用比赛的形式，激发孩子投掷的兴趣；在准备投掷材料时，可邀请宝宝一起制作，提高孩子的参与感；投掷时，提醒孩子不要砸到他人。在这个过程中，引导孩子学会根据球的空中轨迹、球速的快慢感受球的方位和力度，提升上肢力量、手指精细动作、手眼协调能力和合作能力等。

参考文献

［1］陈春梅.0—3岁儿童动作发展与训练[M].上海：复旦大学出版社，2014.

［2］塔尼娅·奥尔特曼.美国儿科学会育儿百科（第7版）[M].唐亚，等译.北京：北京科学技术出版社，2020.

（执笔：裘小洁）

第 11 课

如何促进孩子的语言发展

课程简介

教学对象

0—3 岁儿童家长及其他照护者

教学目标

1. 了解婴幼儿语言发展的特点和影响因素。

2. 学习婴幼儿语言发展的培养策略。

3. 重视婴幼儿语言教育，积极应对常见的语言发展问题。

教学时长

90 分钟

课程框架

四、语言发展的培养策略

（一）创设积极的语言环境

　　1. 多和孩子说话

　　2. 让孩子多看

　　3. 让孩子多听

　　4. 让孩子多练习说话

（二）关注有效的语言沟通

　　1. 用符合孩子发展特点的方式进行

　　2. 与孩子交谈时多提开放式问题

　　3. 与孩子一起做有趣的语言游戏

（三）激发早期阅读兴趣

（四）合理使用电子产品

五、语言发展的常见问题与应对

（一）口吃

　　1. 可能原因

　　2. 应对方法

（二）缄默不语

　　1. 可能原因

　　2. 应对方法

（三）多种语言混杂

　　1. 可能原因

　　2. 应对方法

参考文献

课程内容

妈妈和卡卡坐在茶几前享用点心。妈妈问："卡卡，你想喝牛奶吗？"卡卡一边回答："嗯嗯嗯，牛奶！"一边伸手去够杯子。妈妈往卡卡的杯子里倒入少量牛奶。卡卡把杯子移到自己嘴边，先尝了一小口，然后"呼呼，呼呼"喝得非常开心。突然，他一不小心将牛奶洒到地上。卡卡指着一地的牛奶说："哦哦哦，牛奶……"妈妈回应道："是的，牛奶洒在地上了，我们用纸巾来擦一擦。"正当妈妈认真擦地时，卡卡发出了"呜呜呜"的不满声。妈妈举起杯子问道："你还想喝牛奶吗？"卡卡露出笑脸肯定地回答："牛奶，牛奶！"将杯子递给妈妈。

在实例中，卡卡用了几种声音和一些简单的词汇表达了丰富的意思。如果卡卡长到 2 岁后，那么在相同的场景下，他将会用更长一些的句子来表达同样的意思。例如，"嗯嗯嗯，牛奶"可能会表达为"妈妈，给我牛奶"；"哦哦哦，牛奶"可能会表达为"妈妈，牛奶洒到地上了"；"呜呜呜"可能会表达为"不要擦地，我还要牛奶"。

婴幼儿语言能力的发展是一个复杂的过程。那么，婴幼儿语言发展有什么特点？影响因素有哪些？家长该采取怎样的教育策略呢？

一、婴幼儿语言教育的意义

（一）生活适应与社会交往

语言的发展，让孩子能更准确地表达自己的需求和情感，更顺畅地进行人际交往、掌握社会规则、适应社会生活。例如，"我也想玩，你能借我看一下吗？""你等一下，我玩好给你。""现在是红灯，红灯不能过马路，要等绿灯了才能过马路。""妈妈，今天我在幼儿园特别想你，你一定要第一个来接我。"

（二）情绪情感良好发展

语言能帮助孩子更好地表达自己的感受、内心的想法，更顺畅地与他人沟通，也能帮助孩子有效地宣泄消极情绪，悦纳自我，理解他人，促进情绪管理能力的提升，培养积极的情感。例如，当玩具被抢时，有的孩子气得说不出话来，甚至急得直哭；而有些孩子则会勇敢地表达自己的想法说"不行，这个现在我要自己玩了"，或者安慰自己说"没事，那给你先玩一会儿吧"，接着自己去玩别的玩具。

（三）认知水平发展提升

孩子最初通过直接感知来了解事物，当他的语言理解和表达能力越来越强，就可以用间接经验来认识世界，借助语言来辨别事物的不同、概括事物的相同，通过语言来掌握事物的本质特征，促进认知能力的发展。例如，"这边要放红色的珠子，因为盖子是红色的，这边黄色盖子里要放黄色的珠子"；"如果冰川都融化了，北极熊就没地方站，只能掉水里了"。

二、婴幼儿语言发展的特点

（一）0—1岁婴儿语言发展的特点

出生后的第一年是婴儿语言能力发展的准备期，称为前言语阶段。该阶段是语言发展过程中的语音核心期，婴儿的语音感知、发音以及前言语交际能力获得发展。

1.0—6个月

（1）对语音的辨别与偏好

研究发现，刚出生12天的婴儿能通过目光的注视与转移、吮吸的加快或停止等行为，来表示其对人类语音和其他声音的区别。婴儿也能辨别不同人的说话声音，对照护者的声音有着特殊的偏好。

（2）能辨别语音语调

即使不能真正理解成人的言语，婴儿也能辨别成人言语的语音语调及其变化。当成人用愉快、冷淡、愤怒等不同的方式说同一句话时，婴儿能以微笑、平淡、害怕或哭泣等方式进行回应。

（3）初步的语言理解能力

随着婴儿的成长与日常经验的丰富，他开始懂得简单的词、手势和命令，如辨别家人的不同称谓、指认日常物体等。但婴儿此时的"理解"具有很强的情境性，通常是根据成人说话时不同的语调、手势等信息判断出来的，不一定是真正意义上的理解。

（4）具备交流倾向

婴儿虽然还不能使用言语进行交流，但他在与成人面对面时已经有了明显的"交际"倾向。例如，在婴儿与成人交谈的过程中，他的头、手、脚等身体动作与成人的言语节律具有同步性；在成人用话语引逗他的过程中，婴儿虽然只能用简单的音节进行回应，但却表现了"轮流"说的倾向。

2.6—12个月

（1）说第一个有意义的词

词汇不仅是语言发展的基础，也是认知能力发展的基础。最早在9个月，晚些到16个月时，婴幼儿能说出第一个有意义的词，这是语言发展过程中的重要里程碑。

（2）真正理解语言

大约在9个月时，婴儿开始真正理解成人语言。真正的"理解"，是指在自然情境下，婴儿能以合适又恰当的方式来回应语言刺激。如听到"妈妈在哪里"时，婴儿能把目光或头转向妈妈或用手指向妈妈。

（3）语言交际功能扩展

10—18个月，婴幼儿开始能执行成人的简单指令，并与相应的动作建立联系。例如，听到成人说"跟妈妈再见"，婴幼儿能挥挥小手。此时的婴幼儿也开始能将一定的语音与实体建立联系。例如，用"汪汪"指代家里的狗。当然，此时的联系还缺少概括性。

（二）1—2岁幼儿语言发展的特点

经过了一年的语言准备，幼儿开始进入口语学习的全盛时期。1—2岁为语言发生阶段，该阶段幼儿的能力从语言理解发展到表达，词汇量迅速提高，开始能用单词句、双词句进行表达。

1.12—18个月

（1）单词句阶段

该阶段幼儿经常会用一个单词表示一个句子。幼儿说出的词与其所在的场景有着密切联系，具有明显的情境性。例如，幼儿说"狗狗"时，可能是说有只小狗跑来了，也可能是想要和家里的小狗玩，还有可能是在指认绘本中的小狗等。照护者除了与情境相联系，还常常要参考幼儿说话时附带的各种非言语信息，如手势、表情、体态等，从而更好地理解幼儿要表达的意思。

（2）语言理解迅速发展

该阶段幼儿所能理解的语言大量增加，所能听懂的词要比他们能说的多得多。幼儿能理解的名词主要是熟悉的日常物品、人物称谓、动物名称和一些特征比较明显的身体器官等；能理解的动词主要是表示身体动作的、表示事件和活动的能愿动词与判断动词等；也开始理解简单的句子。此时不需要成人用动作或表情提示，幼儿也能理解并执行成人的简单指令。例如，能够呼唤或应答他人的呼唤，能回答玩具在哪里，能用要或者不要来表达自己的意愿。

（3）发音进入"沉默期"

该阶段幼儿可能会一改往日的表达热情，变得不太爱说话。虽然他的语言理解能力迅速发展，但还没有足够的能力进行表达，此时会出现语言"沉默期"。幼儿会以听的方式，来加工、整理外界输入的语言信息，并逐步积累经验来提高自己的语言能力。沉默期短则几个小时，长达几个月。这样大量"听"的过程对孩子的语言发展是非常重要的，照护者需要多一点耐心，多与孩子进行情境交流。

（4）其他特点

词义使用错误。虽然幼儿的语言理解能力越来越强，但他在使用词汇方面常会出现各种错误。例如，用"毛毛"代表一切小动物；"车车"特指自己的玩具车；曾在闹钟响时听妈妈说"来不及"，以后听到闹钟响就会说"来不及"。常用省略音、替代音、重叠音等"小儿语"来表达，如星星说成西西，哥哥说成嘚嘚，水杯说成杯杯。这是幼儿特殊的语法系统，是与母语相似但又不完全相同的简化策略，并非单纯的发音错误。

这个阶段幼儿常常喜欢听成人重复地说话，甚至要求成人重复说；还会用"以声代物"的方式给常见物体命名,如"汪汪"代表小狗,"嘘嘘"代表小便。

2.18—24个月

（1）词汇爆发期

18—24个月是幼儿掌握词语的第一个关键期。幼儿掌握的词汇开始迅速增加,不仅表现在词汇数量上,还体现在词汇种类上。18个月时幼儿掌握的词汇可能是数十个,到24个月时则能达到数百个。除了常用的名词、动词,幼儿也开始能正确使用代词"我",说话从"宝宝吃"变成"我吃"。

（2）语言理解逐步摆脱情境性

幼儿开始进入真正理解词语的阶段,能更为概括地使用词语,逐步脱离表达的情境性,能准确地把词汇和相应的物体或动作联系起来。

（3）双词句（电报句）为主

幼儿常常用两个单词组成句子,像发电报时采用的省略句,由此被称为电报句,如"妈妈抱抱""爸爸球球"等。

（4）其他特点

幼儿特别喜欢提问,经常要求成人告诉他各种事物的相关信息,如名称、用途、构造等,这也是幼儿语言学习的重要途径。除了疑问句,幼儿开始说越来越多的否定句,如"不要""不行""不吃"。他不一定真正理解"不"的含义,更多的是其独立性和自主性发展的体现。

（三）2—3岁幼儿语言发展的特点

该阶段是幼儿基本掌握口语的阶段,在语音、词汇、语法和口语表达上都有了明显的进步,开始逐步能用语言来表达自己的需要和情感,用语言来调节自己的动作和行为,基本能用语言来进行社会交往和简单思维。

1.24—30个月

（1）基本理解句子

幼儿的语言理解能力迅速提高,基本能理解成人所用句子的含义。早期的词义泛化、窄化、特化等现象明显减少,词的概括性进一步提高。但幼儿对词的理解还具有直接性和表面性,较难理解抽象词汇或词的隐喻和转义,也听不懂成人的反话。

（2）能运用多种简单句

幼儿句子结构的发展从不完整句，到完整的简单句，再到结构更复杂的简单句。幼儿能用多种简单句进行表达，如"宝宝拍皮球""爷爷去哪里""妈妈帮帮我""真的好甜呀"等。幼儿的复合句也获得初步发展，如"妈妈看书，宝宝玩玩具""我在玩积木，玩好要收起来"。幼儿的疑问句也逐渐增多，通过提问来了解更多的外界信息。

（3）经常自言自语

随着语言概括和调节功能的发展，幼儿常常会在游戏的过程中出现自言自语的情况。例如，幼儿会一边给小动物排队，一边说"小狗排在小猫后面，小猪排在小狗后面"。这是幼儿思维发展过程中的语言外化，幼儿借外部语言来调节自己的行为。

该阶段幼儿在回答时常常还会出现接尾现象，即不论实际情况如何，直接选择句子末尾的选项来回答。例如，成人问"你要听小猪的故事，还是小兔子的故事"，幼儿可能会一边回答"小兔子的故事"，一边却去拿了关于小猪的绘本。大约 3 岁后，当幼儿能理解选项和个人想法之间的联系后，便会放弃使用该策略。

2.30—36 个月

（1）语法爆发期

到 3 岁左右，幼儿能够自如地运用母语中的各项语法规则，该阶段称为"语法爆发期"。幼儿的词汇量仍在迅速增加，将词汇组合在一起形成符合语法规范的句子的能力也更加娴熟。幼儿开始会说"附属句子"，也就是能将两个句子合并成一个来表达，如"我觉得捉迷藏很好玩"。

（2）自言自语现象减少

当幼儿的语言调节能力和思维水平进一步发展，他通过自言自语来调节自身行为的现象会逐渐减少，"外部语言"逐渐向"内部语言"转化，自言自语的现象也就慢慢减少甚至消失。

（3）喜欢听重复的故事

幼儿的认知和记忆水平有限，通过重复能帮助他更全面地了解故事中的人物、情节等信息；重复所带来的熟悉能让幼儿感到更为放松和安全；重复也是幼儿学习的重要途径，可以帮助幼儿培养自信心、获得成就感。

该阶段幼儿已经能够使用问答、提问、问候、告状、争执、命令、请求等言语功能，言语功能越发丰富的同时也更加准确。幼儿在说话时也可能出现言语不流畅、重复等现象，这是他思维速度超过言语表达而带来的影响，是语言学习过程中的正常现象。

三、影响语言发展的主要因素

（一）生理因素

1. 发音系统

婴幼儿的发音器官（呼吸器官，声带和喉咙，鼻腔、口腔和咽腔）尚未发育完善，还很稚嫩，仍处在不断成熟之中。

家长日常要关注孩子的耳鼻喉等器官的发育，避免因器质性问题和发育不够充分等影响其语言发展。注意培养孩子良好的卫生习惯，如保持口腔、鼻腔清洁卫生，锻炼身体，日常环境空气流通、新鲜等，预防咽部等发音器官的炎症发生。注意说话、朗读、唱歌时的声带保护，避免大声唱歌、喊叫，以免拉伤声带。

2. 感觉器官

婴幼儿听觉感受性、辨别声音细微差别的能力影响其对语音、语调、语义的理解和语言的模仿学习。

家长需注意保护好孩子的听力，避免噪声污染致使听力受损，如控制家庭影院音响的音量、尽量不让孩子使用耳机等；避免意外伤害，如细小物品塞入耳内，不当挖耳朵等；防止外耳和中耳的污染，如吐奶呛奶流入耳朵，淋浴洗头时污水进入。

3. 神经系统

不同语言能力对应不同脑区的功能，婴幼儿语言能力的发展顺序与大脑皮层的发育顺序是一致的。因此，家长应以适应其生理发展节奏的方式培养其语言能力，丰富语言环境、协调听说读写。

（二）心理因素

1. 认知水平

婴幼儿的语言发展并不是一蹴而就的，其语言能力受认知水平的制约。例如，婴幼儿通过感知觉来分辨物体的高矮、软硬、酸甜等基本属性，只有掌握描述物体基本属性的词汇，方可使用语言进行描述。

婴幼儿将客观世界与社会生活建立联系，也需要其具备足够的认知水平来理解事物与符号间的联系，并通过语言这一符号系统进一步来认识世界。

一般而言，婴幼儿的语言发展需要经历"倾听—发音—模仿—练习—理解—表达—运用"这样一个完整的过程，按照"前言语阶段（0—9 个月）—语言理解阶段（9—12 个月）—口语表达阶段（1 岁以后）"的顺序发展。

2. 个性品质

性格外向、乐于交往的婴幼儿拥有较多的人际交流经验，这将有助于其语言交流能力的发展；性格内向的婴幼儿在社交方面的主动性较弱，社会互动机会相对少一些，口语交流能力可能稍弱，更乐于阅读图书，因此，在阅读等书面语言上会有较好的发展。

家长应充分尊重孩子的认知发展水平，切不可心急，也不能忽视孩子的语言发展的关键期，结合孩子的个性品质和兴趣，创造积极的语言环境和游戏来提升孩子的语言能力。

（三）生活环境因素

婴幼儿在生活环境中习得语言，家庭和社会环境共同影响着他们的语言发展。有的家长在语言教育方面存在着一些问题。例如，很少与孩子进行语言交流，没有耐心等待和倾听孩子说话，过早、过多地依赖电子媒体进行语言教育。

家长应经常让孩子接触丰富多样的物品、见识不同的人群、感受多样的自然与人文环境，有意识地让孩子参与听说游戏、开展早期阅读等，这些丰富多元的生活经验、鼓励表达的语言环境都对婴幼儿的语言发展产生重要影响。

四、语言发展的培养策略

（一）创设积极的语言环境

丰富的语言环境是婴幼儿掌握语言的先决条件，家长要给孩子提供多说、多看、多听、多练的机会，潜移默化地促进孩子语言的发展。

1. 多和孩子说话

当孩子用一声啼哭宣告来到这个世界的时候，家长和孩子的交流就已经开始了。在婴儿睡醒时，用缓慢、柔和的语调对他讲一些"悄悄话"，如"噢，宝宝醒了，睡得好吗？""宝宝，天气有些凉了，妈妈给你加件衣服。"对孩子说话时，声音要轻柔缓慢，可以配以抚摸、拥抱等方式，让孩子感到安全，乐于和人交流。

当孩子牙牙学语后，家长要及时回应孩子的声音，家长回应得越多，孩子储存的语言信息就越多。交流和反馈会唤起孩子学习语言的兴趣和积极情绪。家长可以多创设和孩子聊天的机会，根据孩子的兴趣爱好或当下正在进行的活动找出适当的话题，启发孩子自由谈论自己的感受和见闻，如玩具的模样、食物的味道、喜欢的小动物等。交流时尽量看着孩子的眼睛，关注孩子交流后的情绪变化。当感到孩子听懂时要给予鼓励，当孩子不喜欢一个话题的时候要适时终止。当孩子说话时，家长要耐心倾听，认真回应，不随意打断，提升孩子的表达欲。

2. 让孩子多看

经常带孩子到社区（村）户外人群聚集的地方，让孩子看看场景，与小朋友多交流、互动；带孩子到公园、游乐场等去直接认识外界事物、体验多样的活动；让孩子看图画书、故事书，有选择地观看动画故事和电视电影。通过丰富孩子的生活体验，发展孩子的语言能力。

3. 让孩子多听

让孩子听听大自然中的虫鸣鸟叫、风雨雷声，听符合儿童兴趣的儿歌、乐曲，听生活情境中的人们互动的语言。睡前，可以让孩子听摇篮曲；醒着的时候，播放一些轻柔的音乐或故事；给孩子物品的时候，告诉他是什么；和孩子游戏时，告诉他正在做、在玩的是什么。以此刺激孩子的听觉器官，引发其愉悦情绪，有效提升孩子倾听的能力。

4. 让孩子多练习说话

为孩子营造轻松、自由的表达环境。可以依据孩子的兴趣，组织多样的语言教育活动。例如，和孩子玩过家家的游戏，引导孩子模拟日常生活情境，边说边做；在亲子阅读、观看影视或参加各种活动之后，引导孩子说一说，听到了什么，看到了什么，有什么感受等。

（二）关注有效的语言沟通

研究发现，孩子所掌握的语言词汇中，有 2/3 是在日常生活有意无意的交谈中获得的。因此，家长应该在充分了解和尊重孩子语言发展特点的基础之上，为孩子提供良好的语言教育指导，促进有效的语言沟通，提升孩子语言能力。

1. 用符合孩子发展特点的方式进行

1 岁之前的孩子对语音语调的理解超过了对词义的理解，家长可以使用简化的"小儿语"帮助孩子进入语言学习的状态。当与孩子以"儿化语言"交流时，如"宝宝，拿杯杯喝水水""妈妈抱，举高高"，要有意识地放慢说话的速度，把复杂的长句拆分成简单的短句和单词，适时把语言和相应的动作结合，促进孩子的理解，从而加快学习语言的速度。

对 1 岁或 1 岁半之后的孩子来说，家长要多为孩子提供规范性的语言，以促进其语言能力往更高的水平发展。孩子的注意焦点就是你所谈论的话题，而不是让他追随你的注意焦点。当穿衣时，教他各种衣服的名称，描述衣服的特点、图案花纹；盥洗时，教他认识各种用品、五官和身体部位的名称；散步时，教他认识不同人物的称谓，谈论孩子目光所及的花草颜色、飞鸟叫声等；过马路时，告诉他红绿灯是如何运行的；孩子玩玩具、看书时，告诉他如何玩玩具，一起阅读说故事等。家长与孩子谈论得越多，孩子就会表现出更好的语言技能。

2. 与孩子交谈时多提开放式问题

封闭式提问一般会导致孩子做出"是"或"不是"之类的简单回答，如

"这幅画里是小猫咪吗？""这是宝宝的玩具吗？"这样会减少亲子间进一步交流的可能性，不利于孩子语言能力的发展。因此，家长可以采用开放式的提问，使孩子感受更为丰富的语言刺激，如"你知道这幅画画的是什么吗？""你能教我玩这个玩具吗？"

孩子也会经常主动提出各种各样的问题，除了耐心地给予简单、直接的解释，也可以引导孩子自己回答这些问题。例如，亲子阅读时，家长可以有意识地根据图书内容向孩子提问："宝宝，猫咪妈妈现在跑去哪里了？""猫咪妈妈带着几只小猫咪回家？"也可以根据生活情境随机与孩子展开日常的谈话，如"今天奶奶带你去哪里玩了""有没有交到好朋友"；还可以有目的、有计划地组织多位幼儿共同参与谈话，一起讨论感兴趣的事情，如举办一次户外美食活动，请小朋友说说"最喜欢吃什么水果""这个水果是什么颜色的""这里有几个苹果"等。

3. 与孩子一起做有趣的语言游戏

游戏是婴幼儿最喜欢的活动。语言游戏让婴幼儿的语言交往环境变得更加自由、轻松和愉悦。家长可以根据孩子语言发展的特点和需求，给孩子创造更多的游戏空间，积极地完成语言学习和教育。

（1）听觉游戏和发音游戏

婴儿期的家长可以和孩子一起玩听声音、找声音等游戏，让孩子寻找声源，理解生活中的各种声音，发展孩子的听觉注意力。家长还可以发出简单、有趣的音节让孩子模仿，轻轻呼唤孩子的名字，和孩子进行互动。

（2）填词游戏

家长可以挑选孩子熟悉的儿歌唱给他听，留出每句歌词的最后一个词或者以问答歌的形式让孩子来补充，如"一闪一闪亮——（晶晶），满天都是小——（星星）"等；（家长）"我来问，你来答，谁的鼻子长又长？"（孩子）"大象的鼻子长又长。"（家长）"我来问，你来答，谁的耳朵长又长？"（孩子）"兔子的耳朵长又长。"可以一边唱，一边玩打击乐器或敲打的玩具，锻炼孩子的语言记忆能力，还可加强他对音乐与动作关系的认识。

（3）"我是裁判"游戏

家长先告诉孩子，自己说的每一句话里都有一个不对的地方，让他帮忙指出来。如果孩子指出了不对的地方，就用彩色笔在孩子的手臂上做个记号；反之，妈妈可以在自己的手臂上做个记号。例如，妈妈说："这是宝宝的鼻子！"孩子说："不对，这是耳朵。"妈妈说："大象的个子小，力气却很大！"孩子说："不对，大象很大，力气也很大。"当孩子指出了错误的地方，但不知道怎么正确表达，家长应告诉他正确的表达。结束后，数一数、比一比谁的手臂上的记号多。此游戏把常见的事物反着来说，可以锻炼孩子的语言理解、分析和判断能力。

（三）激发早期阅读兴趣

孩子满月后即可开展阅读教育。阅读可以让孩子在直接经验之外，认识更广阔的世界，体会更丰富的情感，是锻炼孩子认知思维、提升语言能力的有效方式。

开展早期阅读，要为孩子选择合适的阅读材料，如背景简单、主题突出、色彩对比强烈、开本足够大的读物。当孩子会坐后，家长可以把孩子抱坐在自己的膝盖上，和孩子进行"平行式"的阅读。阅读过程中采取"点读"的方法，用手指点画面以帮助孩子集中注意力。每次阅读 1—3 分钟不等，逐渐延长时间。阅读内容依孩子兴趣而定，不需要频繁更换。

亲子共读是婴幼儿阅读的一种重要形式。该阶段的孩子经常喜欢反复阅读同一本书，听同一个故事。家长应尊重孩子的兴趣和选择，愿意陪伴孩子重复地阅读他喜欢的图书，可以从不同角度展开阅读与引导，即使重复讲同一个故事也常常会有新收获。

除了亲子共读，家长还可以通过各种方式帮助孩子培养良好的早期阅读习惯。例如，选择家中一个合适的角落布置成图书角，为孩子营造一个舒适、不受打扰的阅读环境；把阅读过程变成一种游戏，和孩子一起代入故事情境进行角色扮演，帮助孩子理解故事情节的同时激发其阅读兴趣，让孩子爱上阅读；父母经常阅读，为孩子提供阅读的示范。

（四）合理使用电子产品

现如今电子产品形式多元，内容丰富。各式各样符合孩子年龄特点的儿歌、故事、动画等资源，通过电视、手机、平板电脑等电子产品吸引孩子的注意力，代替父母陪伴孩子。有些家长认为"电子保姆"能代替自己陪孩子进行早期"学习"。其实电子屏幕只给孩子传输单向信息，并不能像家长一样和孩子进行有温度、有情感的高质量互动，过早、过多地依赖"电子保姆"，反而影响孩子的语言发展。已有调查研究发现，在孩子 3 岁之前每天观看电子产品超过 30 分钟，后期出现语言障碍的风险便会增加 1/3。另外，电子屏幕上强刺激信息会让孩子的大脑持续兴奋，这也将影响孩子的注意力发展，影响孩子今后的学习发展。

建议家长在孩子 2 岁之前禁止其使用电子产品，2—6 岁孩子也应尽量减少接触和使用。如果允许孩子使用，应为其设置每天电子产品使用时间的上限，即每次不超过 20 分钟，每天累计不超过 1 小时。如果让孩子观看电视节目，家长也应该陪同孩子一起观看，观看过程中为他讲解、适时提问，帮助孩子更好地理解故事，掌握相关词汇，在互动与交流中提升孩子的语言理解和表达能力。

五、语言发展的常见问题与应对

（一）口吃

口吃，俗称结巴，也叫语言流畅性障碍，主要表现为说话时语言表达不流畅，说不出来，语句中断，字句、音节不断重复。绝大多数幼儿的口吃是假性的，随着年龄增长、言语经验的丰富，这一问题不治而愈，这种情况的口吃被称为"口吃现象"。

1. 可能原因

（1）生理因素

在少数情况下，口吃可能是由生理问题引起的，如口腔肌肉功能障碍或神经系统疾病，脑创伤、麻疹、百日咳等疾病导致的大脑功能活动削弱。这种情况需要儿科医生的专业诊断和治疗。

（2）发育因素

2 岁开始，幼儿的词汇量猛增，语言表达常常跟不上思维的速度。当他还不能熟练地将各种词汇组织成有条理的句子又心急地想要表达时，就容易出现说话不连贯、语词重复的现象。在幼儿语言能力飞速发展的过程中，这是正常、自然的现象。

（3）教养因素

在面对孩子说话不连贯、语词重复的现象时，有些家长对孩子有着较高要求和期待，打断孩子说话，并要求他把话重新说完整；有的以相对严厉的方式纠正孩子。这些过度关注与错误的矫正方法常常带给孩子较大的心理压力，因为担心说错而紧张焦虑，反而越说越错，更容易出现口吃现象。

（4）环境因素

有的家庭关系紧张，父母经常争吵；有的家庭生活环境突然改变，如搬家、换托班，孩子因为感到害怕或不安全，长期处于压抑的环境中，容易出现口吃现象；还有的孩子在面对陌生人、陌生场合时容易出现口吃。

（5）模仿因素

当孩子接触到口吃患者，或是在动画、影视节目中看到口吃的情节，也可能会模仿和学习。

2. 应对方法

（1）科学认识

首先要了解孩子在该阶段的年龄特点，科学认识孩子语言表达不流利的现象，切勿过分焦虑，也不要随便给孩子贴上"口吃"的标签。

（2）耐心倾听，循序渐进

在孩子使用语言来表达自己的需求和感受时，不论他是否能做到流畅、连贯、逻辑清晰，家长都要耐心地倾听，给孩子足够的时间和空间去表达自己。如果孩子出现口吃现象，家长可以适当放低标准，允许孩子一步步来，从词语到简单句，再到更丰富规范的句式，引导、鼓励孩子越说越好，而不应面露不满，或直接打断要求孩子重说，更不应该责怪或打骂。

（3）学习模仿

在自然情景中鼓励孩子多听、多看、多说、多练，和孩子交流时要提供良好的示范，让孩子能够放慢语速、不紧不慢、自由地表达自己的想法和情感。如果孩子模仿口吃的说话方式，要及时制止并提供正确示范。

（二）缄默不语

有些孩子表现得比同龄孩子安静、不太哭闹，对外界的刺激（如成人说话）的反应较慢，往往不擅长用表情和哭声来表达自己的情感需求。

1. 可能原因

（1）依恋关系不良

良好的依恋关系是婴幼儿发展的需求。生命前三年是亲子依恋关系建立的关键期。家长经常与孩子进行温暖、积极的语言交流，有利于孩子养成良好的社会行为。如果家长没有及时回应孩子发出的声音、动作、表情等信号，缺乏与孩子的身体接触和情感交流，长此以往将使孩子与人交流的能力得不到良好发展。

（2）家庭关系紧张

如果家庭不和睦，充满冷漠与疏离，或者家庭成员存在不良行为问题，孩子较难得到温暖、积极的照护，长期被冷落，需求无法得到满足，也容易变得"沉默"。

2. 应对方法

（1）亲子互动

家长可以通过多种感官通道与孩子亲密接触，以温和、愉快的态度与孩子互动，全身心投入各种有趣的亲子游戏，在互动的过程中让孩子感觉到温暖，觉得自己被关爱，从而能更自在、放松，也有更强的意愿表达自己。

（2）回应性照护

家长要为孩子提供温暖、支持性、有丰富刺激的养育环境，在日常照料中融入眼神、语言和手势的交流；认真观察孩子的表情、动作、手势和语言表达，识别并积极回应孩子的需求；对孩子的不良行为进行约束时要态度坚定，但保持平静与温和，不应对孩子采取粗暴、冲动的行为，甚至虐待孩子。

（三）多种语言混杂

有时孩子会出现语言混杂、无法说清一种语言并抗拒人际交流的迹象。

1. 可能原因

（1）语言环境变换频繁、内容混杂

孩子到了新的语言环境，往往需要一段适应和缓冲的时间。如果语言环境变化太过频繁，孩子通常难以较快地转换。家庭成员分别使用不同的语言和孩子进行交流，不同语系频繁切换，也可能让孩子的语言表达出现混乱。

（2）揠苗助长、没有交流环境

有的家长为了让孩子多掌握一门语言，早早地把孩子送去接受外语培训，却忽视了语言学习所需要的交流环境。日常听不到、用不到的外语学习，也可能让孩子出现语言混乱的情况。

2. 应对方法

（1）明确语言混杂的界限

有些孩子出现普通话、方言、外语等多种语言混杂着说的情况，这可能会引起家长的担心。但多种语言混杂着说并不代表着语言混乱或延迟，有时能在一个句子中使用不同语言进行顺利表达的孩子，反倒有着更强的语言表达技巧。只要孩子没有出现无法说清楚一种语言，乃至抗拒人际交流的迹象，都不必过分担心。

（2）减少语言环境更换频率，固定交谈语言

语言学习需要有足够的交流环境，也就是要为孩子提供足够频率、足够强度的语言学习与使用机会。家庭成员可以共同决定采用一种语言作为孩子的母语，让孩子学好母语。如果家庭成员使用多种方言，只要每位成人在与孩子互动时都固定使用一种语言，并稳定地维持这种模式，也不会给孩子的语言学习带来不好的影响。

（3）及时矫正，科学指导

当孩子出现多种语言混乱的情况时，家长要有耐心，温和地指出孩子的错误，为他提供正确的示范，在他说对时要及时肯定和鼓励。

参考文献

[1] 张明红. 婴幼儿语言发展与教育 [M]. 上海：上海科技教育出版社，2017.

[2]袁萍，祝泽舟.0-3岁婴幼儿语言发展与教育[M].上海：复旦大学出版社，2017.

[3]梅高兴.影响婴幼儿语言发展的家庭因素及教育建议[J].幼儿教育，2012（27）：34-37.

[4]陶金玲，陆佳静.儿童在语言发展关键期的教育指导策略[J].汉字文化，2020（24）：127-128.

[5]贺春旭.婴幼儿家庭教育中语言发展指导策略[J].长春教育学院学报，2019，35（9）：74-76.

（执笔：林羽）

第 12 课

如何促进孩子的
情绪与社交发展

课程简介

教学对象

0—3 岁儿童家长及其他照护者

教学目标

1. 了解婴幼儿情绪与社交的内涵、意义和发展特点。

2. 学习培养婴幼儿情绪与社交的策略。

3. 重视培养婴幼儿情绪和社会交往能力。

教学时长

120 分钟

课程框架

四、社会交往能力培养的支持策略

（一）建立安全基地，鼓励孩子探索

    1. 保障空间和材料

    2. 及时转变角色和功能

（二）创造社交机会，塑造社交品质

    1. 提供孩子社交的条件和机会

    2. 培养孩子必备的社交品质

参考文献

课程内容

[实例导入]

"每次孩子在睡梦中哭醒，我都不去安慰他，只是放任他继续哭，直到哭累了为止。我认为，孩子这样哭着哭着也许就会慢慢习惯，说不定以后睡醒了就不会再哭了。"

"孩子 2 岁半，太怕生了。每天早晨都哭嚷着不肯去托儿所，实在是让我身心疲惫，我不得不考虑干脆辞职回家带孩子，做个全职妈妈。"

"我家的孩子也不知道为什么，就是不听话，固执得很。"

"我怀疑我的孩子有多动症，非常散漫，特别容易冲动，正玩得好好的，突然就用玩具砸其他小朋友，每次带他出去玩都心惊肉跳的。"

父母在养育孩子时，难免会碰到以上孩子情绪和社会交往方面的问题。对于 0—3 岁孩子的养育，很多人的认识停留在吃喝拉撒等基本的生活照护方面，对孩子的情绪和社交不够重视，或是不闻不问，或是过分抑制。然而，0—3 岁时的情感和社会性互动经验，可能影响成年后情感和社会性的内在模式，影响孩子心理健康和社会适应。重视 0—3 岁婴幼儿的社交情绪教育，促进幼儿的社会化发展和认知发展，是父母不可忽视的重要方面。

一、婴幼儿情绪发展概述

在婴幼儿期的社会性发展中，情绪发展是其中最重要、最基础的组成部分。

（一）情绪的内涵和价值

情绪是人对客观事物是否符合自己的需要而产生的体验。当人们感受到环境满足了自己的需要，就会表现出积极情绪，如快乐、开心；反之，当感受到环境没有满足自己的需要，就会表现出消极情绪，如生气、难过。

1. 情绪是孩子适应生存的重要心理工具

孩子出生后的生活完全靠成人照料，在成人的哺育、照顾和抚慰下得以生存。孩子通过情绪传递自己的生理和心理需要，从成人那里得到合适的关照。例如，孩子用哭声表示疼痛、饥饿、寒冷等，引起成人对自己的注意，为自己消除有害刺激；用微笑表示舒适、愉快，吸引母亲的疼爱；在母亲离开时，用哭声表示伤心，以挽留母亲；当母亲回来时，又用微笑和全身活跃的动作表示对母亲靠近的喜悦。孩子所表现出的这些情绪情感能激起母亲的爱，促使母亲给予自己悉心的哺育和尽可能多的积极回应。

2. 情绪促进孩子的社会交往和个性形成

在充满关爱和合理需求总是得到满足的情况下，孩子往往会产生积极的情绪体验，与妈妈形成安全型依恋，通常会对他人表现出信任和友好，乐于与他人建立联系；而经常处于被忽视或过于严苛的教养方式下的孩子，其生理和心理需要总是得不到满足，往往会有更多消极的情绪反应，变得孤僻、胆怯、羞愧、多疑，不敢与他人建立社会交往。

3. 情绪影响孩子的身心健康

孩子的情绪会直接影响其饮食作息状况，进而关系到其身心健康发展。例如，父母在孩子就餐中忽视孩子的情绪，漠视孩子情绪表达背后的需要，强行按照父母认为的营养标准对孩子进行喂养，就会导致孩子表现出情绪性营养不良，身体消瘦，挑食厌食，进食困难等。再如，孩子带着消极情绪入眠，往往容易惊醒，多梦，入睡困难。

此外，0—3岁孩子需要通过感官动作与环境互动，获取思维发展的早期经验，而情绪是推动孩子积极向往探索的动力。如果孩子的情绪不佳，内心充满不安全感，往往无法主动去探索环境，获取经验，这会影响孩子的认知发展。

（二）婴幼儿情绪发展特征

1. 情绪逐渐分化与丰富

婴幼儿的情绪在成长与环境的影响下逐渐分化与丰富。婴儿从出生开始就有哭、静、四肢蹬动等情绪表现。这些情绪反应基本都是基因本能，并且与其生理需要是否得到满足具有直接的联系。出生1个月左右，婴儿开始出现无选择的社会性微笑，只要看到人的脸就会发出微笑，这一表现在3—4个月达到高峰，只要人一逗，婴儿会发出大声的咯咯笑声。5—6个月起，婴儿的微笑会具有选择性，出现社会性微笑。当看到妈妈的面孔，婴儿会发出开心的笑声，吸引妈妈的注意力；看到陌生人会表现出警惕，微笑减少。这种有选择的社会性微笑会加强婴儿和养护者之间的依恋关系。7—12个月的婴儿会出现几种明显的害怕情绪，最典型的就是陌生人焦虑，即怯生。10—12个月的婴儿会用哭泣表达很多复杂的情绪，如同情、拒绝、排斥、恐惧、倔强。到2岁时，幼儿已经能够初步表达如嫉妒、内疚、害羞、妒忌、自豪等复杂的情绪。

2. 情绪逐步开始社会化

婴幼儿情绪社会化的一个标志就是自我意识情绪的出现。自我意识情绪的产生可以帮助判断和调节自己的行为，从而避免令自己或他人不悦的行为出现。自我意识情绪在2岁左右开始出现。

婴幼儿情绪社会化的另一个标志是情绪社会性参照的发生。社会性参照是指当婴幼儿面临陌生、不能确定的情境时，他们更倾向于从成人的脸上寻找表情线索，然后再做出相应的行为或反应。例如，5—7个月的婴儿能对表情有反应，7—10个月的时候，情绪的社会性参照就开始出现了。当孩子遇到陌生场景或陌生人，不知道如何是好，这时候妈妈的微笑会安抚孩子的情绪，孩子愿意接受陌生环境和陌生人。1岁左右开始，幼儿就能感受到他人，尤其是同伴的情绪，并产生同情心，或者称共情。2—3岁的孩子能够通过感知他人的面部表情来分辨积极情绪与消极情绪，从"自身体验"向"对他人情感产生共鸣"过渡。这时的幼儿看到别的孩子受到责罚会感到很难过，有些甚至还会以模仿他人的方式向他人表示安慰。但是这一能力更多处于模仿阶段。3岁以上的幼儿开始去寻求产生各种情绪的原因，并能通过一定的方式来取悦他人，获得满足。例如，幼儿能理解爸爸妈妈上班很辛苦，并做出给大人倒水、帮大人做事等举动。

3. 情绪的自我调节能力不断发展

在生命最初的几个月中，婴儿调节自身情绪状态的能力非常有限，只能够通过让身体远离引起不愉快的物体或通过不断吮吸的方式抑制某些消极的情绪。接近1岁时，婴儿主要使用意识控制和自我安慰的方式来调节自身不愉快的情绪，如晃动自己的肢体、用嘴咬东西和远离引起不愉快的人或事物。1岁半之后，幼儿还会使用冲突解决和行为调节的方式。从 2 岁开始，幼儿便可以使用一些词语来表达情绪，但并不会使用语言来调节自身的情绪。一直到接近 3 岁时，幼儿才会谈论自己的情绪，并尝试积极主动地控制，开始利用语言来辅助情绪的自我调节。由此可见，在 0—3 岁这个阶段，婴幼儿的情绪调节能力是不断发展的。

二、婴幼儿社会交往发展特征

0—3 岁是婴幼儿社会行为和关系发生发展的重要时期。婴幼儿时期的人际关系主要包括亲子关系和同伴关系。亲子关系是指婴幼儿与父母之间进行的伴随情感关系的交往过程。同伴关系是指由于年龄相同或相近的儿童之间的共同活动而产生的心理上相互影响的过程。在 3 岁前，婴幼儿主要是与其父母交往，但也开始有了同伴交往。这两者都是婴幼儿社交系统中的重要组成部分，它们既相互独立又相互作用。婴幼儿通过稳定的亲子交往形成安全型依恋，借助广泛的同伴交往，提供彼此互相模仿和学习的机会，促进认知言语发展。同时，同伴互动还可以帮助孩子理解他人情绪，与他人之间建立关系、解决冲突、维持关系。

0—3 岁婴幼儿同伴交往的发展经历了以下三个阶段。

（一）客体为中心的阶段

婴儿的交往主要集中在玩具或物品上，而不是婴儿本身。6—8 个月的婴儿之间通常只有极短暂的接触，如看一看、笑一笑，或碰一下同伴，基本处于互不理睬的状态。1 岁内的婴儿交往大部分是单方面发起的，并且一个婴儿的社交行为往往不能引发另一个婴儿的反应。然而，这种单方面的社交是社交的第一步，因为一旦一个婴儿的社交行为引起了另一个婴儿的反应，婴儿之间最简单的相互影响也就发生了。

（二）简单交往阶段

1—1.5 岁幼儿会留意环境以获取同伴的信息，观察或模仿同伴的行为，如经常对同伴表现出身体接触、对笑、说话、交换玩具等，简单的社会交往便由此产生了。

（三）互补性交往阶段

1.5 岁以后，幼儿之间出现了更多、更复杂的社交行为，相互间模仿已较为普遍，出现了合作、互补或互惠的行为，社会性游戏数量大于单独游戏。

三、情绪能力培养的支持策略

（一）合理满足需要，及时消除不良刺激

婴幼儿的情绪反应与需要是否得到满足有着紧密联系。因此，家长应给孩子提供一个舒适安全的环境，及时消除引起消极情绪的刺激，这些消极情绪反应才能终止，孩子才会变得愉快或安静。

在 0—3 岁，尤其是 0—1 岁阶段，孩子表达自己的主要方式是哭。有的家长因为工作忙碌，或是缺乏耐心，很少及时回应孩子传递的信号。有的家长甚至错误地认为："哭的时候不要马上过去，让他哭会儿，不然要养成习惯，以后动不动就哭了。"这样，得不到及时回应的孩子，就会对照护者和养育环境感到不确定，逐渐失去信任，阻碍安全型依恋关系的建立。所以，当孩子发出哭闹声时，家长需要迅速地回应，第一时间告诉孩子"妈妈（爸爸）来了"，并来到孩子身边查看孩子的需求。如果不清楚孩子哭闹的原因，可以通过不断试探，了解孩子的真实需求，一般孩子的生理需要有饥饿、引起关注、疼痛、害怕、生病等。

随着孩子成长，其基本心理需要逐步出现，包括联结需要、自主需要、胜任需要等。家长往往不容易识别，回应有可能变得没那么及时。例如，当孩子发牢骚或调皮捣蛋时，他们看似哼哼唧唧地拒绝和排斥，实际上是想要父母陪伴，或想大哭一场来释放说不出的挫败感。照护者，特别是母亲，要敏锐察觉孩子的需求信号，并及时、恰当、一贯地予以满足。

（二）先认同情绪，再调整不良行为

有的家长会错误地认为，积极情绪是好的，消极情绪是不好的。其实，情绪并无好坏之分，消极的情绪也是孩子情绪的延伸和表达，但是情绪的表达行为却有恰当与否。家长应该把情绪和行为分开，首先接纳和认同孩子的情绪，再教会孩子用恰当的行为来表达自己的情绪。

例如，孩子在放最后一块积木的时候，积木房子倒塌了。他伤心地哭起来了，继而生气地拿起积木乱丢一气。妈妈可以轻轻地拍拍孩子的后背，告诉他说："妈妈知道你很伤心，也很生气。妈妈小时候搭不好积木也会很伤心，很生气。"这样说可以让孩子知道：妈妈是认同我的感受，我的感受没有错。然后再引导孩子下次遇到类似的事情，怎样更好地处理。可以问问孩子："积木被重重地扔在地上，它会不会很疼，地板好像也被砸到了，你有没有办法不让积木和地板受伤呢？"孩子可能会说："我不扔，它们就不会疼！"妈妈接着肯定他："真棒，那你怎么让妈妈知道你生气了呢？"他可能会说："我可以说出来——我很伤心，我很生气！"

0—3 岁孩子的知识经验缺乏，动作的协调性和灵活性较差，所以不免会出现一些小错误，而且孩子正是在一次次的错误和失败中不断汲取经验的。因此，家长对孩子的错误和过失行为不要多加指责，而应更加理解和帮助孩子寻找出现错误的原因，并和他商量如何解决问题。

（三）提供积极社会性参照，树立良好榜样

社会性参照集中在情绪的社会性参照，是在婴幼儿发展的特定时期，尤其在 2 岁半之前，对他人情绪的辨别、理解和利用，从而调整自己的行为。积极的社会性参照更能成为婴幼儿认知发展的媒介，促进婴幼儿探索新异情境和事物，扩大活动范围，发展智慧。例如，当孩子向家长爬过来时，他发现中间有阻挡，于是产生了惧怕的情绪。这时候如果家长给予鼓励和支持的动作，如拍拍手、做出拥抱的姿势，孩子就会开心地越过阻挡爬过来。如果家长做出不要爬过来、害怕的表情及姿势，那么他肯定就会放弃了，并且在今后面临相同的情景时很有可能选择退缩和逃避。长此以往，孩子容易形成胆小、怯懦的性格，从而束缚尝试和探索行为。

家长应该营造和谐的家庭氛围，温和地对待孩子，给予孩子充分的关爱和呵护，形成安全型依恋关系，让孩子在生活中充分体验积极的社会性参照。同时，家长可以使用正确示范、表情强化和榜样激励等方式。例如，家长希望孩子能够学会排队这个良好的行为，就可以抓住排队情境，对遵守秩序排队的人展示出愉悦的情绪，孩子就会根据这个态度来判断自己怎么做了；当孩子主动

将玩具给其他孩子玩的时候，家长可以给孩子一个赞赏的眼神以及微笑，那么这种暗示会让孩子以后出现更多的类似行为。

（四）帮助孩子识别、表达并调节情绪

1. 带领孩子学习情绪识别和理解

家长可以带孩子玩照镜子游戏，帮助孩子识别情绪。可以跟孩子说："来，你看妈妈的脸，这样是'高兴'！我的眉毛和嘴角上扬，然后眼睛亮亮的，有没有？换你，你也做个'高兴'的脸给妈妈看！"就这样，家长和孩子对着镜子做各种表情，然后彼此观察。在做表情时，还可以加上肢体动作。

家长还可以带孩子去观察周围的人，观察他们的表情和动作，然后猜猜他们的情绪。

像这种观察表情和肢体动作的活动，能让孩子学会识别情绪，提高对别人情绪感知的敏感度。

2. 带领孩子察觉情绪背后的需要

家长可以通过记录孩子的情绪瞬间，留心观察孩子什么时候容易生气，什么时候容易高兴，什么时候容易愤怒，以及什么时候容易恐惧，将这些情境和情绪解释给孩子听。例如，孩子的汽车玩具被隔壁的小朋友弄坏了，他很伤心地哭了。家长可以向孩子解释和探究情绪背后的需求，询问孩子："宝贝，因为玩具弄坏了，你很伤心，你想把小汽车修好，对吗？"

3. 引导孩子恰当地表达情绪

对于还不会表达的孩子，家长需要尽力了解猜测孩子的需求，予以满足。当1岁以后的孩子情绪需求表现出心理需要时，家长除了接纳孩子的情绪，满足孩子的需要，还应示范给孩子正确的解决方法。例如，孩子因为需要受阻，开始发脾气，大哭，这时候，可以告诉孩子："你想要什么，用嘴巴说出来。只是哭，妈妈不知道你想要什么。"然后告诉孩子可以这么说："我想要玩具，可是拿不到，请妈妈帮我一下，好吗？"

当然，0—3岁孩子情绪调节能力还不完善，自我调节能力弱，更多需要外在调节。当孩子能准确表达情绪和期望时，家长要及时协助孩子解决。

四、社会交往能力培养的支持策略

（一）建立安全基地，鼓励孩子探索

许多家长都希望孩子不要受到任何伤害，尽可能地在生活的方方面面都给予孩子最好的照顾。殊不知，如此过度保护、包办代替只会让孩子缺乏自主性、独立性。这样的孩子将来很难融入社会，遇到困难只会退缩。

1. 保障空间和材料

家长可以在保证环境安全的前提下，在空间上拉开自己与孩子的距离，给予孩子自由的空间，鼓励他去探索外在的世界，提供适合孩子的玩具和材料，激起他对外部世界的认识和探索的兴趣。

2. 及时转变角色和功能

家长应将自己从照护者转到引导者、支持者的角色上来，让孩子按自己的意愿和速度，从容不迫地去探索外在世界，体验完成任务时的愉悦感和价值感。例如，为了安全，家长可以温柔地拉着孩子离开有安全隐患的地方（如水沟、高台等）并恰当地转移孩子的兴趣点；也可以用平静的语调解释，如"你独自待在外面不安全"或"你可以玩盆里的水，但不能玩外面的或卫生间里的水"。当孩子取得成功时，如8个月大的婴儿找到一个滚到箱子后面的玩具，1岁左右的孩子用勺子从盘里舀出食物并放到嘴里，家长应该为他的成就而骄傲，与他一起欢笑，拥抱和赞扬他，让他知道家长是有力的支持者。孩子能做某件新的事情，是非常值得高兴的。

（二）创造社交机会，塑造社交品质

孩子只有自己经历与人交往的过程，才能逐渐积累经验，知道在怎样的情况下，怎么做才能更好地被大家接受和喜欢。因此，要给孩子提供更多社会交往的条件和机会，让他在接触不同人群的过程中，学会分享与合作，学会为人处世的道理和原则，学会自行解决社会交往中的问题。

1. 提供孩子社交的条件和机会

（1）在真实的场景中社交

家长可以经常带孩子进行户外活动，与不同人群接触。例如，2个月大开

始，孩子需要每天户外活动2小时，与不同的人接触，引导孩子区分不同的脸，认识不同的人，这将会为孩子与他人建立稳定的社会联结提供基础；在逛超市的时候，让孩子试着与营业员和收银员等进行沟通，说出自己的购物需求和结账需求；去医院就医的时候，鼓励孩子主动与医生和护士交代自己的身体状况，积极配合医生的询问；带领孩子去儿童游乐园的时候，鼓励孩子与周围的小朋友一起进行合作游戏等。

（2）在有趣的游戏中社交

与同伴游戏是婴幼儿社会化的重要途径。家长可以采用简单的一个动作或一句话促进同伴之间的游戏。例如，快2岁的天天和乐乐在一起玩。乐乐捡起了一个娃娃，看着天天。此时妈妈说："天天，你在准备食物，乐乐的娃娃也饿了，你能给乐乐的娃娃准备一些好吃的吗？"天天搬出高椅子，在桌边准备食物，同时，乐乐也把娃娃放在了高椅子上。家长通过仔细观察，并用语言表达了小孩的愿望和意图。家长用简单的语言创设的过家家游戏，让孩子社会性的交流自然而然地在游戏中开展。

2. 培养孩子必备的社交品质

（1）教会孩子基本的社交礼仪和规则

孩子适应社会环境，需要遵守一定的规则。家长要教会孩子基本的社交礼仪和规则。例如，孩子要学会"请""你好""谢谢""对不起"等常见的文明用语，知道在什么情况下使用，并且有意识地在实际社交中使用这些用语。家长要时常教导孩子，与人进行和谐友好相处，一定要懂得宽容和谦让，学会尊重和关心他人，学会及时道歉和原谅；鼓励孩子处理在交往过程中出现的问题，促进孩子形成良好的社交品质。

（2）引导孩子乐于分享和友好交往

孩子乐于与同伴分享和友好交往，可以拓宽社交圈，拥有更多的朋友；可以提升合作力，变得更自信，更容易获得幸福。2岁以前的孩子往往比较愿意分享自己的物品。2—3岁左右，孩子进入物权敏感期，表现出对自己喜欢的人或物具有强烈的拥有感，不肯与他人进行分享。这时，如果家长强迫孩子进行分享，他会感觉丧失了对物品的控制权，从而内心产生激烈的冲突。因此，家长应该充分尊重孩子的物权。例如，其他小伙伴想要获得孩子手上的玩具，家长可以跟小伙伴说："这个玩具是某某的，他愿意给你玩一会儿，但是你等一下一定要还给他哦！"当孩子听到这样的话，心里可能会放松一些。

此外，家长也可以鼓励孩子和其他小伙伴进行轮流交换玩具的活动。当孩子想要别人的玩具时，家长可以鼓励他用手里的玩具，去跟其他小朋友交换。其他小朋友同意分享，他们就可以轮流交换玩具了。这样一来，一方面巩固了孩子的物权意识，另一方面也让孩子体验到分享带来的快乐。

（3）在生活中随时随处进行教育

在亲子交谈时，家长要温柔地看着孩子的眼睛，认真地倾听孩子说话，当听懂孩子讲话时，用点头和微笑表示听懂了，让其感到家长是十分关注和关爱自己的。当孩子主动向人打招呼时，家长要用肯定的语言鼓励孩子，这样正向的行为多次被强化后，孩子就形成了自己的一套社交经验。

值得注意的是，不要把孩子所尝试的礼貌、尊重和友善的行为，看作天生就会或是理所当然的，这都是需要后天学习的。因此，家长要多多鼓励和表扬孩子做一些善意小事，如让路、帮别人拿东西、与别人友好相处等，可以用微笑、肯定的语言或礼物来表达称赞和欣赏。

参考文献

[1]钱文，俞晖.婴幼儿社会性发展与教育[M].上海：上海科技教育出版社，2019.

[2]钱文.0—3岁儿童社会性发展与教育[M].上海：华东师范大学出版社，2014.

[3]张红.0—3岁婴幼儿教育活动设计与指导[M].上海：华东师范大学出版社，2021.

[4]张明红.我与宝宝共成长：0—3岁婴幼儿家庭教养指导手册[M].上海：华东师范大学出版社，2021.

[5]《儿童家庭教育系列家长手册》编写组.0—3岁儿童家长手册[M].北京：中国人民大学出版社，2012.

[6]约翰·戈特曼，崔成爱，赵碧.孩子，你的情绪我在乎[M].李桂花，译.北京：东方出版社，2018.

[7]罗斯·D.帕克，阿莉森·克拉克－斯图尔特.社会性发展[M].俞国良，郑璞，译.北京：中国人民大学出版社，2014.

[8]马乔里·J.克斯特尔尼克,等.儿童社会性发展指南:理论到实践[M].邹晓燕,等译.北京:人民教育出版社,2008.

[9]赵梦星,夏全惠.0-3岁婴幼儿情绪的发展特点及培养策略[J].长春教育学院学报,2018,34(4):18-21.

[10]白桂琴.家庭教育中幼儿社会交往能力的培养策略[J].智力,2023(14):163-166.

（执笔：施丹莉）

第 13 课

如何促进孩子的
自我意识发展

课程简介

教学对象

0—3 岁儿童家长及其他照护者

教学目标

1. 了解孩子自我意识发展的过程和基本特点。

2. 学会培养孩子自我意识的策略。

3. 认识和解决在孩子自我意识发展中可能出现的误区和困惑。

教学时长

90 分钟

课程框架

4.鼓励，给予孩子正向语言评价

（三）培养积极自我调控的策略

1.激发"自我言语"，提升孩子自控力

2.认识和表达情绪，提高自我调控能力

3.借助游戏活动，提升孩子注意力

4.对孩子有原则地说"不"，培养规则意识

参考文献

课程内容

[实例导入]

2岁的浩浩最近总是抢着做各种事情，什么事都要自己来，但又会把事情搞得一团糟。他还会故意和妈妈对着干，总爱跟妈妈说"不"，越不让他做什么，他越要做什么，如果不让做他就又哭又闹。有时他连玩具都不愿意和好朋友分享了。妈妈无奈地感叹，感觉浩浩几天前还是个乖宝宝，怎么现在突然就变得不一样了。

0—3岁孩子处于自我意识发展的萌芽期，他们开始用"不""宝宝自己来"等来表达自己的想法，也开始表现出对自己物品的占有欲，异常执拗地坚持自己的想法和做法。因此，在这个时期对孩子进行有效的家庭指导，引导孩子的自我意识发展与社会适应实现平衡显得至关重要。

一、自我意识发展概述

（一）自我意识的概念

自我意识，是个体对自己的身心状况，以及作为主体的"我"对自身与周围事物关系的认识，尤其是人我关系的认识。自我意识是个体意识发展的高级阶段，也是个性形成的标志，在个体发展中有十分重要的作用。

（二）自我意识的结构

自我意识是一个由知、情、意构成的复杂结构，以形式维度进行划分的自我意识结构，包括自我认识、自我体验和自我调控三个方面。

1. 自我认识

自我认识，是自我意识的认知成分，指个体对自己的身体面貌、心理特点、人格特征、能力及自身社会价值的了解与评价，包括自我感觉、自我观察、自我分析和自我评价等。而自我评价，是指主体按照一定的标准，对其自身及自身与周围世界关系的评估，代表了自我认识的发展水平，直接影响着人对自己及周围世界的态度和情感体验。

2. 自我体验

自我体验，是自我意识的情感成分，指在自我认识特别是自我评价的基础上，人们产生的一定的态度和情感体验，包括自信、自卑、自尊、自满、内疚、羞耻等。

3. 自我调控

自我调控，是自我意识的意志成分，是个体在没有外界监督的情况下，适当地控制、调节自己的行为，抑制冲动、抵制诱惑、延迟满足、坚持不懈地保证目标实现的一种综合能力。作为意志力的表现，自我调控是一个人走向成功的重要心理素质。

自我认识、自我体验、自我调控三者有机统一。自我认识，使人明确"我是一个怎样的人""我给他人什么印象"，从而认识自己的力量。自我体验，可以解决"我这个人怎么样""我能否悦纳自己"的问题，从而保持健康的情绪生活。自我调控，特别是自我控制和自我教育，可以最终解决"我应当成为一个什么样的人""我怎样成为那样一个人"的问题，从而养成良好的行为习惯，推动自身不断成长与完善。

二、自我意识发展的过程及特点

自我意识并不是生来就有的，它是一种复杂的心理现象，有一个萌芽、发生和发展的过程。

（一）不能意识到自己的存在（0—5 个月）

刚出生的新生儿，并没有意识，也没有自我意识，只有一些简单、片断的感觉、动作和本能的反射，因而和一般的小动物没有多大区别。他们认识不到自己的存在，分不清自己的身体与外界有什么区别。随着对母亲乳头的得到与失去，他们才开始了初步的辨别性感受。

（二）意识到自己身体的各个部位（5—9 个月）

这一阶段的主要发展成就是婴儿积极的分离机能开始发展起来，能从与母亲的共生中分化出自己的身体表象。随着认知能力的发展和成人的教育，婴儿的动作开始转向外部环境，喜欢摇摇棒、捏发声的玩具，开始认识到手和脚是自己身体的一部分，能够用手去抓东西，同时对自己的名字有反应。他们显示出对镜像的兴趣，注视它、接近它，微笑并咿呀发声，但对自己的镜像和其他婴儿的镜像反应没有区别。8个月左右，婴儿开始认识自己的母亲，出现"认生"现象。

（三）认识自己的行动（9—12个月）

9个月开始，婴儿开始意识到自己的动作和主观感觉的关系，通过偶然性的动作，逐渐意识到自己的动作和动作产生的结果的关系。婴儿如果不小心把手里的玩具掉到地上，当成人捡起来时，婴儿就会有意把玩具再扔到地上。在反复的过程中，婴儿逐渐区分自己的动作和玩具间的关系，开始把自己的动作和动作的对象加以区别，这是自我意识的最初级形态。

（四）学会使用自己的名字（12—15个月）

1岁左右，幼儿的自主意识开始发展，会要求自己做事情，出现最初的独立性，表现为爱说"宝宝来"。如自己拿勺子吃饭，自己喝水，拒绝成人的帮忙。开始学会使用自己的名字，是自我意识发展中的巨大飞跃，表明幼儿能把自己和别人相区别。比如，问："这个苹果是谁的？"他会答："宝宝的。"问："谁想吃苹果？"他会答："宝宝吃。"但是，这时幼儿只是把名字理解为自己的符号，因此，在遇到叫同名的别的孩子时，他就感到有些困惑了。到了13个月左右，幼儿开始区分自己和别人，能通过照片来指认自己，也能在和其他幼儿的合影中准确地找出自己。

（五）自我意识的形成（15—24个月）

这个阶段的幼儿更能觉察到与母亲的分离，也更能利用认知能力来抵抗挫折。语言交流开始融入他们的生活。幼儿常常说"不"，并伴有摇头的动作，标志着词语交往的开始。到2岁的时候，幼儿出现了爱照镜子的习惯，已经知道镜子里的那个小朋友就是他自己。

（六）认识自己的心理活动（24个月以后）

2岁以后的幼儿，渐渐能够懂得"我、你、他"这些人称代词，在生活中掌握了物主代词"我的"和人称代词"我"，由此实现了自我意识发展的又一次飞跃。他们开始意识到身体内部的状态，如"我肚子疼"。此时，也出现了最初的自我概念，开始出现"给我""我要""我会""我自己来"等意向；开始表达自己的主张，当成人提出一些要求时，幼儿并不听从，经常说"我不"；行为上表现出"爱做事、闹独立"等特点；开始懂得"我想做"和"我应该做"的区别，做错事后知道脸红害羞；开始能把自己与他人做比较，从而产生简单的自我评价。由于受到认识水平的限制，这时幼儿的自我评价在很大程度上依赖于成人的评价，而且还具有很强烈的主观情绪性。

幼儿已经将自己作为主体来认识，是其自我意识发展的一次重大飞跃。伴随着自我意识的萌芽与急速发展，幼儿开始以"我不要"作为自己的"独立宣言"，此时的他们总是违逆成人的意见，变得不听话起来。因此，这一时期常被称作"第一反抗期"。家长应理解此年龄段孩子的"反抗意识"，因为这正是他们探索自我力量、学习自主自立的尝试与探索。

（七）认识自己的性别

在 3 岁左右，幼儿已经能够认识自己的性别了，知道自己是男孩还是女孩。但是此时的性别认知仅局限于能正确说出自己的性别，能根据外部特征，如衣着、相貌等判断性别，但对性别的含义其实并不清楚，还没有形成性别的恒常性，认为性别是不稳定的，可以改变的。

三、自我意识培养的策略

（一）培养积极自我认识的策略

在 0—3 岁阶段，自我认识是自我意识的重要组成部分，也是孩子感知自我与外界关系的方式。良好的自我认识，能帮助孩子形成完善的自我概念，从而有利于孩子获得安全感，建立生活的秩序感。

1. 帮助孩子形成"客体永久性"概念

客体永久性指的是无论物体是否在孩子的视线之内，他们都理解该物体是客观存在的。家长可以通过以下三方面促进孩子客体永久性的发展。

（1）创造充满安全感的环境

培养作息规律的生活习惯，设定清晰界限和规则，并保持温和一致，让孩子感到安全和有序。保持家中物理环境相对稳定，确保家具边角圆润、电源插座安全，玩具用品适合其年龄段。鼓励孩子自由探索，增强自信和安全感。逐渐引入社会规则和知识，避免孩子因变化而感到不安。家长不轻易打破承诺，尽量兑现，建立孩子稳定的信任感。树立榜样，向孩子展示尊重、善良、耐心和坚韧等心理品质，让孩子模仿形成。另外，在安全环境中，可适度让孩子体验小挫折和困难，并引导其找到解决方法，培养孩子应对挫折的能力。

（2）玩"躲猫猫"游戏

躲猫猫游戏可以分为藏物游戏和藏人游戏。对于藏物游戏，家长可以将物品藏起来，然后孩子根据家长的方位提示及指向性提示寻找物品，或者让孩子自己思考物品可能会藏在什么地方，这样有助于孩子形成客体永久性的初步认识，同时也能提升其空间方位能力。

（3）引导孩子多爬行

爬行经验可以促进孩子形成客体永久性概念。家长可以增加孩子与环境积极互动的机会，丰富其从不同角度观察同一物体消失、再现的体验，锻炼孩子在爬行够物时抵御外界干扰，保持行为目标的能力。

2. 帮助孩子不断加深对自己的了解

帮助孩子认识自己的方式是多种多样的。亲子共读，亲子互动游戏，让孩子去接触不同的环境，接受丰富的环境刺激，这些都是很好的方式。

（1）借助亲子共读

家长可以通过亲子共读，以讲故事的形式，引导孩子认识自己、认识身体、认识面孔和与其他人关系。如，在绘本《这是我呀！》中，小猪宝宝通过天真有趣的自我介绍、简洁反复的语言展示着"自己"。书中还以各种各样的互动方式展示了自我意识发展的6个方面——认识自己、认识自己的身体、认识自己爱吃的食物、认识自己的生活物品、认识新事物、认识自己的好朋友。家长可以引导孩子通过小猪的视角，更好地了解自己。

（2）利用有趣的亲子互动游戏

家长可以根据孩子的兴趣爱好和发展特点，在家里随时随地陪孩子一起玩一玩认识自己身体部位的小游戏。以下简单介绍 2 种亲子游戏。

[游戏]镜子里的宝宝（3—5 个月）

游戏玩法：家长给孩子穿上鲜艳的衣服，将孩子抱到镜子前，让孩子自发地触摸、拍打镜中的家长和自己。家长对着镜子做表情，让孩子对着镜子模仿，也可以念儿歌："小镜子，照一照，里面有个好宝宝。我哭他也哭，我笑他也笑。"家长一边摸着孩子的头、鼻子、眼睛等，一边告诉孩子每个部位的名称；一边说"小手，小手，拍拍；小脚，小脚，蹬蹬"，一边分别抬起孩子的手和脚，让孩子在镜子里看自己的手和脚。

[游戏]点五官（12—36 个月）

游戏玩法：孩子和家长面对面坐好。家长拉住孩子的小手，对他说："我们来指鼻子、眼睛、嘴巴和耳朵吧。"家长先慢速说出"鼻子"，让孩子正确指出自己的鼻子；然后按照顺序依次重复说出"眼睛""嘴巴""耳朵"等，让孩子指认。等孩子熟悉后，可以加快速度或变换顺序。如果孩子指认错误，家长可以提醒，比如说"再摸摸，这里是不是鼻子呀"。对年龄较小的孩子，家长可以把语速放慢，或者在说出某个部位之前，就一直盯着孩子的那个部位看作为提示。

（3）让孩子接受丰富的环境刺激

家长可以通过各种方式让孩子接触各种不同的环境。不同的环境可以激发孩子的好奇心和探索欲望，让他们在尝试和体验中发现自己的兴趣和潜能。

①在家庭中创设不同的体验环境。比如设置不同主题的游戏颜色，使用各种纹理和颜色的物品等。

②定期给孩子讲不同类型的故事。故事有助于激发孩子的想象力，还能帮助语言能力的发展。

③提供不同类型的玩具。如积木、拼图、角色扮演玩具等，可以刺激孩子不同类型的学习和技能发展。

④带孩子参加家庭聚会、亲子活动或儿童活动小组。通过这些活动，让孩

子接触不同的文化和人群，有助于其社交能力发展。

（二）培养积极自我体验的策略

作为自我意识的情感成分，自尊感和自信感是自我体验的重要内容。因此，家长应充分信任孩子，培养孩子良好的自主性，让孩子在实践和自己动手中体验成功，有利于提升其自信水平。而与其他人，尤其是同龄小伙伴的相处与互动，有利于孩子形成良好的自尊感。

1. 放手，允许孩子多尝试、多体验

0—3岁时期，孩子大部分情况下是依据成人的标准对自己或他人做出评价。有研究表明，不到3岁的孩子已经开始会对自己的能力进行评价，比如"我能行"。因此，家长在日常生活中应给予孩子充分的机会进行自主操作，并以正向的鼓励来帮助孩子形成积极的自我体验。如果孩子没有提出求助，就尽量不要去打扰他的探索，让孩子在实践中体验成功的快乐。

[案例]搭积木

奇奇正在搭积木，可是总也搭不成，妈妈在一旁观察他的探究，没有立刻去帮忙。每一次失败后，奇奇都会继续拿起积木进行尝试，试了好多次，终于成功了。妈妈在一旁和他一起鼓起掌来，并欢呼道："哇！宝宝的大房子封顶啦！宝宝真是个厉害的工程师！"

孩子此时正处于自我意识和独立意识的萌芽时期，喜欢自己独立做事和探索，当孩子在专心做事时，是不喜欢他人打搅的。不断探索的过程能使孩子锻炼思维，认识世界，学会做事，体验成功与失败，直接影响孩子的自我评价，使孩子更自信、更积极主动地去努力。家长不必要的帮助反而会成为孩子发展的障碍，影响孩子自我体验的发展。

2. 尊重，给予孩子自主选择的机会

2—3岁的孩子已经开始"有意志"地决定做什么或不做什么，对于很多事情，产生了"我要自己来""我想自己做主"的愿望和行动，表现出经常将"不要""不好""我不吃""不睡觉"挂在嘴边。在成人看来，孩子好像不如小时候那么乖巧听话了，有的家长会采取专制的态度限制孩子的行为，也有的家

长选择放任孩子。但这看起来的"叛逆"，其实是孩子成长的必经阶段，家长应该充分尊重孩子的意愿，让孩子有自主选择的机会。

[案例]我要自己洗手

吃饭时间到了，爸爸提醒妞妞："妞妞，要吃饭了，去洗手吧。"孩子大声说道："我不！"这时，妈妈走过来，问道："你是想妈妈帮你洗手，还是你自己去把手洗干净呀？"妞妞兴奋地说道："我要自己洗手！"说完就跑去卫生间了。

在面对孩子的"叛逆"时，家长可以提出两三个建议让孩子从中做出选择，然后予以满足。这样的方式既能让孩子感受到被尊重，又能让孩子有自主决策权，解决问题的同时也满足了孩子的自主性发展需求。

另外，充分尊重孩子还体现在家长的"说话算话"上。当给孩子选择的时候，家长的允诺必须是能够做到的。建立在彼此信任基础上的亲子关系有利于孩子自我意识的发展。如果家长答应了，但实际上又没有做到，久而久之，孩子对于家长的安排会产生一种反抗和抵触的情绪，也会越来越爱说"不"。

3. 支持，引导孩子多与他人积极交往

作为自我体验中重要的成分，儿童自尊与自信的发展与成人的行为密不可分。儿童通过与他人互动，不断地收集他们作为人所具备的价值，通过这些互动，渐渐形成关于"我是一个怎样的人"的自我意识。

儿童早期的同伴交往有利于促进孩子之间形成一种相互合作与配合的依赖关系，有利于儿童在对方身上获得支持性力量，获得成长；有利于增强孩子的自我成就感与归属感，为未来社会适应打下基础。在日常生活中，家长可以有意识地创造机会让孩子多与伙伴相处。例如，邀请一些小伙伴及其家长来家里做客，玩一些友好互动的游戏。在这个过程中，家长可以通过观察发现孩子自主与自信发展的状况，帮助孩子在与他人的相处中更好地认识和了解自己，形成积极的自我体验。

[案例]人来疯

邻居阿姨到小明家做客，2 岁的小明一改平时的温顺，变得调皮捣蛋起来。他一会让妈妈抱，一会在邻居阿姨身上爬来爬去，耍出各种令人生气又恼人的

花样，扰乱妈妈和客人的交谈。没等妈妈批评他几句，小明就开始哭闹起来，让妈妈感到很没面子。

遇到案例中这样俗称"人来疯"的情况，家长大多是检讨自己教子无方，说着让人见笑的客套话，一再强调孩子不懂事，同时用"不行""不可以"等否定的词语来制止孩子的行为。但此时的孩子最无法忍受别人对他"自我意识"的无视、压迫或否定，反而增强了反抗和攻击行为。

其实，这不是孩子的错。2岁多的孩子正处于自我意识萌芽的最高峰时期，独立的愿望越来越强，知道自己是不同于别人的独立个体，也希望大家能注意到他的存在，但由于生活经验的局限，常常会采取一些不恰当的表现形式来吸引他人注意。面对孩子的"人来疯"，家长应充分关注到孩子的需求，给他更多自我表现的机会，以适当的行动来满足孩子的自尊心，帮助孩子形成积极的自我体验。例如，在客人来访时，可以先向孩子介绍来人是谁，让孩子与客人打招呼，也把孩子介绍给客人，使孩子感到自己不再是局外人。还可以让孩子端一些糖果点心招待客人，或是让孩子在客人面前唱首歌、跳个舞等，这样孩子就不会感到被冷落了。受到足够关注的孩子，自尊心得到了极大满足，反而会变得乖巧起来。

4. 鼓励，给予孩子正向语言评价

孩子通过与他人的互动，获得对自己的判断，而语言是他获得自我感知的主要因素。家长应在家庭中创设积极的语言环境，采用鼓励的方式给予孩子正向的语言评价，帮助他形成积极的自我体验。

[案例]吃饭小能手

吃饭时间到了，妈妈拿来了妮妮的餐盘和餐具。妮妮拿起勺子一口一口舀着吃起来，不一会儿就把所有的饭菜都吃完了。妈妈露出肯定的微笑，说道："哇，今天宝宝自己动手把饭菜全都吃光了，而且桌子上干干净净的，都没有掉饭，真是一个吃饭小能手！"妮妮也露出了开心的笑容，还自己拍起手来。

孩子可以从家长的表达内容、语气语调、表情动作等感受到家长对自己的态度和对自己行为的关注程度。家长在运用语言鼓励时，应注意以下几点：第一，要用亲和的态度、自然的声音和积极的语调，让孩子感受到被肯定。第

二，运用语言鼓励孩子时，要对事情有具体详细的描述，如"宝贝，你今天用积木搭出了 10 层高的楼房，真坚固"，而不是简单的"你真棒"。第三，鼓励的语言要积极正向，不要与其他孩子进行比较，切忌一边鼓励一个孩子，另一边批评其他孩子，更不要在公众场合批评孩子。

（三）培养积极自我调控的策略

自我调控的发展，一般都要经历从无意到有意，再到自动化的过程。对于 0—3 岁的孩子来说，自我调控能力还停留在不自觉的、无意识的状态，表现为无意调控向有意调控的发展。随着孩子生理的成熟、心理的发展以及生活经验的不断丰富，孩子逐渐开始对自己的活动进行有意识的调控。大部分 3 岁孩子已经初步显示出有意识的自我调控，能够注意到自己的活动哪些是有效的，哪些是无效的，然后根据活动的结果主动调节自己的行为，但这个时候的自我调控往往不够熟练和迅速，可能经常会发生错误，或者出现一些多余的行为。

那么，针对这个阶段孩子自我调控的特点，家长要如何帮助他们形成良好的自我调控能力呢？

1. 激发"自我言语"，提升孩子自控力

自我言语，简单来说就是孩子自己对自己说话。自我言语与自控力的关系非常密切，对孩子行为有调节作用，是孩子发展自我调控能力的前提。家长可以通过指导孩子使用自我言语，促进其自我调控的发展。心理学家维果茨基提出，孩子在游戏或从事一项活动时自言自语，是出于自我防卫和自我指导。这种自我言语可以帮助孩子解决任务、增强社会互动，并提高他们自我管理和自我控制的能力。

[案例]细菌吓跑啦

晚上洗漱时间，妈妈带晨晨来到卫生间。看到晨晨有点不愿意刷牙，妈妈一边挤牙膏，一边对他说："妈妈帮宝宝一起来刷牙。宝宝的牙齿刷得干干净净，把细菌都吓跑啦。"晨晨模仿着妈妈的口气说："细菌全部都吓跑啦！"并配合妈妈顺利完成了刷牙。

除了孩子的自我语言外，家长的语言指导也对提高孩子的自我调控能力起到重要作用。家长可以经常和孩子说话，虽然较小的孩子可能还无法听懂，但

是标志性的语言和动作能让他慢慢理解其含义。3岁前孩子的语言能力较差，自我调控也相对较弱，家长及时有效的语言指导，能够帮助孩子提高自我调控的能力。

2. 认识和表达情绪，提高自我调控能力

情绪是0—3岁孩子与他人沟通的重要信号。6个月的婴儿已经能够分辨表情各异的面孔。随着年龄的增长，孩子区分不同情绪的能力越来越强，情绪也慢慢开始指导孩子的行为，驱动、促使他去做某些行为或不做某些行为。因此，家长要重视这个时期孩子的情绪教育，一方面教会孩子学会识别他人情绪情感，另一方面也要多和孩子进行情绪对话，引导孩子学习正确表达自己的情绪。

[游戏]他们怎么了（2—3岁）

游戏目的：让孩子学会表达内心情绪情感。

游戏准备：数张图片或照片，表现人们各种各样的情绪，如哭泣、开怀大笑、勃然大怒或惶恐不安等。

游戏玩法：

①和孩子讨论图片中人物的情绪，讨论他们的这些情绪可能是什么原因造成的。

②将所有图片整齐排好，正面朝下。

③让孩子翻开第一张图片，并依据手中图片表演相关的表情，不能说话。

④家长猜测孩子正在表达的情绪。等家长猜对后，和孩子互换角色，继续往下玩。

3. 借助游戏活动，提升孩子注意力

注意是自我调控能力的重要早期表现。孩子在1岁左右时就已经开始表现出集中注意的能力，但3岁以下的孩子容易出现注意力分散的情况。因此，家长不必过分苛求孩子保持很长时间的注意力。游戏活动中，孩子注意力的集中程度和稳定性都会增强。家长通过和孩子一起玩有趣的互动游戏，不仅能有效地培养孩子的注意力，还能增进亲子关系。

［游戏］看谁捡得多（13—18 个月）

游戏目的：促进孩子的注意力发展。

游戏准备：一大筐小雪花片，三个小篓子。

游戏玩法：

①爸爸或妈妈拿出雪花片，告诉宝宝游戏的名称：今天我们一起来玩一个捡雪花片的游戏。

②讲解游戏规则：每人一只手拿篓子，当发令员发出"预备——"的口令时，大家要做好准备；当发出"捡"的口令后，爸妈和宝宝就立刻开始捡地上的雪花片，最后来看看谁捡得多。

③爸妈蹲下示范将地上的雪花片捡起放进自己的小篓子内。

④可以轮流做发令员，重复进行游戏若干次。

⑤游戏结束，表扬孩子的表现。

4. 对孩子有原则地说"不"，培养规则意识

面对孩子任性、不遵守规则，甚至无理取闹时，很多家长会因为"不忍心""没办法"而妥协，最终满足孩子的要求。这样的做法不利于孩子规则意识的建立。家长应在情感上充分理解孩子，在行为上对孩子有一定的约束，要学会拒绝孩子不合理的要求，重视在原则性问题上给孩子划界限、立规矩，对孩子一些不恰当、不被允许的行为应及时提醒，必要时进行制止。这样才能让孩子知道什么该做，什么不该做，帮助孩子初步学会自我调控。

［游戏］我们都是木头人（31—36 个月）

游戏目的：培养孩子的规则意识和控制力。

游戏准备：无。

游戏玩法：

①介绍游戏规则：认真听，在说完"我们都是木头人，不许讲话不许笑，还有一个不许动"以后，谁先动谁就输了，动的人让没有动的人刮一下鼻子。

②重复进行游戏若干次。

③游戏结束，表扬孩子的表现。

参考文献

[1] 钱文，俞晖. 婴幼儿社会性发展与教育 [M]. 上海：上海科技教育出版社，2019.

[2] 钱文. 3—6 岁儿童社会性发展与教育 [M]. 上海：华东师范大学出版社，2014.

[3] 杨丽珠，吴文菊. 幼儿社会性发展与教育 [M]. 大连：辽宁师范大学出版社，2000.

[4] 侯魏魏. 宝宝这一年：2 岁，自我意识建立关键期 [M]. 北京：北京理工大学出版社，2012.

[5] 李瑶. 基于幼儿自主性发展的角色游戏支持策略研究 [D]. 长沙：湖南师范大学，2020.

[6] 林洁. 幼儿自主意识与自主能力的培养策略 [J]. 当代教研论丛，2017，（7）：137.

[7] 白壮霞. 游戏中幼儿自主意识的培养策略初探 [J]. 电子乐园，2019（1）：295-295.

[8] 周晓燕. 从我向思维到社会化思维的迈进——2-3 岁婴幼儿积极自我意识形成的实践研究 [J]. 成功：中下，2012（6）：1.

[9] 易正乐. 促进婴幼儿自我意识的发展 [J]. 教育改革，1998（6）：13-15.

（执笔：胡瞳希）

第 14 课

如何把握孩子发展
的敏感期

课程简介

教学对象

0—3 岁儿童的家长及其他照护者

教学目标

1. 了解敏感期的概念和意义，知道不同敏感期的特征。

2. 学会识别并把握敏感期，掌握应对敏感期各种表现的策略。

3. 体会敏感期对孩子发展的重要意义，理解和尊重孩子的敏感期。

教学时长

90 分钟

课程框架

[实例导入]

一、敏感期的概念与意义

（一）敏感期的概念

（二）敏感期的重要价值

二、敏感期的识别与把握

（一）敏感期的识别

    1. 敏感期具有时效性

    2. 表现出强烈的兴趣

    3. 情绪反应比较明显

    4. 具有阶段性和个体差异性

（二）不同年龄阶段的敏感期及表现

（三）敏感期的把握

    1. 创设良好的家庭环境，多理解包容

    2. 发现孩子的闪光点，多鼓励赞美

    3. 耐心等待敏感期出现，不提前教育

三、主要敏感期的干预策略

（一）秩序感的建立——秩序敏感期

    1. 秩序敏感期概述

    2. 应对秩序敏感期的策略

（二）学习说话——语言敏感期

    1. 语言敏感期概述

    2. 应对语言敏感期的策略

（三）感知世界——感官技能敏感期

    1. 感官敏感期概述

参考文献

课程内容

👤≡ [**实例导入**]

 家有二宝。3 岁的大宝吵着，一定要妈妈给他撕开饼干的包装袋。可是妈妈在忙，爸爸就顺手拿过饼干袋撕开了，大宝哇的一声哭起来。爸爸赶紧拿出饼干掰了一半，想安慰大宝，可是大宝一看饼干，却哭得更厉害了。

 不知什么时候，已经学会爬行的小宝找到了装着半桶米的塑料米缸，把自己的手埋在米缸里，再拿出来，埋进去，再拿出来，玩得不亦乐乎。他正准备站起来把手埋得更深，结果一个趔趄摔倒在地。愣了一下后，小宝更开心了，他一会儿双手拍打着散落在地上的米，一会儿双手像雨刮器一样把米撒得到处都是。

 在生命的前六年里，孩子会经历多个发展的关键敏感期。当孩子表现出敏感期的行为特征时，有的家长并没有及时察觉，有的家长虽然察觉了，却不知道如何进一步帮助孩子，甚至有的家长误以为孩子不听话，对他们的"淘气"行为进行批评指责。那么，家长应该如何正确识别孩子的敏感期，及时捕捉孩子的内在需求，有目的、有针对性地进行家庭教育，促进孩子更好地发展呢？

一、敏感期的概念与意义

（一）敏感期的概念

 "敏感期"一词，是由荷兰生物学家雨果·德弗里斯在 1910 年研究蝴蝶幼虫的成长过程中因发现了光敏性而首次提出来的。后来，奥地利动物学家劳伦兹也在动物实验中发现了敏感期的影子——印刻现象。

 教育家蒙台梭利通过对孩子自然行为细致、耐心、系统的观察，发现婴幼儿在 0—6 岁每个不同的阶段都会存在不同的敏感性，在每个特殊的阶段中，婴幼儿会对特定的动作、行为、事物等表现出强烈的专注与显著的学习能力，从而提出孩子发展也存在敏感期。正如实例中，爱秩序、爱完整的大宝，认为撕包装这件事只有妈妈可以做，认为只有完整的饼干才叫饼干。而一旦他领悟到秩序与完整的真正含义，他将不再因为变化的秩序和不完美的饼干而愤怒。钟爱玩米的小宝，他的触觉在与米粒的接触中得到了快速发展。而一旦触觉得到了足够的训练，他将对玩米失去原有的热爱。这些源源不断的敏感性和兴趣，正是孩子专注于发展自身能力的内在需求与内部动力，也正是它们推动着孩子充分地感受环境中的刺激，进而在感知觉与动作、语言与思维、情绪与社交能力等方面快速成长。

儿童的敏感期，是指儿童在成长过程中的某个时期，相对于其他时期更容易学习某种知识和行为，心理过程的某个方面发展最为迅速。顺利通过一个敏感期后，儿童的心智水平便从一个层面上升到另一个层面。

（二）敏感期的重要价值

敏感期主要发生在生命最初的六年，而其中前两年半的发展尤其重要。在这个时期，孩子将经历视觉、听觉、语言、情感、社交和运动等方面的敏感期。这个时期的经验和刺激对于大脑和身体的发育都非常关键。

敏感期的出现，意味着孩子的大脑发育进入了某一特定发展的快速阶段，情感、智商、学习能力、习惯等发展都从这一时期开始形成并发展。可以说，敏感期是孩子成长阶段最关键的一环，也是孩子一生的关键期。

敏感期是孩子心理发展的机会窗口，这一时期孩子对某种能力或技能的学习和掌握比其他时期更容易、更快速，如果能在这个时期提供适当的学习和训练，可以最大限度地发挥孩子的潜能，为以后各种能力的发展奠定基础。

家长在家庭养育的过程中，顺应孩子的敏感期，做到理解和尊重孩子敏感期出现的行为，不仅有助于增强孩子的信任感和安全感，也有助于建立积极和谐的家庭关系。

二、敏感期的识别与把握

（一）敏感期的识别

了解孩子在敏感期的普遍特征，能帮助家长识别孩子是否处于敏感期。

1. 敏感期具有时效性

儿童的每个敏感期都有其特定的时间窗口，可能只有几个月或者几年。在这个阶段中，儿童只对一种特定的知识或技能感兴趣，过了这个阶段就会消失，并且不会再出现同一时期对相同兴趣点同样强烈的兴趣感。如果在这个时间窗口内没有得到适当的刺激和支持，那么儿童就可能错过最佳的学习时机，进而对后续的发展造成影响。而且敏感期短暂易逝，一旦孩子的能力得到了发展，相应的敏感性就会消失。

值得指出的是，儿童的敏感期也是有弹性的，0—6岁儿童如果敏感期没有得到良好的发展，到了6—12岁还会有弥补的机会，前提是有一个充满爱和自由的成长环境。

2. 表现出强烈的兴趣

处于敏感期的孩子会对他敏感的事物或运动表现出强烈的兴趣。这种兴趣来源于自然的敏感性本能，是自发的、内在的。外界环境仅仅为心理发展提供了必要条件。只要环境能够充分满足孩子内心的需要，心理发展就在进行着，丝毫不需要他人的特别注意。这种本能引领着孩子有选择地集中注意力。这意味着孩子只关注特定的事物，而对其他事物无动于衷。

此外，凭借着强烈的兴趣，孩子喜欢反复地进行同一项活动。例如，孩子会不厌其烦地反复聆听或吟唱同一首歌或者同一个故事。

3. 情绪反应比较明显

在敏感期，孩子往往会有一些明显的反应，这不仅体现在能力的获得与进阶，还体现在他对待敏感行为的情绪反应。当家长允许孩子重复某一感兴趣行为的时候，他会非常地高兴；一旦被打断，就可能会导致孩子发脾气、哭闹等显著的情绪反应。

4. 具有阶段性和个体差异性

不同的敏感期之间存在着先后和顺序，每个敏感期的完成都是为下一个敏感期的开始做准备。这也意味着，每个敏感期的出现和结束都具有一定的规律性和预测性。然而由于个体差异，不同孩子在繁杂的环境中所选择的兴趣点不同，敏感期出现的时间上也会有一些差别。这意味着孩子可能会对不同的事物产生兴趣，即使对同一事物产生兴趣，产生兴趣的时间点、兴趣强度也可能不相同。

（二）不同年龄阶段的敏感期及表现

孩子从一出生，敏感期就已经开始。按照孩子的年龄发展特点，0—3岁孩子大致将发生以下一些敏感现象（见表1）。

表1 0—3岁儿童的主要敏感期

敏感期类型	具体表现
视觉敏感期	刚生下来，对明暗相间的地方感兴趣。
口腔敏感期	包括用口进行的味觉、触觉过程。用口感觉事物、认识事物，不断练习使用牙齿、舌头。
手部敏感期	喜欢抓东西，用手探索环境、认识世界。
行走敏感期	从最初的要成人拉着手跳，到独立行走，到要上下坡、爬楼梯，到专门爱走不平的地方。
空间敏感期	喜欢探索空间，最早表现为爬、抓、移动物体等；稍大一点，则喜欢爬高、旋转、扔东西等。
语言敏感期	开始注意大人说话的嘴形，牙牙学语，还会自己和自己说话。
细小事物敏感期	对极小而精致的东西感兴趣。
秩序敏感期	急切需要并保护一个精确且有秩序的环境。
模仿敏感期	最早表现为模仿一个词或一应一答，重复进行，模仿周边人的动作。
自我意识敏感期	表现为咬人、打人、说"不"等，私有意识产生，明确指明"这是我的"。
社会规范敏感期	喜欢参与群体活动、和人交流，喜欢和大孩子玩。
审美敏感期	要求食物或用具必须完整。
建立概念敏感期	开始将自己的认知感觉同语言配对。

（三）敏感期的把握

1. 创设良好的家庭环境，多理解包容

在孩子的敏感期阶段，创造一个适合发展的家庭环境，提供满足孩子内心需要的环境，将有助于支持孩子顺利度过敏感期。

第一，要保证环境的安全性，让孩子可以在环境中自由探索。

第二，要提供具有挑战性的活动和适宜数量的玩具，刺激孩子的好奇心和兴趣，支持孩子的主动探究。

第三，创设温馨、和谐的家庭氛围，家长要给予孩子足够的陪伴和关注，满足孩子的成长需求，帮助孩子形成安全感。

2. 发现孩子的闪光点，多鼓励赞美

孩子在敏感期可能会表现得调皮、不听话，家长要做个有心人，在生活中发现孩子点点滴滴的闪光点。当孩子有进步的时候，给予真诚的鼓励和赞美，帮助孩子树立自信。同时，家长也要学会真正接受孩子，当孩子有自己的想法时，不急于否定和干预，鼓励孩子坚持自己的观点去试一试，这样孩子才能逐渐形成"我可以"的信念，不断强化积极行为，激发探究学习的兴趣和动机，实现发展。

3. 耐心等待敏感期出现，不提前教育

在敏感期的发生发展过程中，家长要耐心地等待孩子表现出对于某些技能的兴趣或倾向性，让孩子能够自主地探索和学习，发掘自己的潜力，而不是强行对孩子实施"提前教育"，这反而会导致敏感期未被充分利用。

三、主要敏感期的干预策略

（一）秩序感的建立——秩序敏感期

[案例] 我来开灯

每次回家，都是妈妈开门后，跃跃第一个进门，打开灯，然后再全家人一起换鞋、洗手。可这天，跃跃走得慢了一些，妈妈开门后先进去了，顺手就开了灯。姗姗来迟的跃跃看到亮灯的房间和正在换鞋的妈妈后非常生气，非要妈妈重新穿好鞋子，关灯，出门，再按以前的样子重来一遍。

1. 秩序敏感期概述

秩序敏感期，是指孩子对秩序（包括事物的均衡、比例、对称、节奏等）极端敏感的一个非常重要的时期。从孩子一出生就开始了，在2岁左右达到巅峰，并一直持续至5岁。

秩序敏感期呈现螺旋式上升的三个阶段：第一阶段，为了秩序的破坏而哭闹，秩序一旦恢复就会安静下来；第二阶段，为了维护秩序而说"不"，自我

意识开始萌芽；第三阶段，为了维护秩序而执拗，一切要重新来。

当秩序敏感期到来时，孩子需要一个精确的、不变的程序来帮助他认识事物、熟悉事物、理解事物。他往往会表现得非常"固执"，对一致性和重复特别敏感，也更加偏好常规的、有结构的东西。

在秩序敏感期，孩子对外部的秩序和内部的秩序都有着强烈的偏爱。外部秩序感方面，孩子的表现似乎有点"强迫症"。他希望东西能够摆放在适当的地方，比如，看到沙发上的书，他会主动将其归位至书架；他更喜欢整理收拾玩具，而不是玩玩具。他希望按照一定的顺序和规律进行活动，比如，包装袋一定要请妈妈帮忙撕开，进门后一定要按照既定的顺序开灯、换鞋、洗手等。而内部秩序感，则能让孩子意识到自己身体的不同部位及其相对位置。比如，如果孩子平时洗头都是靠在家长的左手上，如果换到右手，他就会觉得非常不适。

秩序敏感期的孩子开始接受外界的各项基本行为准则，标志着道德的萌芽。同时，秩序敏感期还能使处于感知运动阶段的孩子依靠动作的协调和感觉来应对外界事物，促使其形成初步的逻辑思维，为将来的智力发展打下基础。

2. 应对秩序敏感期的策略

处于秩序敏感期的孩子对事物的顺序和执行的程序非常在意，一有差错，他就很可能会发脾气。因此，家长能够提供的核心帮助，就是为孩子提供一定的秩序和规律。

（1）保持物质环境的稳定、有序、整洁

家里的物品摆放要有合理的分类，一定时间内保持相对稳定；孩子的进食用具、生活用品等不要经常改变，如果要改变，需提前告知孩子。

（2）保持规律的作息时间和生活习惯

给孩子制订合理的计划，起床、吃饭、入睡的时间相对固定。鼓励孩子自己的事情自己做，比如，吃饭、整理玩具等。帮助孩子养成良好的日常习惯，获得经验，形成良好的秩序感和安全感。

（3）保持孩子对于大自然的好奇心

家长可以多带着孩子到户外感受大自然。自然存在的秩序，能让孩子体会到更加丰富、持久和稳定的秩序感。孩子通过观察生物的生长规律，领略生命的秩序；通过感受昼夜交替、四季变更，体会到自然中的均衡、节奏和有机统一，这些都能更好地促进孩子秩序感的发展。

（二）学习说话——语言敏感期

［案例］有魔法的语言

4个月大的宁宁正目不转睛地盯着爸爸的嘴巴，她全身心投入其中，好像被某种魔法吸引，露出了开心的笑容。紧接着，她自己也小声咕哝，发出一些含糊不清的声音。就这样，看着，笑着，"说"着，乐此不疲。

1. 语言敏感期概述

语言敏感期是孩子学习语言的高峰期。当开始注意大人说话的嘴形，牙牙学语，就标志着孩子开始进入语言敏感期。0—3岁孩子的语言敏感期，可以分为两个关键阶段：前语言期（0—1岁）和语言期（1—3岁）。

新生儿虽然还不会说话，但是会用哭声来表达自己的需求，每天都会聆听大人说话的内容，积累语言能力。4个月左右，孩子就开始意识到语言声音和其他噪声的区别，并能开始发出几个简单的音节。6个月大，孩子开始发出简单的音节和有节奏的声音。8个月的时候，孩子开始意识到语言是由不同的词组成的，并能使用一些基本的、和他生活有密切联系的词，比如食物和身体部位。1—2岁时，孩子到达语言爆发阶段，开始迅速掌握并使用大量的单词，逐渐学会了按照正确的顺序排列词语，也学会了如何创建句子。2—3岁时，孩子变得喜欢说话，每天都会习惯性地无意识说个不停，变成"话痨"，而且还会冒出很多有意思的句子。

2. 应对语言敏感期的策略

（1）耐心倾听，及时回应

孩子是通过体验和倾听周围的世界来学习语言的，接触的语言越多，语言能力就越容易发展。孩子刚开始学说话的时候，大多是模仿家长的语音，家长可以多鼓励孩子自由模仿，以自然的对话模式和孩子交流，说一句，停下来，等待孩子的回应，然后针对孩子可能想表达的意思进行回应。在"你一句、我一句"一来一回的沟通中帮助孩子掌握语言。

（2）创造语言环境，多和孩子说话

家长要在家里营造良好的语言氛围，和孩子多说话多交流，不要认为孩子还小听不懂就不和孩子说话，当孩子愿意说话时，要给予鼓励和表扬。可以从最简单的名词开始，一边指认物品一边和孩子对话，也可以在做事情的过程中，一边做一边和孩子进行对话，帮助孩子理解语言。

（3）亲身示范，引导孩子正确表达

家长和孩子说话时，语言要简洁准确。在孩子产生行为时，家长可以用简洁的词语来描述孩子此刻的行动，让孩子知道自己正在做的事情。例如，在孩子穿衣服时，家长可以说"宝宝正在穿衣服"，并强调"穿衣服"三个字。需要注意的是，2岁到2岁半时，孩子的语言能力已经有了很大发展，这时家长就要注意尽量少用"吃饭饭""牵手手"这样的儿语，避免影响孩子语言的发展。

（4）亲子阅读，激发语言表达能力

从孩子5—6个月起，家长就可以开始和孩子一起阅读一些有趣的启蒙图书，比如绘本。利用提问、拓展等方法，带着孩子一起感受不同图书中的不同主题。孩子在聆听、阅读、翻阅图书的过程中，感受到不同于日常生活的语言场景，一边说、一边读、一边动脑，有利于孩子各方面的发展。

（三）感知世界——感官技能敏感期

1. 感官敏感期概述

（1）感官体验的敏感期

孩子从出生起，就会凭着听觉、视觉、味觉、触觉等感觉，来熟悉环境、了解事物。这个敏感时期的特点是孩子对感官体验十分迷恋，通过触摸、舔、闻、品尝等方式了解物体的特性和功能。孩子对于颜色、形状、大小、质地、声音、味道、气味等方面的感知能力得到了发展。

[案例]这里有个球

3个月大的贝贝躺在摇篮里，正专注地盯着那个在摇篮顶部晃动的红色毛球。为了看到这个球，他还费了不少的劲儿。因为这个球的位置对于他来说，太靠左了，手碰不到，而现在的他还没有办法挪动自己的身体或者调整自己的头部，只好向左斜着眼睛，努力注视着这个晃动的小球。

（2）感官精练的敏感期

随着感官体验进一步丰富，孩子开始进入感官精练的敏感期。在感官精练的敏感期，对感官体验的迷恋推动了孩子学习、观察，并做出越来越精细的感官辨别。任何事物，只有先进入了感官，才能进入意识。

细小事物敏感期发生在1—3岁。这个阶段的孩子对小物体和细节非常执着，他们很容易注意到这些，并非常有兴趣用手探索或操纵它们。当孩子接触这些细小物体的时候，他们正在培养区分小细节并在脑海中对它们进行排序的能力。细小事物敏感期的完成，将表明在孩子的脑海中，秩序和细节正慢慢地联系到一起。

感官探索和分类敏感期发生在2.5—6岁。在这个阶段，孩子渴望参与整合感官的学习体验，以便分类各种事物。孩子会根据物品的相似特征，如颜色、大小和形状等，对各种物品和材料进行分类。这种分类行为是孩子组织信息并建立概念的一种方式，能够帮助他们认知世界并发展思维。正是这些经验和行为，帮助孩子形成了一个对环境中物体进行分类的系统。

2. 应对感官敏感期的策略

（1）感官体验阶段

家长应给孩子大量的机会去接触大自然，体验丰富多样的感官刺激，获得奇妙的感官体验，刺激感官发展。同时，家长也要允许孩子在生活中多探索，比如，在家里布置一块涂鸦板，让孩子自由涂鸦，感受不同颜色的视觉冲击；带孩子去超市触摸和闻不同的水果，让孩子尽情地玩米和沙子。在安全的前提下，让孩子有充足的机会感知事物。

（2）细小事物敏感期

家长应注意保护孩子的注意力，学会以孩子的视角去查看家庭环境是否安全，关注细节，及时发现问题。如果物品有不整齐的缺口或者非常混乱，应当及时修复整理，以确保环境安全、整洁，保证孩子在活动中不会分心。

（3）感官探索和分类敏感期

家长要为孩子提供利用感官探索和观察环境的大量机会。观察能力是孩子熟悉世界的窗口，可以有助于孩子获取更多的知识。家长可以给孩子提供各种形状、颜色、大小不同的物品和材料，让他观察、摸索、分类，并逐渐了解这些物体的属性和用途。在与孩子互动的过程中，利用提问鼓励孩子描述物品的特点，激发孩子观察的兴趣，引导他进行分类，感受观察带来的乐趣。通过观察，帮助孩子逐步建立起对世界的初步认知和理解，为日后的学习和成长奠定基础。

（四）探索世界的重要方式——运动敏感期

1. 运动敏感期概述

运动敏感期可以分为两个阶段——大运动和精细运动阶段、细化和协调运动阶段。从出生到 2.5 岁，孩子大运动和精细运动的能力得到快速的发展。这贯穿孩子学会爬行、拉着大人走、最终独立行走的过程。在运动的过程中，孩子通过运用自己的身体和感官，协调大脑完成动作，在重复活动中发展大肌肉动作，锻炼神经系统，促进大脑和身体机能的全方位发展。

2.5 岁以后，孩子进入细化和协调运动的敏感期。这时，孩子开始使用双手协调精细动作，能够用钳子抓握小物品并自主释放，手眼协调能力增强。与此同时，在大运动方面，他们可协调行走、奔跑和跳跃。孩子通过重复有目的的运动来获得这种协调性。

[案例] 玩拼图

佳佳今天想玩拼图。他跑向自己的储物柜，从架子上抽出最爱的拼图盒子，双手抱着，跟跄地回到客厅，把拼图盒子放到沙发上。然后他把双手搭在沙发上，左腿也搭到沙发上，再用力让自己的整个身体爬上沙发。他打开盒子，倒出拼图，一不小心，滑落了一块。他小心翼翼地趴在沙发上，双腿滑下，着地。随后，他蹲在地板上，精准地捏起滑落的那块拼图。

2. 应对运动敏感期的策略

（1）大运动和精细运动的敏感期

家长可以为孩子提供练习任务的机会，鼓励孩子爬行、走跑。家长可以提前准备一些支持孩子自由活动的家具，如低矮的床和可以让孩子双脚着地的椅子。还可以给孩子提供能抓握的玩具和材料，让他能够进行触摸、拍打、抓取、转动等活动，改善其手部运动，增强手眼协调性。当孩子遇到问题时，家长要及时给予帮助。对于孩子的危险行为，家长要及时制止，减少不安全因素，做好监管，同时引导孩子学会保护自己。

（2）细化和协调运动的敏感期

家长可以利用双休日和节假日带孩子进行户外活动，在大自然中体验运动的乐趣。如带着孩子捡树叶、玩树叶的拼贴游戏，提升孩子手部的精细动作。在家里，可以给孩子准备小推车、可以举过肩膀的袋子等，里面装着各种尺寸、形状、质地和重量的物品，让孩子通过感知和拿放物品，增强身体的协调性。

（五）学会交往——社会规范敏感期

1. 社会规范敏感期概述

1.5—4岁的孩子开始进入社会规范敏感期。当了解到自己是群体的一部分时，孩子逐渐从依赖父母、自我中心的状态，逐渐学会结交朋友，喜欢参与群体活动，对社会关系产生浓厚的兴趣，学会将他的行动、注意力和行为指向一群人。这个阶段的孩子开始喜欢结交朋友，喜欢参与群体活动，特别是喜欢与大孩子一起相处。但由于语言的发展还不成熟，他经常会以肢体语言代替表达，偶尔也会出现推搡小朋友、打小朋友和抢小朋友东西的行为。

[案例]我喜欢和哥哥姐姐玩

妈妈带着1岁多的圆圆来到小区里遛弯儿。圆圆看到旁边哥哥姐姐在玩，用"嗯嗯啊啊"的声音示意妈妈，她也想要过去加入。哥哥姐姐给了圆圆一张卡片，她拿着卡片高兴地拍起手来，还想和他们交换另一张卡片。

2. 应对社会规范敏感期的策略

（1）鼓励孩子多交朋友，学会与他人友好相处

家长要多为孩子提供与同龄孩子相处交往的机会，例如，每天可以在楼下散步，与小伙伴一起玩耍，引导孩子学会分享美食和玩具，也可以多和同事、同学的孩子一起结伴出去游玩，让孩子感受交朋友的乐趣。

（2）榜样示范，教给孩子基本礼仪

家长在日常交往的过程中要做好表率，要与邻居、朋友多一些交流，注意和别人交往时的礼貌，以实际行动带给孩子正面的影响。训练孩子学会礼貌用语，如"请"和"谢谢"。如果孩子有点怕生，家长可以以孩子的名义，主动跟人打个招呼，鼓励孩子融入周围的环境。

（3）角色扮演，学会社会交往规则

孩子天生爱模仿，家长可以在家里通过设计情景模拟的方式，利用朗朗上口的儿歌童谣，将一些行为和社会规范的内容潜移默化地传递给孩子，引导孩子进行模仿。当孩子出现一些不恰当的社交行为时，家长也可以利用游戏的方式表达行为的不合适，并且对其进行正确引导。

敏感期是孩子发展的内在驱动力，促使孩子不断学习和进步。作为家长，最重要的是调整好心态，为孩子提供一个支持性的环境，提供适当的刺激，在认识不同敏感期典型表现的基础上，支持孩子按照自己的节奏进步，尊重孩子，跟随孩子，相信孩子。

参考文献

[1]玛利亚·蒙台梭利. 童年的秘密（蒙台梭利幼教经典丛书）[M]. 江雪，编译. 天津：天津人民出版社，2003.

[2]蒙台梭利. 蒙台梭利早教全书 [M]. 周舒予，译. 北京：北京理工大学出版社，2013.

[3] 孙瑞雪. 捕捉儿童敏感期 [M]. 北京：中国妇女出版社，2013.

[4]柳卫娟. 儿童敏感期心理学 [M]. 北京：中国纺织出版社，2019.

[5] 孙瑞雪. 捕捉儿童敏感期 [J]. 幼儿教育：父母孩子，2010（7）：1.

[6] 洪兰. 孩子犯了"强迫症"？可能是秩序敏感期来了 [J]. 江苏卫生保健，2022（5）：36—36.

（执笔：周津渡）

第 15 课

如何选择和使用玩具

课程简介

教学对象

0—3 岁儿童家长及其他照护者

教学目标

1. 明晰玩具的概念、分类与功能。

2. 知道如何选择 0—3 岁婴幼儿的玩具，学会利用玩具支持孩子的发展。

3. 体会玩具对 0—3 岁婴幼儿生理与心理发展的重要作用。

教学时长

90 分钟

课程框架

[实例导入]

一、玩具的概念、功能与分类

（一）玩具的概念

（二）玩具的分类

　　1.情感类玩具

　　2.感官类玩具

　　3.音乐韵律类玩具

　　4.操作益智类玩具

　　5.动作类玩具

（三）玩具的功能

　　1.娱乐功能，调动活动积极性

　　2.教育功能，促进全面发展

　　3.情感功能，满足心理需求

二、婴幼儿玩具的选择

（一）玩具选择的原则

　　1.安全性原则

　　2.娱乐性原则

　　3.年龄适应原则

　　4.教育性原则

（二）分月龄的玩具选择

　　1.0—6个月

　　2.6—12个月

　　3.1—2岁

　　4.2—3岁

三、陪伴婴幼儿使用玩具的策略

（一）高质量陪伴孩子玩玩具

    1. 当好"共玩者"

    2. 当好"陪玩者"

    3. 当好"旁观者"

    4. 当好"观察者"

（二）控制玩具的数量

（三）引导孩子养成整理玩具的习惯

（四）注重玩具的卫生与消毒

四、常见问题解答

（一）玩具真的越贵越好吗？

（二）多久给孩子购买一次新玩具？

（三）电子产品可以给 3 岁前的孩子当玩具吗？

（四）怎么引导孩子爱护玩具？

参考文献

课程内容

⚑ [实例导入]

妈妈给云云买了一大堆玩具，但是每个玩具云云都是只玩一两天就扔到角落里，不再喜欢。到底是云云"喜新厌旧"，还是妈妈没买对玩具？

叮当妈妈在宝妈群跟风买了几个网红玩具，看起来非常精美有品质，但叮当却一点也不感兴趣。到底如何选择玩具？是不是只有功能越多、颜色越漂亮，才足够吸引孩子的注意？

玩具，作为婴幼儿游戏活动中的重要工具，对孩子的生理与心理的发展具有重大影响。一个好的玩具能够发展孩子的认知思维、精细动作，不好的玩具不仅妨碍孩子能力的提升，还可能危害生命健康。随着经济条件与教育理念的提升，家长们对于玩具的重要性已有了一定的认识，但"不知道怎么给孩子挑玩具""不知道怎么陪伴孩子玩玩具"……这些依然困扰着家长。因此，有必要指导家长掌握科学挑选、正确使用玩具的方法，帮助家长选对玩具、用好玩具，让孩子们开心游戏、快乐成长。

一、玩具的概念、功能与分类

（一）玩具的概念

玩具，是指可以用来玩耍的物品。狭义的玩具，是指专门为孩子制作或购买的，用来玩耍的物品。著名儿童教育家陈鹤琴说："游戏是儿童的生命，玩具对于儿童有直接的关系，玩具不仅仅是供儿童玩笑的、快乐的，还含有科学游戏的性质。"陈鹤琴认为，对玩具应作广义的理解，而不只限于街上卖的供儿童玩的东西，但凡儿童看的、听的和触摸的东西，都可以叫作玩具。因此，从广义来讲，在孩子眼中，所有的东西都可以是玩具。玩具可以是自然物，比如沙、石、泥、树叶等，也可以是家里的小木椅、电话机、遥控器、冰箱，甚至"人"。

（二）玩具的分类

按照不同维度，可以将 0—3 岁婴幼儿的玩具分为不同种类。根据丰富的功能和不同性质的材料，可以将玩具分为感觉运动类玩具、表征玩具、建构类玩具、移行玩具；根据玩具的结构化程度，可以将其分为高结构性玩具和低结构性玩具；根据玩具自身的价值功能，可分为教育类玩具、建构类玩具、象征类玩具和运动类玩具。

根据对婴幼儿潜能的启发，市面上常见的玩具主要有以下这几类。

1. 情感类玩具

主要指用各种柔软的材料，通过填充来制成各种不同的玩具，起到对婴幼儿视觉情感培养的功能和作用。如布娃娃、牙胶、安抚巾等。

2. 感官类玩具

主要指可以刺激儿童感官，发展其视、听、嗅、触功能的玩具。如触摸球、黑白卡、布书、手摇铃、气味瓶等。

3. 音乐韵律类玩具

主要指可以通过操作发出动听音乐或节奏的玩具，可以培养孩子对音色、音量、节奏的认识，促进审美的发展。如玩具电子琴、音乐毯等。

4. 操作益智类玩具

主要指孩子动手操作玩的玩具，其主要功能是通过孩子对玩具的操作来发展其精细动作和思维能力。如积木、抓握玩具、彩色塔、简易拼图等。

5. 动作类玩具

主要指其目的在于培养孩子动作的协调发展，促进大动作能力提升的玩具。如球类玩具、健身架、摇摇马、平衡车、滑板车等。

（三）玩具的功能

玩具是陪伴儿童成长的重要伙伴，被称为儿童的"第一本教科书"。0—3岁婴幼儿处于大脑、身体和心理发展的关键时期，玩具可以促进孩子的整体发展，包括满足好奇心、激发探索事物的渴望、培养审美、锻炼精细动作等。具体来讲，其功能具有以下几点。

1. 娱乐功能，调动活动积极性

这是玩具的基本属性和基本功能。孩子的身心发展在活动中得以实现，通过自由操纵和使用玩具，满足其对于自主权、掌控权的需求，产生愉悦的情绪。同时，0—3岁婴幼儿的持续注意力不强，需要玩具具备比较高的娱乐性，以此激发孩子的活动积极性，持续在一件事上投入。例如，玩摇摇马玩具，孩子能够凭借自己的力量骑"马"，控制"马"的运动，这能让他产生积极和快乐的情绪，不会感到厌倦，能长时间地玩；玩娃娃玩具，孩子可以随意摆弄娃娃，并结合自己的生活经历，体验角色扮演带来的乐趣。

2. 教育功能，促进全面发展

孩子可以在玩具使用的过程中进行感觉器官训练、动作锻炼。玩具具有直观形象的特点，通过摸、握、听、吹、看，有利于孩子各种感觉器官的发展。例如，彩色塔、各种娃娃和玩具动物可以发展视觉；八音熊、手鼓、小巴掌等可以发展听觉；积木类玩具可以开发空间感知；不同材质的手拿玩具可以锻炼触觉；手推车、两轮车等有助于大动作的发展。玩具不仅可以丰富孩子的知觉知识，还可以发展感官和运动能力，巩固孩子在生活中获得的经验。当孩子没有广泛接触现实生活时，他可以通过玩具了解这个世界。

3. 情感功能，满足心理需求

玩具是婴幼儿最好的伙伴。0—3岁婴幼儿需要大量的陪伴时间，父母的陪伴固然重要，但由于孩子语言表达能力尚弱，父母与孩子之间有时会出现无效的沟通，在这种情况下，玩具所发挥的情感功能就显得格外重要。例如，枕边的布绒玩具能够在很大程度上增强孩子的安全感。玩具也可以作为工具，促进亲子之间进行温暖、支持性的互动，建立亲密关系。

二、婴幼儿玩具的选择

（一）玩具选择的原则

1. 安全性原则

婴幼儿对外界充满了好奇心，但能力有限，且喜欢用嘴巴啃咬物品，所以安全性是选择与采购玩具时最重要的原则。不仅要考虑尺寸、结构、强度、材料、重量等物理指标，而且还应考虑玩具的操作方法和操作过程是否安全，要确保玩具的无毒、无害，具有玩具安全检测证明。

2. 娱乐性原则

娱乐性是玩具的基本属性和功能。玩具作为孩子进行游戏、感受世界的主要工具和媒介，应当具有良好的体验感，符合孩子的兴趣爱好，满足其活动需求，以此给孩子带来愉悦。

3. 年龄适应原则

0—3 岁是孩子身心各项能力快速发展的阶段，包括感知觉、思维、动作，且遵循一定规律进行发展。因此，家长应选购适合孩子当下能力水平的玩具。例如，玩具的手柄尺寸需符合孩子的手掌大小、抓握能力。

4. 教育性原则

教育功能是玩具的主要功能之一。家长应在符合孩子年龄发展的基础上，选择让孩子边玩边学的玩具。例如，多样化的操作益智类玩具会促进婴幼儿的动手、动脑能力，提升问题解决能力，促进智力及身心的全面发展。

（二）分月龄的玩具选择

1.0—6 个月

在生命最初的几个月里，孩子的视力还没发育完全，视线模糊，他们喜欢看人脸和鲜艳的物品，喜欢微笑；开始更多地移动头部，并可以倾斜脖子，把头转向声音来源；可以抓住物品，并开始前后转动身体；喜欢把东西放进嘴里。具有以下特征的玩具较为适合该年龄段的孩子。

（1）牢固的镜子：提高对面部和物体的聚焦度，促进社交和语言发展。

（2）母亲用自己的声音录的故事、歌曲：刺激听觉，刺激婴儿发声。

（3）音乐类玩具：如摇铃、拨浪鼓，促进手指抓握能力，锻炼听力。

（4）彩色地板游戏垫：发展手臂、腿部大肌肉力量。

［游戏］听听哪里有声音（2—4 个月）

游戏目的：刺激孩子听觉感知的发展，帮助其发展对不同方位声音的辨别能力。

游戏准备：摇铃。

游戏玩法：

①孩子靠坐在家长身上，家长在孩子耳旁约30厘米处，轻轻摇动摇铃发出声响，吸引孩子转头寻找声源。

②变换摇铃的声音，让摇铃在不同的位置发出声响，鼓励孩子练习快速准确地寻找的技能。

游戏建议：

刚开始孩子还找不准时，家长可以边摇动摇铃边使其移入孩子的视野，然后再移出视野，帮他理解这个游戏；熟练之后，可以让摇铃在两个方向交替发出声响，以增加游戏的乐趣。

2.6—12个月

该年龄段的孩子开始练习坐立、爬行、站立、行走等大动作，能长时间坐着，可以用手抓东西。能听懂自己的名字和其他常用词，能识别部分身体部位，能找到隐藏的物体，能把东西放进和取出容器，喜欢"吃玩具"。具有以下特征的玩具较为适合该年龄段的孩子。

（1）建构类玩具：如大块积木，锻炼精细动作、手眼协调。

（2）可拖拉、抛扔的玩具：如小推车、小球，锻炼大肌肉，练习坐、爬、站立、行走等动作。

（3）柔软、可洗、五颜六色的毛绒玩具：如小动物玩偶、人物玩偶，发展语言、认知能力，可促进早期角色扮演游戏的出现。

（4）音乐互动类玩具：如音乐盒，给予视听刺激，锻炼手眼协调。

[游戏] 小兔子不见啦（9—12个月）

游戏目的：促进孩子理解"客体永久性"的概念，缓解孩子产生的分离焦虑，增进亲子关系。

游戏准备：纱巾、小兔子玩偶。

游戏玩法：

①孩子坐在床上或安全的椅子上，家长在孩子对面用纱巾蒙住自己的脸，呼唤孩子，然后突然拉下纱巾，并兴奋地说："喏，我在这里。"重复几次。

②家长用纱巾蒙住小兔子，问："咦，小兔子去哪里啦？"然后突然拉下纱巾，并高兴地说"喏，小兔子在这里。"重复几次。

③当孩子适应和喜欢这个游戏之后，家长可试着用纱巾遮住孩子的头继续玩，还可以鼓励孩子主动躲起来玩。

3.1—2岁

1—2岁幼儿基本可以稳定地走路甚至爬楼梯，且爱奔跑；知道如何使用眼睛和手，手眼协调能力增强；喜欢打开盒子、拿起杯子，喜欢用一只手同时另一只手做其他活动；喜欢听故事，语言表达能力快速发展；可以和其他孩子一起玩，但更多的还是玩平行游戏，各玩各的，基本没有交流；喜欢尝试和探索新事物，需要成年人保护他们的安全。具有以下特征的玩具较为适合该年龄段的孩子。

（1）动手类益智玩具：如堆叠环、大钉板，以及带有功能部件的玩具（如表盘、开关、旋钮、盖子），发展手眼协调，理解大小关系。

（2）假装游戏玩具：如玩具电话、娃娃和娃娃床、婴儿和婴儿车，发展模仿和想象能力。

（3）动作类玩具：如大大小小的球，促进动作发展，锻炼肌肉。

（4）建构类玩具：如不同形状的积木，促进手部动作发展，发展空间概念。

[游戏]滚球（1岁以上）

游戏目的：让孩子感受球滚动的速度和方向，促进其对物体运动的理解，同时培养孩子的手眼协调能力。

游戏准备：和孩子脑袋大小差不多的球，一块空地。

游戏玩法：

①家长坐在离孩子一两步远的地方，轻轻将球滚到孩子脚边。

②鼓励孩子把球往家长的方向滚回来，家长正好接住。等孩子熟练后，家长慢慢增加与孩子的距离。

③对1岁半以后的孩子，家长可以试着将球轻柔地弹给孩子，再让他弹回来。

4.2—3岁

2—3岁幼儿的游戏更具目的性，他们将更爱玩角色扮演类游戏；肌肉动作有了一定的发展，可以用双脚推拉玩具，如玩三轮车或平衡自行车。具有以下特征的玩具较为适合该年龄段的孩子。

（1）假装游戏玩具：如玩具电话、娃娃和娃娃床、婴儿和婴儿车、化装配饰（围巾、钱包）、木偶、填充玩具、塑料动物，以及塑料和木制的"逼真"交通工具、毛绒玩具。

（2）骑行类玩具：如骑乘玩具，三轮车和平衡自行车等，发展大肌肉，锻炼平衡能力。

（3）运动类玩具：如呼啦圈，发展运动协调能力。

（4）简易乐器：如玩具钢琴、手敲琴等，可以培养乐感，锻炼手眼协调。

（5）建构类玩具：如雪花片，发展空间认知、形状知觉。

（6）基础智力玩具：如拼图，发展逻辑思维能力和认知能力。

［游戏］猜水果（2岁半）

游戏目的：学习记忆水果名称，增加孩子的词汇量，促进孩子短时记忆、观察力的发展。

游戏准备：常见水果的图卡（苹果、橘子、梨等），水果。

游戏玩法：

①家长和孩子一起看一看水果卡片，了解和巩固不同水果的名称。

②孩子需要记住眼前的水果，家长把孩子的眼睛蒙上。

③家长拿走一张卡片，让孩子再看看剩下的卡片，猜猜拿走的是什么水果。

④游戏结束，可以和孩子一起品尝爱吃的水果。

三、陪伴婴幼儿使用玩具的策略

（一）高质量陪伴孩子玩玩具

1. 当好"共玩者"

家长要全心全意地与孩子一起玩玩具，进行积极回应与互动，切忌一心二用。陪孩子玩之前，应处理好事情，全身心投入陪伴孩子玩玩具的过程中，让孩子感受到关注。不要一边看手机，一边陪孩子玩，长此以往，一方面会让孩子觉得不被尊重，另一方面，孩子也会模仿家长做事三心二意，无法全神贯注。

2. 当好"陪玩者"

孩子是玩玩具的主角。孩子应是主导者，家长是陪玩者，家长只需跟随、参与、适当引导即可。当孩子不会玩或不爱玩时，家长应避免对孩子进行说教和批评。如果孩子不会玩，家长就应做好示范，分解玩的步骤，耐心细致地指导孩子如何玩；当孩子不爱玩，就应听从"主角"的选择。

3. 当好"旁观者"

当孩子非常专注于玩玩具时，家长不要随意打扰孩子，只要安静陪同、默默注视，做一个安分的旁观者。

4. 当好"观察者"

家长要敏感地观察到孩子的动作、声音、面部表情、手势等，及时注意到他发出的信号。也要关注孩子的兴趣是什么，哪方面的能力比较好，哪方面的能力不足，有哪些优点和缺点。家长可以根据孩子的特点和兴趣，因势利导，因材施教。

在陪孩子玩玩具的时候，家长要学会享受和孩子在一起的过程，享受陪"玩"带来的乐趣和幸福感，建立温暖的、充满爱的亲子关系。

（二）控制玩具的数量

[案例]玩具太多了

康康家里有好几大箱玩具，每天他都会把玩具全部倒出来，在客厅里左手拿一个，右手握一个，地上还堆着一大堆，每次一个玩具玩不了几分钟，又去找另一个玩，每天都玩得非常兴奋。

美国托莱多大学的一个研究小组发现，当环境中提供的玩具越少时，幼儿会用单个玩具进行更长时间的玩耍，更有利于集中精力进行探索和更有创意地玩耍。当孩子身边有太多玩具时，他可以随手拿到不同的玩具，在换玩具的过程中注意力也在不停转换，这不利于专注力的发展。同时，由于婴幼儿的情绪管理能力较弱，在注意力转移的过程中，会导致情绪情感无法稳定。此外，孩子身边同时放置很多玩具，也可能导致孩子不珍惜物品。

因此，在孩子玩玩具时，家长可以每次只提供1—2个（套）玩具，孩子玩好后收好，再换另一个（套）玩具来玩。家庭成员之间也要形成理念的一致性，切忌在孩子玩玩具时，突然有其他家庭成员用另外的玩具来吸引孩子注意。

（三）引导孩子养成整理玩具的习惯

[案例]收玩具

优优每次玩玩具，都玩得可开心了。可是每次玩好玩具，他都把玩具丢了一地就离开了。为了培养他自己收拾玩具的习惯，父母尝试过奖励糖果，也责骂过他，但他软硬不吃，就是不改。到底要怎么引导他呢？

在引导孩子收玩具时，家长需要注意几点：一是无论家庭空间大小，都要设置玩具收纳区域，有专门的柜子，让孩子习惯在一个地方拿玩具和放回玩具；二是家长可以和孩子一起商量决定玩具收纳区域，并设置在比较低的地方，让孩子可以凭借自己的能力整理和拿取玩具，让孩子对这一区域具有责任感、归属感与掌握感；三是家长需指导孩子如何摆放玩具，将玩具进行分类整理，如给不同的收纳盒贴标签等；四是家长应以身作则，不能因为溺爱而过度包办，同时家中的其他物品也应有合理规划，不可随处摆放，给孩子树立榜样；五是在孩子完成玩具整理工作时，要及时给予表扬鼓励，增强孩子的自我价值感，强化巩固孩子好的行为。

[游戏] 送玩具宝宝回家（2—3岁）

游戏目的：学习物品归类，培养孩子的观察力和整理玩具的良好习惯。

游戏准备：不同玩具，方形收纳盒，标签。

游戏玩法：

①家长和孩子一起在收纳盒上贴上不同颜色的标签，将孩子的玩具藏到客厅里的各个地方。

②家长和孩子一起寻找"迷路"的玩具。

③找到后，和孩子一起说出玩具的颜色，并引导孩子按照颜色将玩具放入不同的收纳盒中。

④家长可以故意放错几个玩具，让孩子发现并重新送玩具回家。

（四）注重玩具的卫生与消毒

有的孩子有咬玩具行为，更多的孩子会玩好玩具后用手拿东西吃。如果没有经常给玩具消毒，容易导致细菌直接入口，带来卫生隐患。定期对玩具进行消毒、清洗，可以有效预防疾病。毛绒玩具应定期进行清洗，在最后一次漂洗时，可以在水中加入少许食醋，中和残留在玩具内的碱性洗衣粉，防止孩子接触后引起皮肤过敏。塑料和木质玩具可以经常用清水冲洗，除去灰尘。对于一些不能擦拭的玩具，如纸类玩具、收纳盒等要常放到阳光下晒一晒，进行消毒。

四、常见问题解答

（一）玩具真的越贵越好吗?

[案例]五花八门的玩具

现在市面上的玩具五花八门，价格也高低不一。宝爸宝妈群里都在说要买品牌，推荐的都是价格不菲的玩具。可是玩具真的越贵越好吗? 成人眼里的"高品质玩具"，真的是孩子心中的"高品质玩具"吗?

玩具不一定是越贵越好，玩具品质的高低，不能单纯用价格来衡量。家长选购玩具常常受家长之间的推荐、售货员的推销和孩子的一时冲动的影响，实际上很多家长不知道如何贴合婴幼儿的阶段性发展特点购买玩具。

在孩子看来，玩具不一定非要是"高大上"的，一张纸、一支笔也可以是他喜爱的玩具，能让他开心地玩很久。家长应对玩具有正确的认识，不能把目光仅仅局限于玩具的价格和外表，不能看到别人家孩子有这样的玩具就一定要给自己的孩子买，要兼顾玩具的娱乐性、安全性和教育性，挑选适合自己孩子的玩具。

家长应和孩子一起发挥想象力自制玩具，有时最简单的玩具可能才是最好的，因为它为孩子提供了创造机会。在制作的过程中，家长和孩子一起拓展玩具的玩法，一起探索和解决问题，并在这个过程中激发孩子的想象力，增进亲子关系。

（二）多久给孩子购买一次新玩具？

［案例］喜新厌旧

悠悠对于新买来的玩具有着很浓厚的兴趣，经常会拿出来玩，很是开心。但后来，随着时间的推移，悠悠对于新买玩具的兴趣就慢慢减退了，一会儿玩这个玩具，一会儿玩另一个玩具，玩一会儿就都不想玩了。

像悠悠这样的情况很多，很多孩子对待玩具总是喜新厌旧，每个玩具的使用度都很低，新玩具买来玩不了多久就在角落积灰了，家长就会给孩子购买新的玩具。

家长可以根据家庭的实际情况有计划地为孩子购买适合成长阶段的学习性玩具，同时也在合适的场景和时间给孩子购买纯玩类玩具。对于大部分家庭来说，孩子拥有的玩具总数都是大于孩子需求的。从孩子出生后，家长和亲朋好友都会为孩子购置新玩具，所以孩子的玩具数量不断攀升，但大部分家庭都会出现玩具使用率不高、闲置玩具堆积等问题。

如何提高孩子对于玩具的使用率？一是控制给玩具的数量。当家长一次性投放玩具的数量较多时，容易导致孩子对待玩具的态度不稳定，对于每一种玩具的兴趣保持时间缩短，甚至出现破坏玩具的行为等问题。二是"一物多玩"。家长可以陪孩子一起探索一个玩具的多种玩法，还可把几种玩具组合起来玩，激发孩子的兴趣。

（三）电子产品可以给 3 岁前的孩子当玩具吗？

［案例］沉迷手机的双双

双双 3 岁了，爸爸妈妈因为工作比较忙，就把他交给爷爷奶奶带。爷爷奶奶为了让孙子安静，常常给他手机玩游戏、看短视频。双双变得沉迷起来，原来喜欢的玩具和书也慢慢不感兴趣了，只有游戏和动画片可以吸引他。

国家卫生健康委办公厅《关于印发防控儿童青少年近视核心知识十条的通

知》，要求"0—3 岁婴幼儿不使用手机、平板、电脑等视屏类电子产品；3—6 岁幼儿尽量避免其接触和使用手机、平板、电脑等视屏类电子产品"。因此，家长应尽量避免 3 岁前的孩子接触电子产品，千万不要把电子产品作为孩子的"电子保姆"。当孩子接触电子玩具时，往往会被绚丽的画面和动听的音效所吸引，孩子的自控力发展还相对较弱，对于这样的诱惑无法抗拒。因此，家长应负起责任，丰富家庭生活，多带孩子阅读、运动，多带孩子去大自然，提供机会让孩子多与人互动，脱离对电子产品的依赖。

面对已经表现出对手机有依赖的孩子，家长需要逐步控制孩子的电子产品使用时间，多抽出时间陪伴孩子，与孩子进行互动交流，让孩子逐渐从电子设备中脱离出来，将注意力转移到与成人、同伴的互动中。

（四）怎么引导孩子爱护玩具？

[案例]小宝的新礼物

2 岁的小宝收到了阿姨叔叔送的新礼物——一个彩色的鸭子玩偶。他兴奋地把鸭子抱进怀里，但又迅速把它摔到地上。接着，他觉得这还不够，他又用力扭曲鸭子的脖子，使劲拉扯鸭子的小脚……

0—3 岁的孩子正处于各项能力的发展阶段，包括扔、拍等大动作的发展，再加上孩子的好奇心强烈，他会为了满足自己的好奇心而使用各种各样的办法来探索周围的事物，玩具也不例外。所以大部分孩子都会在这个阶段出现敲、砸、扔玩具的行为。其实，他们并不是在"调皮"或"故意作对"，而是在摸索玩具的原理和玩法，用自己的方法探索世界。

家长要先弄清楚孩子每一次扔玩具背后的原因，然后温和且坚定地制止孩子的行为，带着包容的心态去和孩子进行沟通。例如，可以运用孩子的认知特点，将玩具拟人化，告诉孩子若不保护好玩具，玩具也会疼痛，也会伤心落泪，引导孩子在和玩具交流的过程中不伤害对方，与他人维持良好的关系，为日后同伴交往能力发展打下基础。

参考文献

[1]北京市教育研究所编.陈鹤琴全集（第1卷）[M].南京：江苏教育出版社，1987.

[2]袁霓.家庭中幼儿玩具的选购和使用现状调查[D].兰州：西北师范大学，2019.

[3]韩娜.基于动作发展学的婴幼儿玩具的设计与开发[D].武汉：湖北工业大学，2018.

[4]钱国英，杜媛，杨丝婕.婴幼儿身心发展特点在益智玩具设计中的应用[J].包装工程，2020，41（10）：37-41.

[5]SIMPSON C. Adapting and Modifying Toys for Children with Special Needs[J]. Child Care，2003（8）：9.

[6]季又君.基于教育功能的学前婴幼儿玩具设计研究[D].昆明：昆明理工大学，2009.

[7]丁海东.学前游戏论[M].济南：山东人民出版社，2001.

[8]DAUCH C，IMWALLE M，OCASIO B，METZ A E. The Influence of the Number of Toys in the Environment on Toddlers' play[J]. Infant Behavior and Development，2018，50：78-87.

[9]张查玉，石保磊，陈乾，等.幼儿家庭玩具选择和使用问题的研究——以商丘市为例[J].教育观察，2020，9（12）：137-139.

[10]黄晶.银川市0—3岁婴幼儿家庭玩具选择与使用的现状调查研究[J].大众标准化，2021，346（11）：92-94.

[11]HEALEY A，MENDELSOHN A. Selecting Appropriate Toys for Young Children in the Digital Era [J]. Pediatrics，2019，143（1）：e20183348.

（执笔：郑佳欣）

第 16 课

如何开启亲子阅读之旅

课程简介

教学对象

0—3 岁儿童家长及其他照护者

教学目标

1. 体会亲子阅读的重要性和意义，感受亲子阅读的美好。

2. 认识亲子阅读，了解亲子阅读中的常见问题及形成原因。

3. 学习和掌握有效亲子阅读的策略，开展科学亲子阅读。

教学时长

90 分钟

课程框架

四、亲子阅读常见问题

参考文献

课程内容

≜ [实例导入]

1岁多的苗苗看到邻居姐姐在看书很好奇，总是凑过去瞧一瞧，有时候会拿出手指点一点，嘴里还叽里呱啦的。妈妈看到了，笑嘻嘻地说："哎呀，你这么小，又不认识字，不要打扰姐姐看书了。"说完就把她抱走了。

孩子这么小，能阅读吗？这么早开始阅读有意义吗？怎么带孩子阅读才是合适的方式？

一、0—3岁亲子阅读的概念和意义

（一）亲子阅读的概念

亲子阅读是指家长与孩子以阅读素材为载体，家长通过各种生动有趣的方式将阅读内容表达出来，帮助孩子理解阅读内容、激发阅读兴趣、培养良好阅读习惯的一种阅读活动。

0—3岁亲子阅读包含四个重要元素，一是阅读对象：孩子和家长一起；二是阅读材料：适合孩子实际发展年龄的读物，0—3岁的阅读材料以图文融合，甚至无字的图画书、认知卡等为主；三是阅读方式：形式多样的亲子互动式阅读，如情景演绎、角色扮演、儿歌吟唱、游戏等；四是阅读目的：增进孩子的阅读兴趣，培养良好的阅读习惯，密切亲子关系，提升孩子语言理解，促进口语表达、情绪理解等能力发展。

（二）亲子阅读对孩子心理发展的重要意义

0—3岁亲子阅读作用广泛，不仅仅在家长比较关注的阅读能力提升上，更对孩子的心理发展有重大意义，体现在语言、认知、社会性发展等方面。

1.亲子阅读促进孩子语言和认知发展

（1）亲子阅读促进孩子口头语言和书面语言发展

3岁前的亲子阅读，家长需要对阅读材料进行大量解释、补充，既有丰富的口头语言交流，又有书面语言欣赏。通过亲子阅读，增加孩子接触语言的广度，给予孩子更多口语表达的机会，提高其语言学习的吸纳度。

（2）亲子阅读促进孩子认知发展

亲子阅读中，孩子接收大量文字和图画，这些内容是日常生活的补充和延伸，既增长孩子见识，又促进其视觉形象发展。当阅读量逐步加大，孩子自身的阅读经验也积累起来，阅读能力也逐步提升。

2. 亲子阅读促进孩子社会性发展

（1）亲子阅读促进孩子情感发展

3 岁前孩子的活动范围、活动内容受限，生活体验相对简单，认知卡、绘本、撕撕书、洗澡书等丰富多彩的阅读材料既是一种玩具，也可以带给孩子不同的认知感受。例如绘本，文图相得益彰，既有形象生动的图片，也有情感细腻的故事；其主题丰富多样，既有快乐与温暖的，也有涉及恐惧、悲伤、死亡等方面的。通过阅读绘本，孩子投入全身心的情感，调动相应情绪，唤起情感共鸣，逐步培养起自身充分的感受力。此外，孩子也可以通过绘本故事中的人物学习识别不同表情，为下一步发展情绪理解能力做好准备。

（2）亲子阅读促进亲子关系发展

就阅读形式而言，阅读是一种双向的互动，阅读材料充当了交流的载体，参与阅读的亲子双方融入阅读活动中，孩子在父母的怀抱中聆听故事，不仅有语言交流，还有肢体碰触。孩子经常有机会依偎在父母温暖的怀抱中，有利于建立良好的亲子关系，有助于孩子安全感的建立，为其同伴关系、亲密关系等其他社会关系发展打下坚实的基础。

二、0—3 岁亲子阅读存在问题及分析

据《浙江省未成年人阅读状况调查（2019—2020）》数据，家长对儿童早期阅读行为持赞成态度的占 97.6%，显示出家长对亲子阅读越来越重视。但是总体上，0—3 岁孩子的亲子阅读仍然存在一些问题。

（一）对亲子阅读的认知偏差

1. 亲子阅读是为了识字学知识

调查发现，在家长引导儿童进行阅读的目的方面，有61.4%的家长选择了"帮助孩子识字、学数"，认为孩子识字多了，上学读书就容易了。过去很多家长用字卡教识字，现在很多家长给孩子买形形色色的图画书，让孩子通过图画书阅读识字，学习知识。然而，从识字这一目的出发，亲子阅读容易让幼小孩童对阅读产生反感，很难培养其阅读兴趣，也让图画书失去原本的美学价值。

2. 亲子阅读太早开始无价值

3岁前孩子好动、注意力集中时间短，有的家长觉得孩子太小、坐不住，带他读书也没用，书都被撕破，还不如玩玩具，等大一点再开始阅读。还有的家长认为，这么小的孩子又不识字，读了半天孩子也不知道在读什么，没必要这么早开始阅读。

3. 父亲角色在亲子阅读中缺位

有调查发现，父亲参与亲子阅读的比例大概只有20%，而且参与频率不高，其中有一半的父亲参与亲子阅读是每周一次。分析这种情况产生的原因，一方面是出于中国的传统观念，母亲主要负责照顾孩子，父亲则以工作赚钱为主要职责，对家庭投入的时间少，导致一部分父亲忽视自己在养育孩子上的重要性。另一方面是很多父亲认为孩子太小，自己不会带不会教，母亲更适合管孩子。

（二）亲子阅读的准备不足

基于亲子阅读的要素，亲子阅读的准备应包括阅读环境和阅读材料，很多家庭存在亲子阅读准备不充分的现象。

1. 缺乏适宜的阅读环境

阅读环境既包括物质环境的创设，如阅读时间和地点的选择、阅读空间的布置；也包括心理环境的营造，如亲子双方愉悦的心情。有的家长对阅读环境缺少了解，认为孩子年龄小，活动随意，亲子阅读的时间、地点不固定，可以是家中或者户外的任一地点，孩子醒着的任一时间段，具有较大的随意性。有时候家长没有做好亲子阅读的情绪准备，孩子拿着书找上来，就敷衍地开启亲子阅读。

2. 盲目选取阅读材料

在阅读材料上，大多数家长倾向于选择绘本，然后是童话/儿歌类图书、游戏益智类图书，也有较多家长选择《唐诗三百首》《三字经》等中国传统文化类图书，选择期刊的较少。在家长为孩子购买图书的原则方面，有 36.4% 的家长选择"认为重要、对孩子有用就买，不管孩子喜不喜欢"，有 37.7% 选择了"媒体/知名人士推荐的就买""按照获奖书目/畅销书榜买"，这说明家长存在几种较盲目的选择图书方式：一是依据家长个人兴趣进行选择；二是忽视孩子身心发展特点和兴趣爱好进行选择；三是通过他人、网络等介绍，跟风选择。

（三）亲子阅读过程中的困境

1. 孩子对亲子阅读缺乏兴趣

很多家长苦恼，自己很重视亲子阅读，为亲子阅读做很多准备，买阅读材料、布置房间，但总无法吸引孩子参与阅读，常常才打开书，孩子就已经跑远了。为了要孩子一起阅读，也采取过威逼利诱的手段，结果孩子越来越讨厌阅读。

2. 亲子阅读系统性规划缺失

很多家庭亲子阅读随意性大，缺少定期阅读意识，更不会做阅读计划，做计划并能坚持下来的就更少。缺少规划，孩子的阅读断断续续，没有好的阅读效果，导致有的家庭看起来有亲子阅读，但是跟其他亲子阅读少的家庭没有明显差别。

3. 亲子阅读引导策略不足

家长在带领 0—3 岁孩子阅读时，根据经验来引导孩子，缺乏策略，容易出现的问题有：家长占据主导地位，孩子在强迫下进行阅读；阅读方法单调乏味，孩子失去读书的乐趣；家长没有及时、恰当、耐心解答孩子的问题，敷衍的态度让孩子体验不到阅读的快乐。

三、0—3 岁亲子阅读的指导策略

0—3 岁的亲子阅读，需要家长根据孩子身心发展特点、阅读水平等选择阅读材料，运用一定的技巧培养孩子的阅读兴趣，制订阅读计划，帮助孩子养成阅读习惯，保持持续状态，进行有效、有益的亲子阅读。

（一）树立科学阅读观

1.正确认识0—3岁亲子阅读的价值

家长要增强对早期亲子阅读意义和价值的认知，早期的亲子阅读对儿童发展具有重大意义。一是亲子阅读帮助孩子建立与父母的联结，养成亲密的亲子关系。早期的亲子阅读，提供了父母与孩子身、心、灵的相互联结，对处于安全依恋关键期的儿童来说至关重要。二是亲子阅读帮助孩子建立与图书的联结，培养阅读的良好习惯。早期的亲子阅读，提供孩子亲近图书的机会，让孩子喜欢阅读，愿意阅读，培养孩子浓厚的阅读兴趣，形成良好的阅读习惯。三是亲子阅读帮助孩子建立与认知的联结，促进其认知能力的发展。亲子阅读时，孩子需要看、听、记、想以及语言交流，调动认知加工系统，这些活动有助于孩子记忆力、注意力、想象力等各方面能力的提升。

2.亲子阅读越早开始越好

孩子和书籍的接触过程，基本遵循这样的规律：3—6个月能通过触觉感知玩具书、触摸书、布书、洗澡书等，产生对书的兴趣和好奇心；5—6个月会用咬书、抓拍书及撕书等方式来研究书本；9个月能用手指翻书；14个月的时候，能够看图指物；1岁半后，孩子的语言进入飞速发展的阶段，能说出图上的东西。2岁前是孩子语言发展关键期，孩子对语言的直觉始于对语音的反应，尽早给其阅读书籍，可以丰富他的听力刺激，为语言发展做好准备。

想要培养孩子阅读兴趣、养成阅读习惯、提高阅读能力，就要从小开始带着孩子一起亲子阅读。有的家长在孩子小的时候认为他看不懂书，孩子长大后又担忧孩子不爱看书，把"看书去"挂在嘴边，却不知已错过了婴幼儿时期培养孩子阅读兴趣的好时机，所以越早开始亲子阅读越好。

3.父亲在亲子阅读中的作用无可替代

孩子年幼的时候，很多父亲会觉得不知如何与孩子互动，其实亲子阅读就是帮助父亲实现与孩子良好沟通的媒介。当与孩子共读富有情感的图书时，孩子能感受到父亲温柔的一面，促进父子感情。在阅读过程中，父亲也能从不同的视角解读书中的角色，如狮子、老虎等动物形象，展现男性的力量感和正义感，其独特的角色体验和幽默风趣的语言动作会增加孩子的阅读兴趣，丰富亲子阅读的内涵，增加父亲进行亲子互动的信心，激励父亲投入更多的精力在孩子养育上。

[案例]爸爸讲故事

怀怀妈妈很注重亲子阅读，怀怀不到 1 岁时就坚持给他读书。怀怀也喜欢听妈妈给他讲故事，每次都安安静静坐着听。如果爸爸在家，怀怀更愿意找爸爸讲故事。父子俩都是一边讲故事一边玩玩闹闹。比如爸爸讲《西游记》故事时，会模仿孙悟空的动作和神态，带着怀怀这只"小猴子"在家里上蹿下跳。怀怀开心得哈哈大笑。

（二）做好亲子阅读准备

1. 创设适宜的阅读环境

（1）创设良好的物质环境是开启亲子阅读的前提

首先，要有合适的阅读时间。3 岁前孩子正处于秩序敏感期，固定的秩序、程序会带来安全感。因此，亲子共读最好有固定仪式，每天固定时间、地点，让亲子阅读像一日三餐、睡觉一样成为习惯。具体时间选择上，孩子睡前、饭后容易固定。除了固定时间，也可以增加随机阅读，比如孩子正好在摆弄图书，家长可以趁机开启亲子阅读。阅读时长上也尽量宽松，留给孩子更多表达的时间。

其次，选择合适的阅读地点。应在固定的、熟悉的、安静的阅读场所进行亲子阅读，保证光线充足，外界干扰较少，如孩子的卧室小床、书房、阅读角等，形成规律性活动。然后准备舒适、适宜的阅读设施，如柔软的坐垫、适合孩子身高的桌椅、能随手可取到书的书架、布艺软垫等，整体充满童趣又不花哨。

最后，打造"书的世界"。除了固定阅读地点，孩子常会停留的某些角落也都可以放上书，提升孩子与书本接触的概率。在图书摆放的时候，最好将书平放，孩子能一眼看到封面，并且隔一段时间更新摆放的图书，既满足孩子喜欢重复阅读的特点，又能扩大阅读范围。

（2）创设温暖的心理环境是有效开展亲子阅读的保障

首先，保证开启亲子阅读的双方情绪良好。家长轻松愉快地带领孩子阅读，让他感受温暖的阅读氛围，让孩子在阅读中获得爱与关注。当家长工作比较忙时，可以和孩子说明，获得孩子的理解，并和孩子约定下一次亲子阅读的时间。

其次，家长可以帮助孩子建立"爸爸妈妈爱阅读，我也爱阅读"的认知。观察与模仿是3岁前孩子最重要的学习方式，父母以身作则，热爱阅读，孩子会模仿，他的心里从小就播下我和爸爸妈妈一样爱看书的种子。

[案例]等一会儿再陪你读书

小美最近很着迷"鼠小弟"系列图书，只要妈妈下班回家，小美就会拿着书找妈妈讲故事。有时候妈妈在公司被客户烦到头疼，刚回到家小美马上就扑上来了，妈妈身心俱疲。

有一次，妈妈抱着小美说："妈妈现在有点累，让妈妈先休息一下。奶奶带你玩一会儿娃娃，妈妈再来陪你讲故事，好吗？"小美同意了。吃了晚饭，小美又来找妈妈。妈妈愉快地抱起小美："哎呀，这不是可爱的鼠小妹来了吗？快来看看，今天要讲哪个故事呢？"小美选了一本书和妈妈一起读得津津有味。

在这个案例中，妈妈没有因为小美的要求，不顾自己的疲惫就马上开启亲子阅读，而是选择先调整好情绪，做好心理准备再进行，这样的亲子阅读才更有益。

2. 动态选择适宜的阅读材料

亲子阅读材料的选择，应结合孩子所处年龄段的认知特点以及心理发展水平，把握两个动态原则：一是孩子生理年龄和实际发展水平的动态差异，从孩子实际发展水平来选择；二是孩子阅读能力和阅读兴趣的动态差异，以阅读兴趣为主，阅读能力为辅来选择。

（1）0—1岁孩子

1岁内孩子每天发育变化很快，先发展听觉，再发展视觉。孩子刚出生，在区分蓝色、绿色、黄色和白色上存在困难，到4个月左右能分辨所有的基本色。所以，刚出生的孩子，家长可以提供一些悦耳的音乐、儿歌，且用温柔的语言与孩子交流刺激其听觉。在图书的选择上，先选择黑白对比设计的图书或黑白条纹的大卡片，之后增加红绿色、蓝色的卡片来刺激视觉发展。6 个月以后，可以选择背景简单、写实单一、形象突出、色彩鲜艳的图书，图书材质上可以选择书页厚、书角呈大圆弧的纸板书，或容易清洗耐用的布书等，不同程度满足孩子这个阶段咬、撕、拉、扔的需求。这个时期的材料主要作为增加孩子语言体验的视觉素材。

（2）1—2 岁孩子

这个阶段个体差异大，可以因孩子而异，选取适合的读物。从图书内容上来看，有以下两类图书可以选择。

①生活类图书：结合孩子的日常生活经验，把孩子吃饭、上厕所、尿床、刷牙、收拾玩具等等生活常规拟人化融入小动物的故事中，既教会孩子一些日常规则，也充分体验到趣味性。

②认知类图书：即由生活中常见的事件创编出的简单故事，如去做客、过马路、庆祝生日等，以小动物的可爱形象讲述生活中的小故事，既能满足孩子这一时期的认知需求，也培养了对阅读的兴趣。

另外，有趣的童谣、儿歌，因文字押韵、节奏明快，也适合这个年龄段孩子接触，父母可以结合图片给孩子读一读，从而激发孩子的阅读兴趣。

（3）2—3 岁孩子

这个阶段孩子好奇心强，自我意识开始发展。亲子阅读的目标就是让孩子接受各种与书面语言有关的信息，产生对语言文字的敏感性，增强对文字的感受力，使他成为积极有效的阅读学习者。家长可根据孩子的偏好选择不同种类的阅读材料，如关于生活技能的故事、寓言，也可以加入一些抽象的概念，如分类颜色、形状、空间等方面的图书。选择图书特别要注意文本的语言魅力和插画水平，一本好书，会带给人充实和感动，不仅孩子可以感受到，大人亦如此。

另外，该年龄孩子可能要求反复阅读一本书，甚至重复 1 岁前图片式的图书，这是孩子心理需求的体现，家长应先顺应，再适当推出新材料。

（三）陪伴孩子亲子阅读

1. 激发孩子的阅读兴趣

有些孩子很快就喜欢上亲子阅读，有些孩子却迟迟不愿意亲子阅读。这时候家长除了做好阅读准备，还需要运用策略去激发孩子的阅读兴趣。孩子阅读兴趣培养是一项长期工程，用心坚持是关键，家长需要坚持长期陪伴阅读，才能让孩子渐渐体验到阅读的乐趣。身体力行也很重要，孩子不愿意参与阅读，家长可以利用角色扮演、声音模仿、邀请孩子参与等方式引起孩子的兴趣。如果孩子不回应，家长可以自己唱"独角戏"，在孩子能听到能看到的范围内，愉快地把故事讲完。坚持一段时间，孩子就会被生动的故事、有趣的语言打动，主动参与到亲子阅读中来。

2. 制订恰当的阅读计划

家长必须明确亲子阅读目的，再根据孩子的个体差异、兴趣爱好、年龄特点、已有经验等，量身定制阅读计划。计划涉及阅读的材料、时间、地点、进程等。计划可以是长期或短期的。长期阅读计划，如这半年想陪孩子阅读哪些书，希望孩子每天有多长的亲子阅读时间等。短期阅读计划，如孩子最近正在培养哪方面的生活习惯，就选择相关主题的图书，确定哪些时间点来阅读、时间多长等。或者准备带孩子外出度假时，提前计划好带哪几本与活动内容相关的图书一起阅读。当然，孩子年龄小，计划可以根据实际情况进行灵活调整。

（四）灵活运用互动式阅读

互动式阅读是亲子阅读的主要方式，家长只有了解不同年龄段孩子的认知及语言发展程度，采取不同的亲子互动方式，才能获得较好的效果。

1. 不同年龄段的互动方式

（1）0—1 岁孩子

该年龄段孩子处于发音练习期，亲子阅读中的互动主要由家长发起，以"婴儿指、家长说"的形式为主。家长认真观察，找准孩子的需求并及时回应，阅读方式上注意声音和节奏的变化，也可以结合一定的动作来进行。

[案例]我也有牙齿

妈妈和11个月的格格一起读《小熊宝宝》。每次读到刷牙的时候，格格就会指自己刚长出来的小牙，妈妈马上说："对，小熊宝宝有牙齿，格格也有牙齿。妈妈的牙齿呢？"格格指指妈妈的牙齿，妈妈接着说："格格真厉害，找到妈妈的牙齿了。那我们和小熊一起刷刷牙吧！""刷刷刷，格格要刷牙！"妈妈一边念着，格格一边用手指戳来戳去，咯咯大笑。

（2）1—2岁孩子

该年龄段孩子处于语言积累期，大多数孩子已经开始说电报式语句，模仿家长说话，并且出现自主取书、翻书、放书的动作，指点图画书中的画面。家长可以用简洁的口语配合夸张的动作、表情和孩子互动。

[案例]不见了

19个月的圈圈爱玩躲猫猫。他喜欢让妈妈给他讲《小波不见了》这本书。每次妈妈一说"不见了"，圈圈就跟着说："不见了。"然后把眼睛蒙起来。妈妈搂住他，大声说："哎呀，我的圈圈不见了，去哪里了？""在！"圈圈就把眼睛睁开，哈哈大笑。

（3）2—3岁孩子

该年龄段孩子处于语言爆发期，开始与家长对话。随着思维发展，对话内容越来越复杂，除了会指定图书，回答父母的问题，还经常发起互动，如提问、复述、演绎、创编等。家长可以用问答、表演等形式提升孩子说完整句的能力，更深入理解故事内容。

[案例]故事里的问题

爸爸与30个月的帅帅一起阅读《三只小猪》。讲到大灰狼来了，帅帅就躲到爸爸怀里，指着大灰狼说："爸爸，大灰狼坏，打打。"爸爸说："好的，大灰狼想吃小猪，实在太坏了，爸爸变成大力士，把它赶走。"爸爸读到"猪老大的房子被大灰狼吹倒了"，帅帅很伤心，抱着爸爸说："爸爸，帅帅不要，帅帅要木头。"爸爸亲亲帅帅："猪老大的草房子太不牢固了，帅帅觉得木头的房子牢固，是不是？还有什么材料牢固呢，我们一起来想想。"

2. 互动阅读的多种形式

（1）亲子提问互动

亲子阅读时，家长不恰当的提问会打断孩子的阅读兴趣。对于小月龄孩子，家长应尽量使用直接、形象、具体、简单的方式互动交流，可以采取"家长朗读（图文对应）—适度提问（结合生活细节）—讨论总结（获取经验）"的策略。例如，"刚才的故事里有哪些小动物？""兔妈妈给兔宝宝准备了什么好吃的？"用孩子熟悉的场景来激发孩子的阅读兴趣。对于生活经验稍丰富、理解能力较强的大月龄孩子，家长则可以采取"自由阅读（孩子先读）—亲子共读—适度提问（结合兴趣点、引导式提问）—延伸互动（绘画、游戏等）—讨论总结（鼓励想象、形成新的经验）"的复杂策略。例如，"小猴子是怎么吃到香蕉的？大熊猫最喜欢吃的是什么？"等。

（2）角色扮演互动

情节丰富的图书，家长可以用角色扮演方式互动，模仿故事人物的声音、动作、表情，让孩子投入故事情境中，提高阅读的兴趣，增强对故事的理解与领悟。例如，在阅读《跟屁虫》时，家长在讲到哥哥的时候，可以模仿哥哥的语气、动作，讲到妹妹的时候，模仿妹妹的神情、语气；在阅读动物类图书的时候，可以父母一起用不同语气模仿各种小动物的声音和动作，在孩子熟悉故事内容之后，还可以请孩子一起参加，扮演其中的角色。

（3）融合式互动

亲子阅读中，各种互动形式很难割裂，经常需要采用融合式互动，即将提问、模仿、角色扮演等融合在一起。

[案例]变变变

20个月的小雨与爸爸一起阅读《蔬菜的秘密》。爸爸用手当刀对着画面上的蔬菜切一切，小雨也模仿切一切。小雨看到花生是地下的胖娃娃，很喜欢，爸爸问："小雨想不想变成花生胖娃娃？""想！"爸爸把自己的衣服捞起来："我是土地妈妈，小雨胖娃娃快到我的肚子里来吧！"小雨开心地钻进了爸爸的怀里。小雨后来又把自己变成了南瓜、番茄等各种蔬菜。

3. 亲子阅读拓展活动

图书的内容读完了并不是亲子阅读的结束，合上书后，家长还可以和孩子一起拓展丰富的活动，不仅能大大提高孩子的阅读兴趣，还能提升阅读价值，让孩子进一步享受阅读的乐趣。

（1）故事新编

对于 2—3 岁的孩子来说，阅读结束后，家长可以引导孩子对书中的故事发生前、结束后的事情展开想象，并引导孩子用自己的语言进行描述，发散孩子思维，拓展其想象空间。例如，在阅读《鳄鱼怕怕牙医怕怕》后，家长可以问孩子"你觉得鳄鱼为什么要去看牙医呢？""你觉得明年鳄鱼和牙医会不会再见面呢？"前一个问题是对故事发生之前的想象，后面的问题是对未来发生事情的想象。家长也可以和孩子一起来表演一下鳄鱼下一次去看牙医的情景，让孩子体会鳄鱼的心情，意识到保护牙齿的重要性。

（2）应用文本场景

孩子的行为和图书中的内容相似时，可以利用文本描述的场景开展随机教育。例如，孩子玩具玩好没整理，家长可以问问孩子，小熊宝宝玩好玩具的时候是怎么做的？然后回忆一下故事中，小熊最喜欢说"收起来，收起来"，鼓励孩子去收玩具。

（3）重复图书中的情节

生活中家长看到图书中描绘的情节时，可以引导或者配合孩子进行情景再现。例如，悠悠和妈妈出门散步，悠悠模仿小鸭嘎嘎捡起一片小树叶举在头顶上，告诉妈妈："小树叶当雨伞。"妈妈可以接上图书中的对话："嘎嘎的雨伞真漂亮，我们继续往前走吧。"

四、亲子阅读常见问题

亲子阅读有时候"想象很美好，现实很残酷"。家长首先要包容和欣然接受亲子互动的状况百出，接着在实际亲子阅读中，本着享受阅读、享受亲子互动的原则，见招拆招。

（一）孩子对阅读主题不感兴趣

[案例]不按套路的阅读

晓晓34个月，妈妈觉得可以进行生命教育了。于是，她给晓晓读了《风去哪里了》。书中的画面很有诗意，妈妈深情地说："哇，太阳落山了，它去哪里了？"晓晓不回应问题："妈妈，这里有只虫子。"妈妈继续说："哦，太阳去了地球的另一边。早上它又回来了。晓晓，你看这里，叶子落了，去哪里了呢？"晓晓还是没有回答，他指着书本："妈妈，这个树叶下面有松鼠。"

当孩子在阅读过程中对于某一页的细节特别感兴趣，打断了家长的阅读节奏或主题时，说明孩子对图书的内容感兴趣，思维活跃，表达欲望强烈。家长可以暂停讲述，跟随孩子的兴趣和问题来阅读。结束后，问问孩子还有什么问题，试试让他给家长讲一讲，让其有更多表达的机会。家长要注意，不要对孩子说消极语言，比如"你听故事这么不认真，不讲了！""哎呀，不知道你在听什么！""讲了半天都被你打断了，不听算了！"等。预设好的阅读计划可以留待以后有合适的机会再开展。

（二）孩子不想看家长选的书

[案例]我要看那本书

淇淇19个月，最近总是跟同伴抢玩具，妈妈想给他讲故事《轮流玩》。妈妈一边讲一边跟淇淇说："我们玩玩具的时候，应该怎么玩呢？"淇淇拿出另一本书："妈妈，这本。"妈妈说："你这一本我们等会儿讲，先讲完这一本。"淇淇把妈妈手中的书拿走："这个不要。"妈妈有点生气："这一本还没讲完呢。"淇淇一直摇头："不要不要。"

当孩子拒绝家长选择的图书时，家长要思考背后的原因，可能是书中相似的情境孩子经历过，他知道父母的意图，不喜欢父母借图书来说教；也可能是孩子不喜欢家长选择的图书的风格，想要选择自己喜欢的。家长要明确亲子阅读的目的是给孩子营造快乐的阅读体验，培养孩子的阅读兴趣，所以目的性太强可能会让孩子排斥，可以顺应孩子的兴趣，寻找更合适的机会来跟孩子沟通此类问题。

（三）如何正确使用视听类阅读材料

［案例］"视听"代替了"纸读"

多多 18 个月，爸爸妈妈从出生起就非常重视培养多多的阅读能力，但总是没时间陪他一起阅读，爸爸还特别担心自己读不好，影响了多多的阅读能力发展。经过一番网络搜索，爸爸给多多下载了很多视听资料，从 10 个月起多多就爱上了"听故事"，也迷上了看"动画片"。但爸爸又苦恼了，他发现现在 18 个月的多多对纸质书籍不感兴趣了，总是翻一会儿就丢在了一边，每天缠着爸爸妈妈要听故事、看电视。

随着社会的发展，阅读的形态在不断发展，从单一的纸质阅读已经发展到如今"屏读""听读"等多元阅读。如何正确使用视听类阅读材料正成为现代家长的难题。我们建议，数字阅读可以成为亲子阅读的形式之一，但要注意以下几个原则：

一是视听阅读不能取代纸质阅读，要适度使用，同时家长也要参与其中，不能使之成为孩子的"电子保姆"。

二是合理挑选视听类阅读材料，阅读内容要符合孩子的身心发育特点和阅读能力。

三是建议 2 岁以内的孩子尽可能不要使用"屏读"。如果避免不了，则尽可能缩短使用时间。

四是建议"听读"。家长可以陪着孩子一起听；也可以安排一个固定的时间，如睡觉前，让孩子专心听；还可以让孩子一边玩玩具一边听。

参考文献

[1]韩寓韵，子华明.基于支架理论的幼儿亲子阅读策略[J].教育观察，2022，11（33）：11-13.

[2]齐文辉，袁倩.0—3 岁婴幼儿家庭亲子阅读存在的问题与对策研究——以济南市为例[J].山东开放大学学报，2022（4）：4.

[3]夏甜.父亲参与 2—6 岁幼儿亲子阅读的调查研究[D].太原：山西大学，2022.

[4]松居直.幸福的种子[M].刘淑昭，译.南昌：二十一世纪出版社，2013.

[5]David R. Shaffer，Katherine Kipp. 发展心理学（第八版）[M]. 邹泓，等译. 北京：中国轻工业出版社，2009.

[6]赵晓凤. 亲子共读：互动类型，策略及对幼儿的影响[J]. 教育导刊：下半月，2010（4）：3.

（执笔：张凌燕）

第 17 课

如何初步培养孩子的良好习惯

课程简介

教学对象

0—3 岁儿童家长及其他照护者

教学目标

1. 了解 0—3 岁婴幼儿良好习惯的培养内容和常见问题。

2. 掌握初步培养 0—3 岁婴幼儿良好习惯的策略。

3. 重视 0—3 岁婴幼儿良好习惯的培养。

教学时长

90 分钟

课程框架

2. 可行的回应语言

3. 培养良好卫生习惯的建议

（二）培养孩子良好的饮食习惯

1. 错误的回应语言

2. 可行的回应语言

3. 培养良好饮食习惯的建议

（三）培养孩子良好的睡眠习惯

1. 错误的回应语言

2. 可行的回应语言

3. 改善晚睡的建议

（四）培养孩子良好的整理习惯

1. 错误的回应语言

2. 可行的回应语言

3. 引导孩子收纳玩具的建议

（五）培养孩子文明礼貌的习惯

1. 错误的回应语言

2. 可行的回应语言

3. 改善孩子不愿说"对不起"的建议

参考文献

课程内容

﹝实例导入﹞

午餐时间到了，妈妈把饭菜放在桌上，催促乐乐过来吃饭。乐乐没有回应，继续玩着玩具。妈妈走到乐乐身边，一把将他抱入座位，并对他说："今天要自己吃饭哦。"乐乐一手拿着玩具，一手抓起盘子里的西蓝花捏了捏，妈妈见状立即制止："和你说了多少次，不可以抓菜。"随即，乐乐把西蓝花扔在了桌上。妈妈十分生气，提高了嗓门："你又不好好吃饭！怎么可以扔菜！"说着无奈地拿起勺子舀了一口饭，打算喂进乐乐的嘴里。乐乐把头扭到一边，开始哭闹着说不看手机就不吃饭。妈妈不知如何应对与引导，最后只得妥协，打开手机，让乐乐一边看着，一边喂饭给他吃，心里默默地自我安慰：等孩子再大一些，就会自己吃饭了。

0—3 岁孩子需要培养良好习惯吗？家长又该如何做呢？

一、习惯的概述

（一）习惯的定义

习惯，是指经过长期的重复或练习而逐渐养成的，一时不易改变且经常重复的固定化的反应倾向或行为方式。儿童心理学家朱智贤教授认为，习惯是人在一定情境下自动化地去进行某种动作的需要或倾向。例如，孩子养成在饭前、便后或游戏后一定要洗手的习惯后，完成这种动作已成为他的需要。习惯的形成是学习的结果，是条件反射的建立、巩固并日臻自动化的结果。想要孩子养成良好的习惯，需要一个过程，并促使一定的情境和行为不断反复。

（二）习惯的分类及培养内容

习惯具有个体和社会群体两个层面的意义，可以分为个体习惯和社会性习惯。个体习惯可理解为孩子生活的习惯，如作息、进餐、睡眠、卫生、运动、阅读等。社会性习惯多是强调与他人发生联系的习惯，通常体现为适应公共生活领域的习惯，如遵守交通规则、爱护环境、文明礼貌等。

0—3 岁婴幼儿的习惯养成存在较大的个体差异，主要习惯可以概括如下。

1. 个体习惯及培养内容

（1）喂养与进餐习惯

① 7—12 个月：鼓励孩子尝试自己进食，培养进餐兴趣。

② 13—24 个月：鼓励和协助孩子自己进食，关注孩子以语言、肢体动作等发出的进食需求，顺应喂养。

③ 25—36 个月：培养孩子使用水杯喝水的习惯，不提供含糖饮料；引导孩子认识和喜爱食物，培养孩子专注进食的习惯、选择多种食物的能力；鼓励孩子参与协助分餐、摆放餐具等活动；提醒孩子细嚼慢咽，不要口中含着食物说话，吃饭时不大声说笑，需要咽下最后一口饭菜才能离开座位。

（2）睡眠习惯

① 7—12 个月：识别孩子困倦的信号，通过常规睡前活动，培养孩子独自入睡的习惯；注意观察孩子睡眠状态，减少抱睡、摇睡等安抚行为。

② 13—24 个月：固定孩子睡眠和唤醒时间，逐渐建立规律的睡眠模式；培养孩子独自入睡的习惯。

③ 25—36 个月：规律作息，引导孩子自主做好睡眠准备，养成良好的睡眠习惯。

（3）如厕与卫生习惯

① 7—12 个月：鼓励孩子表达更换尿布的需求，愿意配合父母更换尿布。

② 13—24 个月：鼓励孩子及时表达大小便需求，形成一定的排便规律，逐渐学会自己坐便盆；引导孩子知道饭前便后要洗手，协助孩子自己洗手；引导和帮助孩子学会咳嗽和打喷嚏的方法。

③ 25—36 个月：鼓励孩子主动如厕；引导孩子知道餐后漱口，掌握洗脸和刷牙的方法，养成刷牙洗脸的习惯；引导孩子使用肥皂或洗手液正确洗手，认识自己的毛巾并擦手；培养孩子注意卫生的意识，知道不能把脏东西塞进嘴里。

（4）穿脱衣物习惯

① 7—12 个月：引导孩子穿脱衣物时乐于与父母互动。

② 13—24 个月：鼓励孩子自己脱拉裤子、脱鞋子。

③ 25—36 个月：鼓励孩子自己解开扣子，自己穿脱短裤；鼓励孩子独立穿

脱鞋子，在成人的协助下穿脱衣裤，知道脱下的衣物要放好。

2. 社会性习惯及培养内容

（1）7—12个月：引导孩子能用哭、四肢活动表达需求，成人发起互动时能有回应。

（2）13—24个月：引导孩子能在成人的帮助下收拾玩具；引导孩子在成人的提示下，学说"谢谢""再见"等礼貌用语。

（3）25—36个月：能在成人的提醒下礼貌地称呼人，如爷爷、奶奶、老师、哥哥、姐姐、阿姨等，与客人打招呼与道别；引导孩子爱护图书，主动收拾和整理图书和玩具；引导孩子遵从基本的社会行为规范，知道未经允许不能动别人的东西；引导孩子与同伴或成人对话时，认真倾听；鼓励孩子和小伙伴分享玩具，游戏时遵守游戏规则，知道要等待、轮流。

（三）培养婴幼儿良好习惯的价值

古代教育家孔子曾说："少成若天性，习惯如自然。"良好的习惯以及生活、社交的能力都在婴幼儿时期奠定基础，并在终身起作用。因此，在婴幼儿时期家长就应开始培养孩子的良好习惯，这不仅是儿童身心健康发展的需求，也对儿童良好个性形成以及全面发展有着重要的影响。生活中的每一个细节，如每天给孩子喂奶、换尿不湿、更换衣物、哄睡的时候，都是在为好习惯的养成做准备。

1. 有助于促进婴幼儿的身心健康

0—3岁是孩子身体生长发育的关键时期。此时，孩子需要均衡的营养、充足的睡眠去维持发育阶段所需的能量。而规律的如厕、好的卫生加上充分的运动，能够提高机体的免疫功能，减少细菌与病毒的侵入与感染。以睡眠为例，婴幼儿脑活跃度是成人的2.5倍，他们比成人更易疲劳、更需要休息。睡眠不仅仅是休息，更是大脑自我清理与修复的过程，睡眠的时长与质量也直接影响着婴幼儿生长激素的分泌，对孩子的生长发育起着重要的作用。

2. 有助于帮助婴幼儿形成积极的自我认知

随着2岁的到来，孩子的自我意识快速发展，对于生活的各个环节都充满了热情，会表现出"什么都想自己来"的意愿。培养孩子良好的习惯，鼓励他们自己吃饭，自己穿袜子，自己使用扫把和畚箕清理垃圾，尽管有时孩子会搞得一团糟，但是这个过程能让他积累成就感，建立规则感，逐渐形成积极的自我认知。

3. 有助于帮助婴幼儿形成优良品质

良好习惯的培养对孩子品质的发展也起到促进作用。对 0—3 岁孩子来说，优良品质的养成发生于一日生活的各个环节中。例如，培养孩子的进餐习惯时，孩子尝试着使用勺子将饭菜送进嘴里，起初可能会撒得到处都是。勺子没那么听话，要将饭菜顺利送进嘴里并不容易，这一小小的动作需要调动五指、手腕、手臂、眼睛等共同合作，孩子可能还会动用另一只手来帮忙。在一次次重复的过程中，孩子的耐心、抗挫能力得到发展，有些孩子甚至开始想挑战更高难度的筷子，从而逐渐形成不怕困难的优良品质。

4. 有助于亲密关系的巩固与发展

在习惯养成的过程中，父母与孩子的关系进一步交互。父母可以借助孩子的一次次的挑战，了解孩子的气质类型，并学会思考：怎么说，孩子才愿意听？什么样的习惯培养方式，是孩子愿意配合的？在习惯培养的道路上，该如何与孩子相处？如何应对一些变化和让人棘手的事件？父母与孩子一同学习如何用更好的方式沟通彼此的需要，共建规则，在此过程中，赢得孩子的信任，增进亲子关系。此外，亲密关系的建立与习惯的养成，能为孩子入托、入园做好充分的预备，帮助孩子减少焦虑，尽快适应新环境里的生活。

二、良好习惯培养的总体要求

（一）建立稳定规律的作息，家庭保持要求一致，树立榜样

著名心理学家巴甫洛夫说过：各种各样的习惯都是一种连锁条件反射系统。可见，想要孩子养成良好的习惯，稳定孩子的规律作息，就要坚持，使其逐步形成条件反射，成为孩子能自觉遵循的行为。

[案例]不一致的养育方式

莹莹已经 23 个月了。妈妈认为，规律的作息要从早晨就开始。8 点 30 分，她拉开窗帘，准备叫莹莹起床。奶奶则认为要让孩子睡饱，看到睡眼蒙眬的莹莹，

就制止道："你看，孩子还要睡呢，她又不用赶着上学，让她多睡会儿。你快去上班吧。"妈妈无奈，只能出门上班了。奶奶为了让莹莹睡个"好觉"，还轻轻拉上了窗帘。有时莹莹可以一直睡到10点半。因为太晚起床，早餐也大打折扣，经常不吃。不仅如此，不规律的睡眠与进餐也影响了后续的生活环节与质量，比如吃午饭会推迟到下午2点，午睡醒来已到晚上7点，到了半夜12点才肯睡觉。这样的恶性循环，让莹莹的父母非常担心孩子的身体健康和发育。

帮助孩子形成良好习惯的前提，是培养孩子科学且稳定的一日作息。家长要尊重、回应孩子的需求，但并不表示放之任之。在混乱、黑白颠倒的生活作息中，是无法帮助孩子养成良好习惯的。家长可以在家中制订基本的作息时间表，与孩子一起遵守，如三餐时间、午睡时间、洗漱睡觉时间等，保证孩子能有充足的睡眠和丰富的营养。同时，每天在相对固定的时间和孩子进行亲子阅读和户外活动，培养孩子的兴趣。家庭成员之间也要达成共识，互相配合，互相提醒，督促孩子，帮助孩子巩固良好的习惯。切不可以"特殊情况"为理由，随便打乱规定的作息时间。

家长除了自身做好榜样示范外，还可以利用图书、动画片等媒介，借助孩子喜爱的故事角色、动画人物，为孩子树立榜样，如不乱丢垃圾，把玩具摆放整齐等。在日常生活中，潜移默化地激发孩子养成好习惯的兴趣和勇气。需要注意的是，家长决不能过于功利或一刀切，急于用成人统一的标准去要求孩子，更不能给孩子贴上"瞌睡虫""懒觉大王"等负面标签。过多挫败与羞愧的体验，不利于孩子形成积极的自我认知。

（二）遵循孩子的特点与发展水平，要求明确，循序渐进

0—3岁孩子在气质特点和认知发展水平上存在较大的个体差异，对孩子的习惯养成产生影响。活泼外向的孩子可能在人际交往过程中表现得更有礼貌，安静内向的孩子往往会被成人认为没有礼貌；活泼外向的孩子常常因为好动而"坐不住"，安静内向的孩子则会被大人夸赞"专心"。家长应根据孩子的身心发展特点，对孩子提出明确的要求，逐步帮助孩子养成良好习惯。

[案例]打招呼

可可已经3岁了，在电梯里见到陌生人的时候，总是会躲在妈妈的身后。

妈妈希望他见到邻居能主动打招呼。于是她买来了相关的绘本，在亲子共读之后，对可可说："希望你也成为有礼貌的小朋友！"并且在每次出门前，妈妈不忘提醒："有礼貌的可可出发啦！"但进入电梯看到叔叔阿姨时，可可依旧会躲在妈妈的背后。

妈妈非常疑惑：为什么其他孩子都会主动打招呼，我家的孩子就这么胆小，这么没礼貌呢？

首先，家长要判断孩子是否产生了"害羞"情绪。害羞情绪产生于喜怒哀恐等情绪之后，孩子在公开场合、陌生人面前所表现出的害羞情绪比在私下场合、熟人面前要强烈，三四岁孩子的这种倾向表现更为突出。

其次，家长应觉察孩子内心的状态与学习的方式，循序渐进地引导，允许孩子有不同的表现。以可可为例，家长可以将要求孩子"打招呼"这一目标分解成一个个小目标，如从愿意看着，再到愿意微笑、挥手，最后到开口打招呼，逐步让孩子达成一个个小目标。当孩子达成一个小目标的时候，家长要给予及时肯定，帮助孩子建立勇气和信心。

家长可以借助家里的毛绒玩具，邀请孩子一起表演相遇打招呼的游戏，熟悉打招呼的场景，练习打招呼。打招呼的场景可以多种多样，除了在电梯里，也可以在花园或超市里。

家长还可以在出门前提前帮助孩子建立"即将见面"的心理预备，与孩子先谈论"不知道今天王阿姨会穿什么裙子呢？""上次王奶奶手里拎着一大袋苹果，这次王奶奶的手里还会拎着苹果吗？"诸如此类轻松的话题，可让畏惧逐渐变成一种期待。

同时，家长也要对孩子提出明确具体的要求，避免前后要求不一致造成孩子的混乱。例如，培养孩子餐前洗手的习惯时，要明确教给孩子洗手的步骤和方法。由于孩子自控能力较弱，家长要多提醒孩子，不断帮助孩子一起多重复练习，久而久之才能形成好习惯。

（三）生活环节流程趣味化，吸引孩子配合

家长常常会通过讲道理的方法帮助孩子培养习惯。例如，天天刷牙，宝贝就不会长蛀牙了；好好吃饭、按时睡觉，宝贝可以长高高。但是，0—3 岁孩子

还无法理解这样的道理，因此，家长的要求反而会让孩子越来越抗拒，哭闹着就是不想刷牙、不想睡觉、不想起床穿衣、不想尝试在小马桶小便等等。

1. 在生活环节中加入仪式感

早上起床时，家长可以轻轻地拉开窗帘，留下纱幔，让光亮自然投进房间，播放轻柔的音乐，在孩子自然苏醒后和孩子互道早安，帮助孩子穿衣，完成晨间洗漱。午睡时间，家长可以将卧室窗帘拉上，播放安静舒缓的音乐，帮助孩子入睡。洗漱环节，家长可以利用儿歌、童谣等，将原本孩子不喜欢的刷牙变得生动有趣。洗澡的时候，也可以给孩子提供适量的玩具，引导孩子配合完成。入睡前，家长可以和孩子一同挑选喜欢的图书，与孩子共享亲子阅读的时间，既培养阅读的习惯，又增进亲子感情。

进餐前，家长可以邀请孩子一同准备食物，如让孩子帮忙一起挑选蔬菜、剥毛豆、择菜叶，将饭菜进行颜色和口味的搭配，引起孩子的进餐兴趣；进餐时，家长要引导孩子保持愉悦的心情，鼓励孩子自主进餐，表扬孩子自己独立吃完了碗里的饭菜，让孩子体验进餐的愉快；进餐后，在孩子能力允许的情况下，可以邀请孩子帮助成人一起收拾餐桌。

2. 用游戏和图书引导孩子配合

教育学家陈鹤琴先生曾说："各种行为习惯几乎可以从游戏中得来。"游戏是婴幼儿最基本的活动。家长可以从孩子的兴趣出发，尝试把生活"游戏化"，让孩子期待和享受生活环节，以游戏的形式让"乏味"的生活环节变得丰富有趣，让孩子乐在其中，逐步养成好习惯。

孩子不愿意做的事情，大多数是因为他觉得这事没什么意思。例如，拉大便，孩子如果总是不愿意去做，家长可以买一个儿童马桶，图案可以换，马桶圈也有好几个颜色，让孩子觉得在马桶上拉大便是一件很有意思的事，这样他自然会愿意去做。家长也可以购买有关如厕主题的图书，利用书中小动物或小朋友坐马桶的场景激发孩子的模仿兴趣，逐步接受坐马桶的行为。

[游戏] 美味午餐

游戏目的：鼓励孩子使用勺子，逐步学习自己吃饭。

游戏准备：一顿香喷喷又营养丰富的午餐、儿童桌椅、儿童餐具。

游戏玩法：

①孩子在专属座位上坐好，家长把孩子的饭菜放在他拿得着的地方，和孩子坐在一起享用午餐。

②鼓励孩子自己拿勺子吃1—2勺饭，也可以帮着喂几勺，边喂边对孩子说："1，2，3，捏住小勺子；4，5，6，送进小嘴巴。"如此重复，帮助孩子理解家长的话。

③孩子吃完饭后，家长拿来动物玩偶或在纸上画一些小动物，如小猴子、小兔子等，放在儿童椅上；为孩子准备一些豆子或米，请孩子给小动物喂饭。

（四）耐心引导，温和坚定，帮助孩子建立规则

想要孩子形成良好习惯，就需要帮助孩子建立规则。随着自我意识的发展，孩子自主的意愿会越来越强烈。例如，吵着要看视频，一集又一集；在商场不给买玩具就赖在地上大哭大闹。孩子的脾气越来越大了，开始与家长相抗衡。面对孩子的哭闹，有的家长会不忍心，最终选择妥协；有的家长则通过强制的方式给孩子做规矩，可是越是强制，孩子表现得越抗拒。

那么，该如何应对孩子的哭闹，帮助孩子建立规则，逐渐养成良好的习惯呢？

［案例］小汽车该放哪里

元元非常喜欢小汽车，要睡觉了，他还不舍得放下。妈妈担心他熟睡时会被小汽车刮伤皮肤，提醒元元："不能抱着小汽车睡觉。"元元立刻大哭起来，手里紧握着汽车，不肯放下。妈妈抱起元元，轻拍他的背，温柔地说："妈妈知道你很喜欢小汽车，这是你的新玩具，你很想一直抱着它。"等元元情绪稍缓解后，妈妈开始和他聊起来："刷牙前你找不到小汽车很着急对不对？你很怕小汽车会找不到。"（等待元元的回应。元元点点头。）"因为小汽车很小，我们不容易发现它，如果抱着它睡，万一睡着的时候我们手一松，它又会不知道去哪了。如果压着它了，小汽车还会不舒服。而且它是硬硬的，妈妈怕会伤到你的脸蛋。小汽车也很喜欢你，它一定不想伤害到你。"妈妈看到元元已经开始有点愿意放下小汽车，便开始和他一起讨论解决问题的策略，"要不，我们帮小汽车找个可以睡觉的地方吧？"（等待元元的回应。）最后，在元元的

建议下，小汽车被放在了床头的口袋里，元元也安心睡着了。

当孩子的意愿与安全、卫生、礼貌相冲突的时候，家长靠权威去强压是行不通的，应温柔地坚持，在缓解孩子情绪后，相互倾听与倾诉，一同商讨对策。

1. 陪伴孩子宣泄

当孩子有情绪时，不要刻意阻止孩子哭泣，可以陪伴在孩子旁边或将孩子抱在怀里，轻拍背部安抚孩子，帮助孩子平静下来。

2. 共情孩子的需要

向孩子表达自己对他的理解，说出孩子的想法，让孩子知道你是站在他这边的。

3. 向孩子倾诉你的需要

在孩子平复情绪后，家长用适当的语言说出自己的想法或担心，获得孩子的理解。

4. 一起商讨解决的策略

如果孩子还比较小，可以给予他两个选择，鼓励孩子二选一；如果孩子比较大，可以多让孩子表达自己的解决办法，在坚持原则的前提下尊重孩子的想法。

此外，要强调的是，有一些家长误认为孩子哭、发脾气，如果不及时满足孩子的需求就会影响亲子关系。其实恰恰相反，大量案例证实，孩子在没有规矩的教养环境中，是感受不到爱的。家长应尽量避免为孩子设立过高的习惯培养目标，如要求3岁的孩子坐如钟站如松、食不言寝不语、进餐不弄脏衣物等，那是违背婴幼儿身心发展规律的。

三、常见习惯的培养策略

在帮助孩子初步养成良好习惯的过程中，家长应做到以下两点：一是不被焦虑的心情控制，学会主动控制自己情感的一些方法；二是要在充分考虑孩子成长的基础上，思考什么样的说话方式能更有效。

当家长面对孩子习惯不好的情况时，往往会按捺不住烦躁的心情，表现出焦虑、生气。这时，可以暂时停下来，等一等，给孩子自己停止或改正不好习惯的机会。在适当的时候，家长也可以利用孩子认同的说话方式，激发孩子的积极性，消减孩子的不良行为，这比单纯的发火更有效。

（一）培养孩子良好的卫生习惯

培养良好的卫生习惯，无论是对孩子的健康成长还是疾病预防都有重要意义。因此，孩子从小就要培养正确的洗手、洗脸、洗澡、剪指甲等日常卫生习惯。

1. 错误的回应语言

例如："赶紧去洗手，不然手都要脏死了。""你都没洗手怎么就开始吃饭了？把细菌都吃进去了，要生病了！""你看你的指甲，脏兮兮的，小朋友都不要和你玩了。"

2. 可行的回应语言

例如："宝宝，马上要吃饭啦，我们现在应该去做什么呀？"（启发孩子主动想起来要去洗手）。"哇，宝宝你看你的手指甲，这么长，细菌都要在里面睡觉啦，妈妈陪你一起用肥皂把它们都赶走吧。"

3. 培养良好卫生习惯的建议

（1）从小就要帮助孩子保持身体和服装的整洁，帮孩子清洁身体，保持卫生，养成爱干净的好习惯。

（2）孩子2—3岁时，要教会孩子基本的自理方法，培养孩子独立洗脸、穿衣的能力，睡前按时刷牙洗漱。

（3）利用图书和日常小游戏帮助孩子养成饭前便后洗手的习惯，不吃没洗干净的蔬果，不吃地上捡起来的东西。

（4）帮助孩子养成每日定时排便的习惯，2岁左右开始帮助孩子学习自主大小便。

（5）在日常生活中以身作则，保持家庭环境卫生，不乱涂墙壁，引导孩子到专门的区域进行涂鸦绘画。出去游玩时不随地乱扔垃圾，保持公共环境卫生。

（二）培养孩子良好的饮食习惯

家长要在帮助孩子养成按时吃饭习惯的基础上，理解孩子偶尔吃不下的情况。如果孩子实在吃不下，也可以等一等。孩子不好好吃饭的原因有很多，这和孩子胃肠道的消化和吸收功能、运动量与饥饿感等都存在一定的关系，不要因为自己心中的"应该吃"而责怪孩子。

1. 错误的回应语言

例如："又不好好吃饭！你必须给我吃完！""不许挑食，大人做什么你就吃什么！"

2. 可行的回应语言

例如："宝宝，如果你现在很饱吃不下，那就等一会再吃吧。""你先尝一口试试。这是妈妈用小兔子最爱吃的胡萝卜和香香的牛肉一起炒的哦，吃了就能长高高。""我们一起吃吧，大家一起吃就会变得更美味哦。"

3. 培养良好饮食习惯的建议

（1）邀请孩子一同预备食材，一同挑选喜欢的餐具；饭前和孩子一起读一读关于食物的绘本，和孩子一起了解不同食物的营养，激发孩子接受不同食物的兴趣和欲望。

（2）向孩子积极示范，也可以借助卡通人物，树立好好吃饭的榜样。

（3）饭前半小时可以带孩子做适量的运动，两餐的时间不要过近。

（4）允许孩子自主地抓握食物，探索食材，就算吃得有点脏也不要打扰孩子。

（5）吃饭时不要给孩子看电视或玩玩具。

（6）不要在吃饭时训斥孩子。

（7）进餐控制在30分钟左右。如果过了30分钟孩子还没有吃完，并伴有玩耍的现象，家长可以询问孩子有没有吃饱并收起餐盘；如孩子胃口不佳，两餐之间不要吃其他食物。

（8）家中尽量避免摆放零食，减少零食和饮料的摄入，特别是在餐前。

（三）培养孩子良好的睡眠习惯

家长应放平心态，帮助孩子调整生物钟，循序渐进帮助孩子养成良好的睡眠习惯。孩子很晚都不想睡的原因有许多，可能是午觉太晚起了，或是晚饭吃太多了，也和季节、寝室的光线与声音有关。当孩子习惯晚睡，家长即使威胁、恐吓，孩子也不一定会立马睡着。相反，他可能会大哭，或是越来越兴奋。

1. 错误的回应语言

例如："你看看都几点了，再不睡就叫妖怪把你吃掉！""再不睡觉，就不带你去游乐场了。"

2. 可行的回应语言

例如："月亮婆婆都打哈欠了，我们也差不多该睡觉啦。等明天起来，妈妈给你做好吃的，然后一起去公园散步。"

3. 改善晚睡的建议

（1）调整好一日的作息，设置规律就寝的时间，白天不要让孩子睡太久。

（2）创设良好的入睡环境。让卧室仅用于休息和睡眠，这样孩子的大脑会逐渐将卧室与睡眠产生联系，形成条件反射。另外，调节适宜的温度，尽量消除噪声异味，也有利于孩子更快更好地进入睡眠的状态。

（3）睡前 2 小时，进行适当的体育锻炼，有利于孩子更快入睡并保持睡眠。

（4）晚餐不要吃太多，以免因消化系统负担过重引起入睡困难。

（5）建立睡前习惯，家长可以在孩子睡前 20 分钟培养一些常规，如穿睡衣、刷牙、热水澡、亲子阅读等，使孩子的身心过渡到睡眠状态。

（6）睡觉前不要过多与孩子交谈，不要看或听紧张和恐怖的影片、音乐或故事，避免情绪激动。

（7）家长在陪伴孩子入睡的时候，应避免翻看手机等电子设备。电子设备会发出一种蓝光，抑制褪黑素的分泌，使得孩子更难放松下来。

（四）培养孩子良好的整理习惯

当孩子比较小时，家长可以让孩子在一旁观看家长收拾玩具，等孩子长大一点，家长可以和孩子一起收拾玩具，引导孩子对玩具进行分类收纳。当孩子收拾得不好时，家长也要鼓励和肯定孩子，过分强调和责备孩子没有做好的事，可能会削弱孩子的自信心，让孩子失去收拾玩具的兴趣。

1.错误的回应语言

例如："赶紧去收拾玩具，和你说过多少次了！怎么老是我在给你收拾！如果再不收好，我就把你的玩具扔掉！"

2.可行的回应语言

例如："宝宝，看完书要把书本送回它的家哦（一边说一边向宝宝展示如何放回去）。""玩具也想回家了，它的朋友会想它的。""宝宝今天收拾得很好哦，把每一个玩具都送回了它自己的家，玩具们肯定特别开心！"

3.引导孩子收纳玩具的建议

（1）为孩子创设便于整理的环境。建议用透明收纳箱，摆放的位置在孩子的视线以下，做好一定的标识（玩具的照片），摆放在固定的位置。

（2）一次提供的玩具不要过多，可以根据孩子的兴趣，逐步更替。

（3）在带着孩子收拾时，应直接告诉孩子怎么整理；和孩子一起重复收拾的过程。

（4）当孩子收拾得好的时候，及时肯定与夸奖。

（五）培养孩子文明礼貌的习惯

当孩子做错事情时，家长一味地责怪孩子，让孩子说"对不起"，只会让孩子对道歉产生抵触的心理。家长让孩子道歉时，应让孩子明白：说"对不起"并不是认输，而是为了给对方造成的困扰而表达歉意，然后帮助孩子重新与对方建立联结。

1.错误的回应语言

例如："为什么不道歉？做错事情了，就一定要道歉！""算了，算了，孩子还小就不要道歉了，他还不懂事！"

2. 可行的回应语言

例如：“刚才你用玩具打到欣欣了，她肯定很疼，她都哭了。我们拿张纸巾去安慰她，帮她揉一揉吧。”

3. 改善孩子不愿说“对不起”的建议

（1）如果孩子情绪激动不愿意道歉，家长不要急着逼孩子，先听一听孩子心里的想法，帮助孩子表达事件当下自身的情绪和需要。

（2）要引导孩子关注对方的情绪和需要。例如：“这是欣欣先拿到的，她还没玩好，你如果想玩的话，可以等她玩好和她商量。现在她很疼，很伤心。”

（3）如果孩子不愿意主动过去道歉，家长可以带领孩子去关心同伴，通过关心、安慰等表达歉意，尝试鼓励孩子说“对不起”。如果孩子还不愿意，也不要强迫，只要孩子心里知道并在行为上有所表达就行了。

（4）要多引导孩子发现和感受“道歉后”关系的缓和。感受道歉并不会带来什么不良后果，反而可以增进关系，如小伙伴又愿意和他玩了，还愿意和他抱一抱、拉拉手等。

参考文献

[1] 篠真希.不生气育儿图鉴[M].陈静，译.北京：中国民族文化出版社，2022.

[2] 宝坤兰.略论婴幼儿良好生活习惯的养成教育[J].中国校外教育，2011（16）：154.

（执笔：李婷婷）

第 18 课
如何培养孩子的
学习能力

课程简介

教学对象

0—3 岁儿童家长及其他照护者

教学目标

1. 了解 0—3 岁婴幼儿学习能力的相关知识。

2. 学习家庭中培养 0—3 岁婴幼儿学习能力的策略。

3. 客观看待孩子的学习和发展，形成高质量陪伴的家庭教育观念。

教学时长

90 分钟

课程框架

[实例导入]

一、婴幼儿学习能力概述

（一）婴幼儿学习能力的概念

（二）婴幼儿学习能力的特点

    1. 天生的学习能力

    2. 天生的共情能力

    3. 天生的探索能力

（三）婴幼儿学习能力培养的重要性

二、婴幼儿学习能力发展的历程

（一）0—1 岁孩子的学习

    1. 学习的发生

    2. 学习的发展

    3. 学习能力的强化

（二）1—2 岁孩子的学习

    1. 学习的变化

    2. 学习的发展

    3. 学习能力的强化

（三）2—3 岁孩子的学习

    1. 学习的变化

    2. 学习的发展

    3. 学习能力的强化

三、培养婴幼儿学习能力的策略

（一）确保孩子的健康

    1. 为孩子提供丰富的营养

    2. 保证孩子充足的睡眠

（二）为孩子提供适宜的环境

    1. 创设舒适的环境

    2. 宽松的心理氛围

（三）顺应孩子的学习方式

    1. 为孩子提供良好的榜样

    2. 帮孩子建立条件反射

    3. 挖掘孩子的兴趣和潜能

（四）为孩子提供丰富的刺激

    1. 多带孩子接触大自然

    2. 多带孩子运动

    3. 多开展亲子共读

    4. 多和孩子讨论问题

（五）为孩子提供探索的机会

    1. 鼓励孩子异想天开

    2. 给孩子创造挑战的机会

    3. 寓教于乐，在游戏中学习

参考文献

课程内容

[实例导入]

8个月大的洋洋舒服地趴着休息，他目不转睛地看着一米外的红篮筐，并把手伸向篮筐，慢慢地向前移动，用手指绕着篮筐的边缘。他翻了个身，把篮筐举过头顶，心无旁骛地盯着它。他一路翻滚，直到一只手抓到弯曲的篮筐边缘，并来回地挥舞着它，眼睛紧紧地盯着摇晃中的篮筐。他笑了，脸上泛着喜悦的光，并踢了踢腿。突然，当他凝视篮筐边缘时，他的手停了下来。他调整了一下，用两只手抓住篮筐，其中一只手的两根手指刮开了织布边。然后，他用一根手指戳进篮筐边上的一个开口。

0—3岁孩子是如何学习的？在上述实例中，8个月大的孩子通过尝试、探索，已经开始学习了。他用感官和动作来收集关于颜色、质地和韧性的信息，通过神经元的连接回路，将这些感觉保存在记忆中。那么，家长可以如何培养孩子的学习能力，帮助孩子更好地发展呢？

一、婴幼儿学习能力概述

（一）婴幼儿学习能力的概念

学习能力是指个体从事学习活动所需具备的心理特征，是顺利完成学习活动的各种能力的组合，包括感知观察能力、记忆能力、阅读能力、解决问题能力等。婴幼儿的学习能力是指婴幼儿在环境中获取知识经验，并由此引起其个人倾向、行为变化的能力。

（二）婴幼儿学习能力的特点

婴儿从出生开始就在学习，他听到的每一种声音，看到的每一个画面，触摸到的每一种感觉，都会影响大脑的"布线方式"，形成神经元的连接。孩子有着与生俱来的学习能力，而不是在会说话、会写字之后才会学习。他会模仿大人的一举一动，不需要刻意去教，就像大自然中其他动物跟着爸爸妈妈学习本领一样。

1. 天生的学习能力

比如，一个 1 岁多的孩子，跟着家长进入一间房间，家长抬手把灯的开关打开，房间亮起来了。孩子也会跟着去按开关，发现灯灭了，再按一下，灯又亮了，孩子很快就能学会开灯和关灯。下次孩子自己进房间，如果房间里是黑暗的，他就会去按开关。

再如，婴儿具有语言天赋，他辨识语言的能力胜过计算机，不管语音来自男性还是女性，不管语调是尖细还是雄浑，婴儿都可以做出区分。他们能够区分不同语音之间的差异，不仅对母语如此，对所有语言都是如此。研究表明，孩子有着和科学家一样的学习能力。

2. 天生的共情能力

如果把一个新奇而又危险的新玩意放在一个八九个月大的孩子面前，他会立刻转向妈妈，通过妈妈的表情来做出行动决策。如果妈妈脸上露出微笑的表情，他就会爬过去一探究竟；如果妈妈表现出恐惧的表情，他就会猛地停止行动。婴幼儿不仅能通过一个人的表情理解这个人产生了愉悦的还是厌恶的感觉，而且还能够理解这个人喜欢哪些事，讨厌哪些事。

3. 天生的探索能力

孩子身上有着想要理解世界的最纯粹的内驱力，称为"好奇心"。在生命最初的三年里，孩子的生活充斥着对周围环境中任何物体进行探索的渴望。父母和家里的一切，都会成为孩子实验的"小白鼠"。自从学会走路，孩子总会有忙不完的事，翻箱倒柜，足迹遍布家中任何一个角落。孩子总是在忙着观察、思考、探索这个世界。

（三）婴幼儿学习能力培养的重要性

学习能力是支持个体顺利完成各种学习活动的重要因素，生命前三年的发展和学习，比其他任何年龄段都要多。在这个快速成长的阶段，婴幼儿的自身经历影响最大。虽然婴幼儿无法告诉成人他们正在学习，但是他们所获得的关于自己、周围的人和世界的技能、习惯和认识，将为其一生奠定基础。

《3 岁以下婴幼儿健康养育照护指南（试行）》中指出，婴幼儿通过模仿、重复、尝试等，发展运动、认知、语言、情感和社会适应等各方面能力。家长要将早期学习融入婴幼儿养育照护的每个环节，充分利用家庭和社会资源，为婴幼儿提供丰富的早期学习机会。

二、婴幼儿学习能力发展的历程

婴幼儿的学习能力是由低到高、由简单到复杂逐渐发展起来的。

（一）0—1岁孩子的学习

1. 学习的发生

婴儿具有天生的学习能力，这种能力最根本的特点就是明显地倾向于与认知环境中某些特定的联系，主要表现为三个方面：模仿、条件反射和偏好新颖刺激的学习。

模仿是婴儿与生俱来的学习能力。出生两三天至二十天左右的新生儿就能模仿人的面部表情。如在成人和婴儿互相观看时，成人微笑，婴儿也会模仿着微笑，这样的模仿学习能力具有普遍性。

条件反射是婴儿最基本的学习方式。研究表明，婴儿在出生后数天就能建立起条件反射。最早的条件反射是食物性条件反射，新生儿能将母亲抱起喂奶的姿势转变成乳汁即将到口的信号。

偏好新颖刺激的学习，这种能力与生俱来。当成人将同一刺激不断地重复呈现给婴儿，婴儿对它的反应强度越来越弱，乃至不再注意，这时再呈现一个不同于前者的新刺激，婴幼儿的反应强度便马上提高起来。

2. 学习的发展

1个月的婴儿已经能对言语刺激产生反应。3个月的婴儿已经能顺利进行各种学习活动，学习范围和种类越来越广泛，学习技能越来越多样，并且能对社会性刺激和非社会性刺激进行记忆和学习。6个月之后，婴儿的学习能力又有了新的发展，长时记忆得到加强；社会性认知和社会性学习不断发展，开始出现"认生"现象；分类能力也得到了显著发展，已能凭借感知进行基本的分类。10—12个月的婴儿，已经能对5以内的数量有感知。12个月左右，能对家居、动物、食物等进行分类，学习内容更加接近于概念学习。

3. 学习能力的强化

婴儿的学习能力在不同的时期，需要选择对应的方法进行强化，以使婴儿的模仿学习能力得到提高。可以对刚出生的婴儿做各种动作，刺激其模仿学习能力；3 个月的婴儿可以玩有声或光效果的玩具，也可以做互动游戏；6 个月时，可以进行讲故事、拼图、画画等学习；12 个月时，可以用卡片进行数字识记练习。经过有针对性的练习，婴儿的学习能力可以得到有效的开发，为今后更快地学习文化知识做准备。

（二）1—2 岁孩子的学习

1. 学习的变化

该年龄段的幼儿在粗大动作和精细动作方面都有了质的飞跃，从爬行慢慢学会站立和行走，即便老是跌倒，也会爬起来不断练习，而且非常喜欢用手去感知外部世界。1 岁之后，语言能力发展得很快，逐渐可以说一些不完整的句子；产生了思维，思维方式起初以直觉行动思维为主，主要表现为动作思维。到 19 个月左右，具体形象思维逐渐萌芽，好奇心和社会能力开始出现显著发展，对生活中的一切充满兴趣，喜欢模仿。

2. 学习的发展

（1）非社会性行为凸显

能够凝视物体、人；手眼协调技能初步发展，对可以拿起来的小物体进行探索和练习；喜欢观察和倾听大人们说话；喜欢探索，如时不时到厨房看看爸爸妈妈、看窗外等。

（2）对探索世界的兴趣

蹒跚学步的孩子喜欢到户外去，喜欢荡秋千、玩水、玩球。继续表现出对小物体的兴趣，但重点会逐渐从探索这些物体的特征转移到利用它们练习简单的技能。会继续用嘴作为探索工具，不论固体还是液体。

（3）练习新运动技能的兴趣

能够走路、攀爬、跑、跳，会跨骑在四轮婴儿车上或者拉着它走。

3. 学习能力的强化

幼儿的语言、智力、好奇心和社会能力有显著的发展。但这些发展不是必然的，在很大程度上取决于家长的行为。在确保孩子安全的前提下，家长要积极为孩子的各种探索行为提供支持，并给予不断的正向激励。以一种符合或稍高出孩子理解水平的语言与孩子说话，为孩子大声朗读，并和孩子进行适当的对话。

（三）2—3岁孩子的学习

1. 学习的变化

探索物体特性和练习简单技能，仍然是孩子的主要活动，其中对于小物品的积极探索占了大部分时间。孩子的学习发展进入一个新阶段，已能学会各种动作，不仅双手能协调起来，而且全身和四肢的动作也能协调。孩子掌握了听说能力，开始具备了人类特有的学习能力，即以语言为指导的学习能力。学习的深度与广度得到大大提高。

2. 学习的发展

该年龄段的幼儿出现越来越复杂的幻想假扮游戏，既可能独自进行，也可能和其他人共同进行。由于智力与语言能力的发展，开始有了新的兴趣——看电视，特别是对于卡通节目中富于变化的声音和动作感兴趣。语言能力极大发展，一般能懂400多个单词。能够独自玩耍，并依然对新鲜事物有强烈的兴趣。"我行我素"逐渐成为过去，能够遵从父母的简单要求。已经掌握了大部分婴幼儿时期获得的基本运动技能，还获得一些新的技能，如骑小三轮车、学习使用胡桃钳或打孔器。

3. 学习能力的强化

（1）语言必须以直观形象为支柱

这一阶段的学习，必须与直观形象和动作相结合，不能单纯依靠语言。

（2）尝试思考提问，想象力开始发展

幼儿开始出现"通过思考的学习"，常常会提问，不但会问"是什么"还要问"为什么"，经常反驳大人或与大人辩论。例如，妈妈让他睡觉，他会说："小星星还没有睡觉呢！"喜欢听故事，往往以故事中的主人公自居，既模仿主人公的外部打扮，也模仿主人公的行为。喜欢想象，但这时想象的创造性还没有发展起来，大多属于在外界引导下的，即所谓的再造性想象。

（3）生活中的学习无处不在

这一阶段的幼儿注意力还没有很好发展，只能短时间集中注意学习。喜欢活动，喜欢变换动作和活动内容；不喜欢长时间坐下来，也不喜欢连续反复学习同样的内容。理解故事和儿歌必须与生活中的具体情景结合起来。生活中到处是"教材"，需要家长做个有心人。

三、培养婴幼儿学习能力的策略

"婴幼儿天生就是一个学习家。"心理学家皮亚杰认为：婴幼儿的心智吸收信息的方式与他们的身体吸收母乳的方式是一样的，对他们来说，学习就像吃饭一样自然。

（一）确保孩子的健康

1. 为孩子提供丰富的营养

孩子学习能力的发展离不开主动观察、接触世界、思考探究和互动表达。这一连贯的学习过程得以实现的前提是拥有发育良好的身体、强健的体质和良好的生活习惯。食物的营养有利于身体的发育和保健，也能为孩子持续的学习和活动提供能量补充。

因此，家长在喂养孩子时，要合理安排孩子的膳食，选择富含有利于孩子学习能力发展的食物，如奶制品、肉制品等富含蛋白质的食物，蔬菜、水果等富含维生素的食物，以及谷物、杂粮、米面等多样化的主食，做到营养均衡、全面。

2. 保证孩子充足的睡眠

睡眠对孩子的智力发育有着重要的作用。科学研究发现，睡眠可以促进脑蛋白质的合成及智力的发育。孩子在熟睡之后，脑部血液流量明显增加。孩子如果睡得很好，醒来时精神也会好，白天就能接收更多的信息。如果睡得不好，醒来时状态不好，大脑的疲劳长时间得不到恢复，将会导致反应迟滞，不易接受周围的事物，造成注意力不集中、记忆力和理解力下降。

因此，家长要确保孩子拥有充足的睡眠，养成良好的作息习惯，保证孩子能够有足够的精神应对白天的各种游戏活动。

（二）为孩子提供适宜的环境

1.创设舒适的环境

家庭环境中的物品摆放、环境布置等都会影响孩子的学习能力发展。婴幼儿的注意以无意注意为主，如果所处的房间里物品过于复杂和花哨，就很有可能会分散他的注意力，影响专注力的培养。

家长应在家里营造简洁、整洁的家庭环境，为孩子设置专门区域，促进孩子的学习和发展。例如，用围栏为孩子设置专门的游戏区，每次投放适量的玩具，让孩子能够专心地在自己的小天地里玩和探索；也可以在家中为孩子设置专门的阅读角，购买孩子够得到的小书架，摆放适合年龄的图书，供孩子自主挑选阅读；还可以为孩子设置专门的绘画涂鸦区域，让孩子能自由地表达内心的想法。

2.宽松的心理氛围

家庭心理环境对孩子的学习也有着潜移默化的影响，和谐的亲子关系能让孩子感到幸福和安全。如果家长给孩子传递积极的情绪，将有助于孩子快乐、健康成长，为孩子学习能力的培养奠定基础。反之，家长对孩子声色俱厉，则会给孩子带来不安情绪和消极影响。因此，家长应该与孩子平等交流沟通，保持一颗平常心，让孩子感到放松、平静，产生安全感。

（三）顺应孩子的学习方式

1.为孩子提供良好的榜样

（1）家长以身作则做好示范

婴幼儿模仿能力是促进他们与父母及其他人建立良好关系的重要基础。孩子在成长的过程中，每天都在观察家长的一举一动，模仿家长的言行举止，从而形成自己的生活态度和生活方式。家长应营造温和有爱的氛围，对孩子发自内心地尊重。要让孩子感受到家长对于学习的兴趣和欲望。家长要放下手机，少玩游戏，多陪伴孩子。陪伴孩子的时候要更专注，更投入。陪伴孩子多阅读，养成良好的亲子阅读习惯。

（2）鼓励孩子自己成为榜样

孩子对于卡通形象的接受度比家长直接说教更高。家长可以在家里用孩子喜欢的玩偶来创设学习和探究的情景，激发孩子学习的兴趣。例如，"小兔子说他想和宝宝一起看书，你愿意吗？""小青蛙遇到困难了，你可以来帮帮他吗？"当孩子发现自己可以为小伙伴提供帮助或解决困难的时候，会更有成就感，效果更佳。

2. 帮孩子建立条件反射

条件反射，是指在特定的条件下，个体通过多次重复的刺激和反应，形成一种固定的关联性。这种关联性使得在接受特定刺激时，个体会自动产生相应的反应。它是后天形成的，分为经典条件反射和操作性条件反射两种形式。

（1）经典条件反射

经典条件反射，是婴幼儿时期非常普遍的学习形式。孩子在生活中遇到刺激物会自发地逐渐形成反射，家长的行为也会在孩子身上建立。例如，讲故事时放音乐，孩子就会知道音乐响了，爸爸妈妈就要讲故事了，这是孩子习得的行为方式和适应方式。家长可以利用环境的刺激使孩子形成内在条件反射，帮助孩子习得学习能力。

（2）操作性条件反射

操作性条件反射，是通过孩子更多的主动参与来获得经验，使随后的反应再次出现的可能性增加。例如，当孩子不经意碰到开关，灯就亮了，重复几次后，孩子就知道触碰开关与灯亮之间的关系。家长可以根据孩子的年龄特点和行为表现，思考孩子的哪些行为应予以强化，哪些不去强化，使之消退，从小培养孩子初步养成良好的行为习惯。

3. 挖掘孩子的兴趣和潜能

家长要注意观察孩子在生活中的表现，挖掘孩子的学习兴趣和潜能。例如，孩子平时喜欢画画，那么家长就可以给孩子准备一些画画的工具，鼓励孩子多画。有条件的话，家里可以设置"涂鸦"墙，让孩子自由创作。平时也可以带孩子到公园、动物园等地方游玩，引导孩子学会观察事物，描述事物，引发孩子对所见所闻进行思考。一方面丰富孩子的生活阅历，发展孩子的想象力，另一方面也能帮助孩子积累绘画素材。

需要注意的是，家长不要一味要求孩子画得有多像，而是要利用画画来激发孩子的想象力，提升孩子的审美。孩子喜欢运动，家长可以帮助孩子通过翻、滚、爬、旋转、坐等粗大动作发展其基本运动能力。在家中创造安全的运动环境，让孩子尽情爬玩。如果家长过度保护，总是把孩子抱在手里，怕孩子碰着磕着，孩子就会失去锻炼和发展的机会。

（四）为孩子提供丰富的刺激

家长要为孩子提供多元感官刺激，通过"视、听、动（触）、嗅、味"，发展孩子的学习能力。

1. 多带孩子接触大自然

大自然为孩子提供了丰富的创造游戏和探索学习的机会，家长应多带孩子到户外，陪着孩子一起发现大自然中的秘密：洞里有什么？石头下面有什么？葫芦里装着什么呢？水是从哪里来的？还可以带着孩子一起利用大自然中的树叶、石头拼一拼，搭一搭。也可以在下雨天，和孩子一起穿好雨衣，感受雨，触摸雨，在踩水坑、接雨水的过程中，激发孩子探究大自然的好奇心和兴趣。

2. 多带孩子运动

运动是婴幼儿学习能力发展的重要元素，适量、科学的运动可以促进大脑发育，提升孩子的学习能力。家长可以带着孩子多开展各种不同的运动，提升孩子的学习能力。例如，家长可以带着孩子一起玩上肢投掷类运动游戏，孩子在投掷的过程中注意力集中，手和眼睛相互配合，注意力、手眼协调能力都能得到很好的发展。在进行走路、跑步或平衡车一类的下肢运动时，孩子需要通过大脑去支配自己的身体来控制方向和调整速度，这个过程能促进大脑发育，自我控制能力也可以得到很好发展。

3. 多开展亲子共读

家长可以多和孩子一起开展亲子共读活动，在视觉和听觉的多重刺激下促进孩子学习能力的发展。

（1）观察图片，引导孩子表达

家长和孩子共读的目的，就是让孩子自己去观察和体验图书里的故事。在图片上，孩子可以看到丰富的色彩、人物的穿着和神情、周围的事物、孩子喜欢的小动物等。家长可以引导孩子描述图中的场景，说一说对人物的感受。无论孩子怎么说都不要去纠正，鼓励他有自己的想法。

（2）拓展延伸，引导孩子思考

对3岁左右的孩子，在共读的过程中，家长还可以适时增加一些引发思考和拓展知识的内容。例如，可以让孩子描述自己在图中看到的内容，然后家长再进行一些补充，引导孩子思考：书中的人物为什么这么说、这么做？这样做会有什么后果？你觉得应该怎么做？通过让孩子说一说，形成对良好行为习惯清晰的认识。如果书里的内容是有关动物的，如小熊系列，家长就可以做一些知识延伸，给孩子讲讲熊的生活习性和有趣的小故事。书中的每一个细节，对孩子来说都是对观察力的锻炼，家长可以通过声情并茂的讲述、启发思考的提问，引导孩子发挥想象力，对故事形成自己的理解，提升孩子的观察力、想象力和创造力。

4. 多和孩子讨论问题

孩子的成长过程中，会问无数个"是什么""为什么"。有些五花八门的问题，表现出和成人不同的视角，家长应多给予孩子正面回应，鼓励引导，激发孩子进一步求知的欲望。当孩子的好奇心得到满足时，就会产生主动学习的兴趣和动力。

（1）变解答为提问

[案例]鱼为什么要吃饭

形形和妈妈在阳台上晒太阳，外婆走过来喂鱼。形形学着外婆的样子，往鱼缸里撒鱼食，一边撒一边问："小鱼在吃什么啊？""小鱼为什么要吃饭呀？"妈妈回答："形形是什么时候要吃饭呢？"形形大喊："肚子饿的时候！"妈妈和外婆都笑了起来。形形继续拿着鱼食喂起鱼来。

孩子的经验大部分来自日常生活中的经历。因此，当孩子对生活中的一些小事提问时，家长可以用反问的形式将问题与孩子日常生活实际联系起来，帮助孩子进行经验的迁移，促进知识的增长和智力的发展。

（2）帮助孩子拓展视角

[案例]有营养的饭菜

形形一边喂鱼一边和妈妈聊天："我爱吃米饭，不要吃这个小鱼的饭饭。"

妈妈问彤彤:"那你喜欢吃什么呀?"彤彤回答:"虾!"妈妈说:"哇,彤彤爱吃虾,吃了虾可以长高高哦。"彤彤开心地说:"萝卜!"妈妈回应道:"萝卜可以让彤彤有漂亮的眼睛。"彤彤继续说:"苹果!"妈妈说:"吃了苹果,细菌都吓跑啦。彤彤就不生病啦!"彤彤嘻嘻地笑起来。

家长可以多和孩子闲聊,从孩子的一个兴趣点出发,帮助孩子拓展生活知识。在聊天的过程中,既能满足孩子需要陪伴的心理需求,也可以满足孩子的好奇心,为孩子进行知识积累和常识启蒙。

(3)鼓励孩子自己找寻答案

[案例]神奇的水

真真非常喜欢玩水。下雨天,她穿着雨衣雨鞋,在楼下的水坑里踩水,开心地跳来跳去。妈妈提醒她:"真真快看,开花啦!"真真低头,看到飞溅起来的水花,更加兴奋了。她捡来小石头一边丢进水坑里,一边嘀咕着:"开大的花。"妈妈说:"你来想想办法吧,怎么开最大的花呀?"真真继续捡来树叶、石头丢进水坑,玩得不亦乐乎。

当孩子遇到挑战时,家长要鼓励孩子自己去探索,可以陪孩子一起去翻一翻图书,动手做一做科学小实验,或是拿来工具自己试一试。在这个过程中,家长要学会耐心等待,让孩子自己想办法找到问题的答案。

(五)为孩子提供探索的机会

1. 鼓励孩子异想天开

孩子心里的想法会在想象的过程中呈现出来。家长可以在玩耍、观察或聊天的时候引导他自由联想,把自己的感受与需求大胆表达出来。例如,可以与孩子一起欣赏天上的白云,想象每一朵白云像什么小动物;当看到公园里美丽的花朵时,可以引导孩子想象自己就是那丛花儿,想一想自己的花朵是什么样子的,什么颜色的,有什么样的香味,生长在哪里等。

2. 给孩子创造挑战的机会

日常生活中,当孩子正在专注地"研究"时,家长不要轻易干扰孩子,可以跟随孩子一起边思考边仔细观察周围所发生的一切,和孩子一起发现一些有趣、奇特而美好的瞬间；利用孩子感兴趣的这些事物和他多聊一聊，了解他的想法；也可以根据孩子的发展水平，适当设置一些有难度的挑战，鼓励孩子学会思考问题，解决困难。

3. 寓教于乐，在游戏中学习

游戏是婴幼儿学习的主要方式。孩子通过游戏来了解自己、他人和世界。游戏中辅以适量的玩具，能让孩子更有兴趣参与，从而促进专注力、问题解决能力、动手操作能力、感知觉能力等各项能力的发展。家长可以利用不同的玩具来激发孩子的自主探索，促进孩子学习能力的发展。6个月大的孩子通过触摸游戏，能学习和发展抓握技能；18个月大的孩子通过玩滚球游戏，可以发展专注力和手眼协调能力；34个月大的孩子通过玩过家家的游戏，学会根据不同场景使用语言、做出动作。

参考文献

[1] 桑标. 儿童发展心理学（第二版）[M]. 北京：高等教育出版社，2022.

[2] 庞丽娟，李辉. 婴儿心理学——儿童青少年心理学丛书 [M]. 杭州：浙江教育出版社，1993.

[3] 刘金花. 儿童发展心理学（第三版）[M]. 上海：华东师范大学出版社，2013.

[4] 艾莉森·高普尼克，安德鲁·梅尔佐夫，帕特里夏·库尔. 孩子如何学习 [M]. 杨文韵，杨田田，译. 杭州：浙江科学技术出版社，2023.

（执笔：裘小洁）

第 19 课

如何发挥家庭成员
的角色作用

课程简介

教学对象

0—3 岁儿童家长及其他照护者

教学目标

1. 了解和认识自己在教育过程中的家庭角色。

2. 掌握不同角色在家庭教育过程中发挥作用的策略。

3. 增强父母是家庭教育主体责任人的意识。

教学时长

90 分钟

课程框架

[实例导入]

一、父母角色的认知

（一）父母角色的内涵

（二）父母角色的特征

    1. 唯一性

    2. 持续性

    3. 相互性

    4. 深刻性

（三）父母角色的义务

    1. 父母是孩子的监护人

    2. 父母是孩子的第一任老师

（四）父母角色的差异

    1. 父母角色的影响方式不同

    2. 父母角色投入现状的差异

二、祖辈家长角色的认知

（一）祖辈家长角色的定位

（二）祖辈家长角色的特征

三、家庭成员角色作用发挥的策略

（一）适应新家庭结构，明确家庭成员分工

    1. 生活照料方面

    2. 教育指导方面

（二）明确父母角色认知，提高角色能力

    1. 优化教育观念，树立科学育儿观

    2. 改善教育方式，成为权威型父母

    3. 提升教育能力，关注孩子的发展

（三）发挥祖辈的优势，形成养育合力

      1. 开展生活教育，用好祖辈资源

      2. 父母做好榜样，尊重孝敬祖辈

      3. 祖辈避免溺爱，不要事事包办

（四）加强家庭成员间的沟通，促进互相理解和支持

      1. 加强祖父母与父母之间的沟通

      2. 加强父母双方间的沟通和互相支持

（五）培育健康积极的家庭文化，营造温暖的家庭氛围

      1. 营造稳定温暖的心理氛围

      2. 创设安全舒适的物质环境

      3. 营造和谐的亲子互动氛围

（六）建立家庭共育的规则，形成良好的家庭发展模式

      1. 明确家庭中的主导关系

      2. 建立家庭问题解决机制

参考文献

课程内容

[实例导入]

午餐时间到了，2岁的蒙蒙正在摆弄新的玩具，奶奶和妈妈叫了他好几次，他都不愿意走到餐桌边吃饭。这时妈妈说："宝宝，你如果错过时间不吃饭，等会儿就不能吃了哦。"蒙蒙看了妈妈一眼，继续玩玩具。妈妈就招呼其他人一起先吃饭了。这时，奶奶拿起蒙蒙的餐具，夹了很多他最爱吃的虾，走到他身边喂他，让他边玩玩具边吃饭。妈妈跟奶奶说："不要追着喂饭，他选择不吃就随他，饿过就长记性了。"奶奶回答道："不吃饭会饿，怎么长身体呢？小孩子都这样，长大就好了。"妈妈看到这一幕，感到很无奈。

在0—3岁孩子养育中，祖辈协助养育的比例越来越高，隔代养育冲突、父母教育冲突也常有发生，这与各个家庭成员的自我角色认知、角色行为表现、角色期望、角色评价密切相关。

一、父母角色的认知

（一）父母角色的内涵

角色的概念由美国社会学家乔治·赫伯特·米德首次从戏剧中的"角色"引入社会学研究中。人类学家拉尔夫·林顿指出，角色是围绕地位而产生的权利义务与行为规范、行为模式，是人们对处在一定地位上的人的行为期待。总结来说，角色的核心要素包括三点：一是社会位置，即角色是社会地位的外在表现；二是权利义务，即角色是人们的一套权利义务和行为模式；三是行为，即角色是人们对处于某一社会位置上人的行为的期待。

父母角色是社会结构中最基本的角色之一，是所有有子女的社会成员的固有角色。它表明了个体在家庭中所处的地位，反映了社会和家庭对其的期待和要求，也规定了个体相应的行为模式，是与其身份相一致的权利、义务和行为模式，是家庭教育中十分重要的因素。

《中华人民共和国家庭教育促进法》明确了父母在家庭教育中作为主要责

任人的地位。顾明远先生在《教育大辞典》中将"家庭教育"定义为"家庭成员之间的互相影响与教育，通常是指父母对儿女辈进行的教育"。我国社会学家费孝通先生也提出，不管在什么样的家庭结构中，只要父母健在，都应当是抚育孩子的中心人物，对儿童一生的发展有极大的影响。由此可见，父母是家庭教育的首要责任人，只有父母有清晰的角色认知、具备承担父母角色的能力，才能更好地发挥各个家庭成员的角色作用，促进儿童的全面发展、健康成长。

（二）父母角色的特征

1. 唯一性

父母对子女来说是唯一的，这一自然属性无法改变，父母角色不可转移，无法解除。

2. 持续性

父母角色从孩子出生就开始了，一直持续到其生命结束，父母对子女的影响是持续的、终生的。

3. 相互性

父母角色因子女角色的存在而存在，父母和子女是互相联系、互相作用、互相制约的关系。

4. 深刻性

子女需依赖父母生存成长，父母角色对子女的成长有极大的深刻的影响。

（三）父母角色的义务

1. 父母是孩子的监护人

作为孩子的监护人，父母应对未成年子女尽抚养义务，为孩子提供生存必需的物质生活条件，照顾孩子的生活；要尽到教育和引导孩子的义务，为其创造良好的家庭环境，传授家庭生活和社会生活的知识和技能，培养良好的行为习惯，教孩子做人，矫正不良行为和预防犯罪；还要保护孩子不受伤害。

2. 父母是孩子的第一任老师

作为孩子的第一任老师，在所有教育者中，父母是打基础的，是孩子的人生奠基者。父母给予孩子的教育是启蒙的教育，是影响其一生的生命教育，比其他任何教育更富有感情色彩。父母作为孩子的第一监护人和第一任老师，创造怎样的家庭环境、如何通过履行自身的角色职责对孩子实施影响和教育，对孩子成为怎样的人起着重要作用。父母需要具备正确的教育观念、教育方式、教育能力，发挥生活照料、情感陪护、教育指导的角色作用。

（四）父母角色的差异

父母双方负有共同养育的责任，父亲和母亲对于孩子的发展来说一样重要，同时父母在养育中存在角色差异，主要体现在以下两个方面。

1. 父母角色的影响方式不同

母亲常花更多的时间给孩子（特别是婴幼儿）提供生活照料和情感陪护，让孩子能够心智健全和身体健康。父亲更多通过游戏、运动等一些较剧烈、冒险性的活动影响孩子发展。

2. 父母角色投入现状的差异

在实际养育过程中，父母角色的实际行为表现差异较大。《全国家庭教育现状调查报告（2018）》显示，在家庭教育分工中，母亲唱主角，父亲缺位近一半。其他调查也显示，母亲在0—3岁婴幼儿的养育中发挥了更多的作用。

二、祖辈家长角色的认知

由于孩子的父母工作忙、压力大，社会早期养育照护公共服务不足，很多家庭的祖辈家长承担起了带养孩子的责任，隔代教养成了家庭教育的重要力量。

（一）祖辈家长角色的定位

孩子的父母始终要承担起对孩子实施家庭教育的主体责任，《中华人民共和国家庭教育促进法》在这方面做了明确要求。祖辈家长的角色定位只是配角，负责协助和配合父母对孩子实施家庭教育；即使在实际养育过程中，祖辈家长陪孩子的时间可能更多，也不能喧宾夺主，应把主角位置有意识地留给孩子的父母。祖辈家长要把握好度，适时退居"幕后"，鼓励年轻父母成为家庭养育的核心。

（二）祖辈家长角色的特征

祖辈家长应是孩子父母的合作者，而不是竞争者。祖辈家长要看到年轻父母的优势，和孩子父母一起各自发挥所长，形成合作的格局，共同给孩子创造健康和谐的成长环境。

祖辈教育应是对父母教育的补充，而不是主导。0—3 岁的孩子对生活照料、情感陪护有非常高的要求，祖辈家长有更丰富的养育经验、更充足的时间精力，可以在孩子父母不在家的时间里给孩子更充分的陪伴和生活照料，为孩子的父母提供养育协助。

祖辈家长对家庭关系具有协调性。祖辈家长有充足的时间和孩子进行沟通交流，有助于建立融洽、和谐的关系。另外，由于祖辈家长阅历、资源相对丰富，也可以为孩子父母提供解决与子女互动问题和矛盾的意见，充当一个家庭系统关系的平衡器。

三、家庭成员角色作用发挥的策略

0—3 岁阶段的养育主要由家庭来承担和完成。孩子正处在最懵懂无助的时期，对世界的信任感、安全感完全来自照护者，谁给予孩子的关爱最多，孩子就会和谁更亲近。如果这段时期，祖辈家长一直与孩子亲密相处，而孩子父母却不怎么亲近孩子，祖辈家长就会成为孩子情感的依恋对象，父母就很难成为孩子心中的"第一位"。长大后孩子与父母的相处可能会处处有所保留，甚至出现抗拒和排斥父母的情况。更加令人担心的是，等到老人们年纪过大，不能再好好照顾孩子的时候，孩子就会有强烈的失落感，这对正在成长中的孩子是非常不利的。因此，为了孩子的健康成长，祖辈与父辈在对孩子的养育与教育问题上要做好角色定位，各司其职。

（一）适应新家庭结构，明确家庭成员分工

有了孩子以后，家庭角色增加了，新手父母自身的角色也发生了改变，比以前的二人世界更复杂。每个角色有其自身的特点和立场需要，在一开始的适应磨合期，各个角色容易发生冲突，有的会面临三代人共同生活的矛盾，有的则会面临养育观念和行为方式的矛盾。家庭成员要逐步对自己在新的家庭结构

中的新角色有认知，各角色需要有分工、有协作。

家庭成员要明确共同的目标——为了孩子的健康成长。在此目标引领下，各个家庭成员可以依据自身的时间、家庭教育观念、能力优势、性格特点等确定角色分工。

1. 生活照料方面

0—3岁婴幼儿阶段最主要的养育重点是在日常生活照料中建立情感关系和发展早期学习机会，父母作为家庭教育的主角，应负起主要责任。如果是双职工家庭，可以请祖辈家长负责孩子白天的生活照料，而父母自己应负责孩子晚上和节假日的照料，尽量避免孩子全部的生活照料都由祖辈家长完成，自己完全不参与或很少参与的情况。

2. 教育指导方面

父母是家庭教育的第一责任人，应多学习家庭教育相关知识和技能，培养孩子的各项能力。如果祖辈家长的教育能力不强，父母也不应该责怪祖辈家长，而应主动担负起教育孩子的主要责任。

同时，父母双方也可以合理分工，根据双方的时间、工作、性格特点、教育能力等，商议双方的职责分工，明确各自的角色任务。比如，爸爸平时工作比较忙，妈妈的工作时间相对可控，平时晚上就主要由妈妈负责孩子的照顾，爸爸做好配合。如果爸爸运动能力更好，更喜欢户外活动，就可以抽平时空闲时间、周末、节假日，多带孩子去户外活动。

父母双方的分工不是绝对的，可以因孩子需要、双方的时间和其他条件而动态变化，也可以适时对调相对固定的角色分工，体验和尝试对方日常承担的责任，更好地理解和支持对方。如果双方都可以对孩子有更多更全面的时间投入，就可以配合着各项事情一起分担，可以营造更好的家庭氛围。

（二）明确父母角色认知，提高角色能力

父母角色认知是指父母自身对自己在抚育孩子成长过程中所担当角色的认知与期待，对他人榜样的角色规范进行认知以及关于角色是否适当的判断。父母要对自己的角色有明确的认知，其角色的"专业素质"包括教育观念、教育方式和教育能力三个方面，体现在父母的教育思想和教育行为中，直接作用于孩子，对孩子的心理、行为和亲子关系产生影响。

1. 优化教育观念，树立科学育儿观

教育观念是指父母在教育培养子女过程中，在孩子发展、教育等方面所特有的观念。教育观念是父母教育素质的核心，对家庭教育的目标、方向以及父母的教育行为起着制约和指导作用，也是影响家庭教育质量的决定因素。

在养育过程中，很多父母对 0—3 岁这个阶段的重要性认知不足，认为"3 岁前吃饱穿暖就好""孩子还小不懂事，等大了再教育"，把孩子丢给祖辈家长或保姆照顾，忽视了孩子早期安全感建立、习惯养成、情绪情感能力和早期认知能力发展的重要性，这不利于孩子的发展。

父母应了解不同年龄阶段孩子的身心发展特点，通过书籍、讲座等途径形成科学的家庭教养观。了解 0—3 岁孩子家庭教育的重点是生活教育，父母要学习掌握婴幼儿养育和回应性照护的科学方法，为孩子创造卫生、安全、舒适、充满亲情的日常护理环境和充分的活动空间，培养孩子积极的情绪、良好的生活行为习惯，促进其动作灵活协调，发展其语言和社会交往能力，激发其想象力和好奇心，建立安全的亲子依恋关系，为孩子以后的发展打下良好的基础。

2. 改善教育方式，成为权威型父母

教育方式是指父母在对子女实施教育和抚养中通常运用的方法和形式，是教育观念作用于教育行为的综合表现。父母教育方式对孩子成长有着至关重要的影响，包括情绪、性格养成以及行为规范等方面。

父母应努力成为权威型父母，尊重孩子的想法，情绪稳定地面对孩子，允许孩子从错误中学习，接纳孩子的一切，让孩子在面对挫折的时候，有信心和勇气去克服困难。

3. 提升教育能力，关注孩子的发展

父母教育能力主要包括观察孩子的能力、与孩子交流沟通的能力、评价孩子的能力、选择合适教育方法的能力等。对于 0—3 岁孩子的父母来说，最重要的就是要具备观察能力。这个阶段孩子尚不会用语言直接或流畅表达自己的需求和喜好，需要父母具有观察他们的意识和能力，通过观察捕捉合适的教

育契机，并在与孩子的相处中帮助孩子实现发展。同时，回应性照护的能力也很重要，父母应以孩子为中心，积极观察孩子、追随孩子，及时满足孩子的需求，并给予积极回应。

（三）发挥祖辈的优势，形成养育合力

1. 开展生活教育，用好祖辈资源

祖辈家长的生活经验丰富，是家庭教育不可多得的宝贵资源。孩子父母要善于挖掘祖辈家长在生活教育上的巨大能量，利用好祖辈资源促进孩子的发展。例如，祖辈家长可以带着孩子去菜场买菜，认识各种蔬果，增加见识；回家后，可以和孩子一起择菜和剥毛豆，促进孩子精细动作的发展。祖辈家长的生活阅历丰富，父母还可以邀请祖辈家长给孩子讲讲以前生活的小故事，让孩子感受社会的发展，体会生活的幸福感。祖辈家长还能教会孩子生活的基本礼貌，如在小区遛弯时和小伙伴问好，别人分享好吃的时候说"谢谢"。

2. 父母做好榜样，尊重孝敬祖辈

教育家苏霍姆林斯基说："人的全面发展取决于母亲和父亲在儿童面前是怎样的人，取决于儿童从父母的榜样中怎样认识人与人之间的关系和社会环境。"最好的教育来自父母的言传身教。祖辈作为家里的长辈，家长要以身作则向祖辈表达尊敬，多体贴关心，见面主动问候。当祖辈劳累时，和孩子一起为他们捏捏肩、端茶倒水；节假日向祖辈送去问候和祝福，表达感恩之情；当与祖辈意见不一致时，做到不随意顶撞，不不理不睬，采用温和的方式进行沟通。通过一些生活事件，让孩子从小耳濡目染，学会尊重孝敬祖辈。

3. 祖辈避免溺爱，不要事事包办

有的祖辈家长会因为自己年轻时期生活和工作条件不够好，没能给予自己的子女很好的照顾，而把这种补偿心理转移到孙辈身上，导致溺爱现象的发生。祖辈家长对孙辈过度呵护疼爱，处处迁就孩子，答应孩子的一切条件，容易造成孩子任性、依赖性强、生活自理能力较差等问题。还有一些祖辈家长会出现"护短"行为，影响父母对孩子教育的实施和权威的树立。这些都不利于家庭成员之间的沟通合作，也不利于孩子的健康发展。

（四）加强家庭成员间的沟通，促进互相理解和支持

不同的家庭成员想要有效协作发挥好各自的角色作用，就要加强家庭成员间的沟通，增进家庭成员间的互相了解、理解和支持。

1. 加强祖父母与父母之间的沟通

父母要多向祖父母表达感谢，感恩他们提供的养育支持和帮助。如果遇到一些隔代养育的困扰，要在恰当的时机和场合、以合适的方式主动积极地和祖父母沟通。千万不能当着孩子的面责怪祖父母，与祖父母发生直接激烈的冲突，这样不但不利于问题的解决，还会让孩子有极其强烈的不安全感，并习得不正确的人际关系相处的模式，不利于孩子情绪情感能力的发展。

此外，也要给祖父母休息放松的时间，不能要求祖父母持续带娃，要给祖父母时间休息和调整状态。适当休息也能让祖父母有更好的心情，更有利于祖父母与父母之间的沟通。

2. 加强父母双方间的沟通和互相支持

父母协作养育孩子要多沟通和互相支持，无论家庭分工如何，双方都要尽可能多地参与到孩子的养育照护中。在大多数家庭中，母亲在婴幼儿期孩子的养育中往往承担更主要责任，在孩子的喂养、睡眠照护等各类生活照料、情感满足、早期学习发展等事宜上，大多数母亲相较于父亲考虑更多、承担更多、付出更多。父亲要多向母亲表达理解和感谢之情，给予母亲更多精神上的关心，积极主动地承担育儿的任务。同时，母亲也要适时向父亲表达感谢，感谢父亲对家庭的付出，肯定父亲在家里做出的贡献，激发父亲积极参与家庭教育的动力。

（五）培育健康积极的家庭文化，营造温暖的家庭氛围

家庭氛围是家庭成员间在互动中形成的人际关系和心理氛围，家庭氛围直接影响着家庭中每个成员的心理，尤其对儿童个性品格的形成有特别深刻的意义。家庭成员都有责任共同协作培育积极健康的家庭文化，共建文明和谐的家庭关系，为孩子的健康成长营造温暖的家庭氛围。

1. 营造稳定温暖的心理氛围

每个家庭成员要尽量做到情绪稳定，关系和谐，积极地互相支持和协作。

很多初为人父人母的新手家长，很可能会手忙脚乱，感到压力很大，这时候要注意情绪调节，切不可对孩子大吼大叫，采用不理睬、恐吓、强迫等不适宜的方式，这类方式会让孩子感到害怕，不利于安全感的建立。

值得注意的是，新生儿家庭要注意对产后母亲的情绪关注，让母亲拥有积极良好的情绪是营造温暖稳定家庭氛围的关键，也是所有家庭成员共同的责任。

2. 创设安全舒适的物质环境

0—3岁是孩子各项能力从无到有、从不熟练到熟练的关键发展阶段，孩子对周边环境充满探索欲，家庭成员要共同为其营造安全舒适的物质环境。在家庭环境布置上，要以安全、舒适为主，可以多使用地毯、靠垫等软饰给孩子营造温暖的感觉，注意危险物品的管理，让其可以大胆地进行环境探索。

此外，家庭成员的生活模式也要尽可能稳定，各个成员要有规律地作息，如涉及不同的带养人，在带养人的更替上也要相对稳定，从生活模式上给孩子营造稳定的环境氛围。

3. 营造和谐的亲子互动氛围

父母是家庭氛围营造的主导者，亲子关系是整个家庭氛围营造的关键。因此，父母要积极采用各种有效的亲子互动策略，与孩子建立温暖稳定的亲子关系，促进形成和谐的家庭氛围。

常见的亲子互动策略包括：在日常生活中，为孩子提供充满爱和细致的照顾，及时回应其需要；与孩子有相对固定的亲子互动环节，如亲子阅读、亲子洗漱、亲子家务、户外游戏、亲子晚安故事等，尽可能多地陪伴孩子。

（六）建立家庭共育的规则，形成良好的家庭发展模式

在养育孩子的过程中，每个家庭都会遇到矛盾冲突，因此，需要建立家庭共育的规则，形成良性的家庭协同养育模式。

1. 明确家庭中的主导关系

夫妻关系是家庭的主导关系，不应让亲子关系凌驾于夫妻关系之上。如果关系主次颠倒，往往会出现婆媳矛盾、养育矛盾等问题。确立夫妻关系为主导的家庭，当遇到矛盾和问题时，夫妻双方首先会商议，共同承担，共同解决，

以稳定的夫妻关系为基准去协商处理问题。积极的、能够良好沟通的夫妻关系支持了养育的整个过程，这不仅提高父母家庭教育能力，和孩子的互动也会更加有效。

2. 建立家庭问题的解决机制

由于家庭成员的个性特点、经验、立场不同，对孩子的养育会有不同的观点和方法。因此，要根据家庭构成、家人特点形成适合自己家庭且被大家接受的冲突处理和问题解决机制。

（1）共同商议角色分工

共同养育孩子的家庭成员就是一个团队，合理的分工和有效的协作才能发挥"1+1 > 2"的效果。家庭成员要互相了解，熟悉其他成员的个性特点、擅长和不擅长、作息习惯、养育观念、人生经历等，并充分商议，进行合理分工。

（2）确立关键原则

家庭成员可以根据家庭实际情况确立一些适合自己家庭的问题处理原则，当发生家庭矛盾时就可以快速、有效地将问题解决。例如，有的家庭成员的情绪比较容易冲动，那就可以确立"先处理情绪、再处理问题"的原则，当家庭成员有不愉快、沮丧、愤怒等情绪的时候，先通过合适的方式去解决情绪问题，再来解决具体问题。有的家庭可能每个成员都有自己的养育主见，这种情况下可以确立"主要带养人第一"的原则。0—3 岁孩子养育涉及方方面面，需要投入很多的精力和耐心，说易行难，只要不是原则性问题，就以谁带养谁为主作为主要原则，多些放手，多些信任，多些尊重。

（3）组织家庭会议

对于 0—3 岁孩子家庭，家庭会议可以相对简单，作为全家人共同交流的机会。例如，每天晚上大家一起吃饭的时候，可以边吃边交流孩子今天有趣的事情，通过愉快轻松的交流，降低大家对于问题的敏感度。每个周日下午，大家可以一起去逛超市，在逛超市的过程中，交流一些育儿的问题。

（4）互换角色任务

除相对固定的分工外，家庭成员也可以适当互换角色任务。例如，原先的分工是妈妈负责孩子餐饮准备和晚间陪伴，爸爸负责每天 1 小时的户外运动，那么过一段时间，可以进行角色任务互换。这样做，一方面可以让孩子和父母在各个方面都有互动，有利于亲子关系建设，另一方面也可以让家庭成员更了解对方的价值和意义，增强互相理解。

（5）孩子共同参与

在家庭规则和管理机制的建设中，还要注意建立孩子共同参与的机制。孩子在2—3岁期间会经历秩序敏感期，随着年龄的增长，他会越来越想作为一个平等的家庭成员参与到共同的家庭管理中，这表明孩子的独立意识、自我意识开始进入发展关键期。家长在家庭管理中一定要纳入孩子，可以先让孩子参加比较简单的管理过程，如给孩子一定的自主空间，为他提供自己照顾自己、帮助家人的自由空间和必要支持；进行适度的规则意识培养，如健康和安全的规则、礼仪规则、生活物品使用规则等，让孩子也成为家庭管理的一分子。

家和万事兴，家庭是一个发展共同体，每一位家庭成员都是家庭中必不可少的重要成员，都在其中扮演着不同而关键的角色，分工明确、角色清晰是家庭成功运行的重要保障，也为孩子未来发展奠定了基础。

参考文献

[1]董光恒，杨丽珠，邹萍.父亲在儿童成长中的家庭角色与作用[J].中国心理卫生杂志，2006（10）：689-691.

[2]费孝通.生育制度[M].北京：商务印书馆，2008.

[3]关颖.家庭教育社会学[M].北京：教育科学出版社，2014.

[4]中国儿童中心.中国家庭教养中的父母角色 基于0—6岁儿童家庭现状的调查[M].北京：社会科学文献出版社，2017.

[5]关颖.家庭教育指导者培训教程[M].天津：天津社会科学院出版社，2018.

[6]瓦西里沃斯·费纳克斯，郭良菁.重新界定父亲的角色及其对教育和家庭政策的含义[J].华东师范大学学报（教育科学版），2003（2）：42-52+60.

[7]金盛华.角色理论与家庭儿童发展研究[J].心理发展与教育，1994（1）：38-43.

[8]张路，白述亮.家庭成员角色与家庭教育观念的转变[J].基础教育研究，2008（11）：46-48.

[9]关颖.合格家长的角色定位与指导策略[J].教育导刊，2007（7）：58-60.

[10]刘秀丽，盖笑松，王海英.中国儿童的家庭教育环境：问题与对策[J].东北师大

学报（哲学社会科学版），2009（3）：36-42.

[11]黄辛，由玉冰，曲英梅.论家庭教育中家长的学习者角色定位[J].当代教育论坛（教学研究），2011（1）：12-13.

[12]张志勇，刘利民.确立父母家庭教育的职业角色——家庭教育促进法立法的重大意义[J].人民教育，2021（22）：35-38.

[13]唐玉春，王正平.幼儿家庭教育中隔代教养人的角色定位——基于"积极老龄化"视阈的审视[J].现代基础教育研究，2018，30（2）：142-147.

[14]梁丽霞，鹿森.男女两性参与家庭教育的性别差异分析[J].山东女子学院学报，2019（6）：83-89.

[15]张琼，郑倚天.父亲角色对家庭教育影响的实证分析[J].青年探索，2017（6）：62-70.

[16]郭雄.家庭教育中父亲角色的重要性及其回归策略[J].西部素质教育，2017，3（3）：265-267.

[17]翟媛媛.父亲：儿童成长不可或缺的力量源泉[J].科教文汇（上旬刊），2009（7）：107+129.

[18]石楠.论家长的准教育角色特征及家长教育[J].科教文汇（上旬刊），2009（5）：95-96.

[19]王爱玲.家庭环境：重要的教育资源[J].教育理论与实践，2008，28（S2）：9-12.

[20]陈竞芳.家庭教育中父母角色定位探究[J].牡丹江教育学院学报，2008（2）：93-94.

[21]周玲.父亲参与家庭教育的影响力及现状分析[J].金华职业技术学院学报，2006（2）：84-87+90.

[22]许洪顺.试论父母在现代家庭教育中角色的转变[J].渝西学院学报（社会科学版），2003（4）：55-57.

[23]董小苹.父亲在家庭教育中的特定角色作用[J].当代青年研究，1999（6）：12-14.

（执笔：宋佳丹）

第 20 课

如何做好入托
入园的准备

课程简介

教学对象

2—3 岁儿童家长及其他照护者

教学目标

1. 了解入托入园准备的相关内容。

2. 掌握帮助孩子做好入托入园准备的策略。

3. 认识入托入园准备的重要性，树立正确观念。

教学时长

90 分钟

课程框架

2. 训练孩子学会自己洗手如厕

3. 辅助孩子自己穿衣服鞋子

参考文献

课程内容

丫丫今年刚满 2 岁，妈妈决定送她上托儿所。但是想到丫丫入托后可能会哭，妈妈就很不舍得，担心孩子现在还太小，送去托儿所有点早了。有时候妈妈正在追着丫丫吃饭，想到即将要送孩子去托儿所，也会突然对孩子说："丫丫乖，你要学会自己吃，托儿所的老师可不会像我这样追着喂你。"当妈妈察觉到丫丫马上要哭，就又开始喂饭，但同时也对送孩子去托儿所的决定更加怀疑。

3 岁 1 个月的豆豆已经学会自己吃饭穿衣，能够自己上厕所。妈妈一想到马上要送他去幼儿园就特别开心，甚至在心里暗暗松了一口气。平时豆豆在家，她总怕自己教得不好或者不对，害怕会耽误孩子的发展，以后把孩子送去幼儿园交给老师，自己就不用担心了。

为什么家长对于送孩子去托儿所、幼儿园会有不同的态度？家长该如何和孩子一起做好入托入园的准备，让孩子顺利适应托儿所、幼儿园的生活呢？

一、入托入园准备的概述

孩子从出生起，家庭是主要的生活环境，在家里有父母的关爱，家人们无微不至的照护，孩子会从内心得到一种安全感。但孩子进入托儿所、幼儿园，需要面对新环境和陌生人，这种安全感被打破，内心就会感到焦虑不安。

孩子从家到托儿所、幼儿园，要经历依恋到分离、任性到约束、依赖到自理的适应转变。家长可以据此采取恰当的措施，为孩子适应托儿所、幼儿园生活提前做好必要的准备。这不仅可以让孩子尽快度过家庭到托儿所、幼儿园的过渡期，轻松适应托儿所、幼儿园的新生活，还可以促进孩子的社会适应，有益于孩子未来人生发展和心理健康。

（一）依恋—分离适应

依恋是指孩子与主要照护者（一般为父母）之间建立的一种特殊的情感联

结。依恋关系一旦建立，孩子与父母分离时就会焦虑不安。

从家庭到托儿所、幼儿园，对孩子而言，不但意味着要面临与家人的分离，还意味着要面对陌生的环境、陌生的成人（老师）和小朋友，孩子可能会感到焦虑，即"分离焦虑"。

分离焦虑，是指孩子在与其依恋对象（父母或者其他照护者）分离的时候，出现的极度的焦虑反应，具体表现为哭闹、身体不适、拒绝分离，时刻保持警觉，并可能会采取能够获得安全感的行为，如一直喊着妈妈，要求回到妈妈身边。

提前为孩子做好入托入园准备，就是要在心理上帮助孩子循序渐进地适应与父母分离的情况，减轻孩子的分离焦虑，帮助孩子度过适应期。

（二）任性—约束适应

任性，是指孩子以自我为中心，根据自己的需要和感受来判断周围环境和人之间的关系，还不能主动关注他人的意图，不会从他人的角度去看问题。孩子在家时自主性强，家庭要求低，往往比较任性、随心所欲。而入托入园后，孩子会遇到集体生活规则的约束，玩游戏有时间限制，吃饭和睡觉亦是如此。入托入园初期，孩子无法迅速适应这些新规矩，会产生受约束的感觉。

提前为孩子做好入托入园准备，就是让孩子知晓托儿所、幼儿园的基本规则，帮助孩子在入托入园后更快地融入集体生活，与老师、同伴友好交往。

（三）依赖—自理适应

依赖，是指家庭中孩子一般依靠家人照顾生活中的一切。自理，是指孩子自己完成身边各种力所能及的事情的能力，包括吃饭、睡觉、上厕所等。孩子在家的日常生活都可以依赖父母，"衣来伸手、饭来张口"是其真实写照。对比之下，入托入园后，孩子的生活发生了翻天覆地的变化，家人不在自己身边，老师也无法时刻关注自己，吃饭、喝水、上厕所等都需要自理。

提前为孩子做好入托入园准备，就是要提升孩子的自理能力，让孩子更快适应集体生活。

二、入托入园准备的误区

（一）入托入园准备的认识不足

1. 缺乏入托入园准备的意识

有的家长认为入托入园适应是托儿所、幼儿园的事情，与家庭无关，不需要做任何入托入园的准备；有的家长认为入托入园适应对于孩子而言很容易。例如，家长认为托儿所、幼儿园里面有许多小朋友，可以一起愉快地玩耍，有可能乐不思蜀；托儿所、幼儿园老师经验丰富，能够采取科学有效的方法培养孩子全面发展，教会孩子穿衣吃饭，即使孩子不会自理，也可以到托儿所、幼儿园里模仿其他小朋友，自然习得。

然而，对于孩子来说，与教师建立情感联结、熟悉托儿所和幼儿园环境、学会自理都需要一定的时间。从熟悉的家庭环境突然独自进入一个陌生环境，被各种规则约束，很多事情都需要自己完成，这对于孩子而言，是相当痛苦的过程。孩子很可能会感到无助，产生恐惧感，情绪失落，并可能伴随着强烈的情绪反应。例如，孩子不肯与家人分离，哭闹不止；情绪紧张，重复念叨着想要回家、想要妈妈；态度冷淡，坐在小凳子上一动不动；拒绝活动，无法融入集体生活等。入托入园适应期中强烈的焦虑不安，有可能会影响孩子一生与新环境的适应和陌生人的关系建立。

2. 不知道如何落实入托入园准备

有些家长虽然明白在孩子适应新环境前要提前培养他们的规则意识和自理能力，但是他们未能找到恰当有效的方法来实施。例如，当孩子表现出黏人、分离焦虑等问题时，家长不知道如何帮助孩子解决这些问题；当孩子坚持按照自己的想法来，不能约束自己的任性，发生同伴冲突、不听成人指令等行为时，家长也无从下手培养孩子适应幼儿园的规则；面对孩子在吃饭、穿衣、上厕所等方面对自己依赖度较高的情况，家长同样不知如何让孩子学会自理。

此外，家长在尝试做好孩子入托入园准备的过程中，发现孩子适应这些新要求并不容易，这可能给孩子造成新的心理冲突，从而导致孩子抗拒去托儿所、幼儿园。

（二）错误的入托入园准备行为

1. "依恋—分离"错误准备

[案例]我不要妈妈走

依依已经 3 岁了，平时在家很喜欢黏着妈妈，干什么都要妈妈陪着。无论是玩玩具，还是上厕所，即使和其他小朋友一起玩耍，他的眼睛也会时不时地关注着妈妈。一旦看不到妈妈，依依就会崩溃大哭；看到妈妈后，立马紧紧抓住她的手，再也不愿意松开。依依早上睡觉醒来，第一件事也是看妈妈在不在，如果看不到就开始大哭……

妈妈决定今年 9 月送依依上幼儿园，于是先送依依去奶奶家，慢慢适应与自己分离。可是她刚把依依交给奶奶，转身就听到依依的哭声。尝试几次后，依依还是一直哭。最后妈妈只能带着依依一起回家了。

很快就是幼儿园开学的日子了，妈妈很焦虑，对依依说："你一直这样离不开妈妈，上幼儿园后一定不能适应，会生病的，而且妈妈也不可能一直陪着你。"依依"哇——"地大哭起来："我要妈妈，我不去幼儿园！我不去，我要妈妈！"

孩子对父母和其他照护者有很强的依恋关系，突然要与妈妈分离，孩子便会产生分离焦虑。幼儿园对孩子来说是一个陌生的环境，在没有建立起新的依恋之前，孩子对家人越依恋，分离时的焦虑就越严重。

从上述案例可以看到，依依在家非常依恋妈妈，一刻也不愿意妈妈离开自己的视线，否则就会崩溃大哭。妈妈虽然知道孩子需要在入园前改变这种情况，但采取行动时又舍不得孩子哭，心疼和不忍心相互交织，最后反而使自己更焦虑。妈妈还在不经意间告诉孩子分离的后果——生病，导致孩子对入园分离形成错误的认知：入园分离意味着不好的事情——与妈妈分开、生病，那我不要去幼儿园，不要和妈妈分开。

2. "任性—约束"错误准备

[案例]都要听我的

青青是家里的小公主，全家的目光都在她身上，想干什么就干什么，她觉得自己就是最重要的，谁都得听她的。妈妈想着青青9月份就要上幼儿园了，不能再这样下去了，就尝试做一些入园准备。

吃饭时，她对青青说："宝宝乖，现在是吃饭时间，我们一会儿再玩拼图好不好？等会妈妈陪你一起玩。"青青只顾着玩拼图，不理会妈妈。妈妈继续劝说，她就大喊大叫，甚至大哭。奶奶抱着青青安慰道："好好，我们接着玩，等会饿了再吃。乖乖不哭了，哭得奶奶心疼。"妈妈也不舍得青青一直哭，觉得她还小呢，况且距离开学还有段时间，不用那么急，下次再说吧。

于是，这样的场景不断上演，而再过几天就是青青上幼儿园的日子了……

心理学家埃里克森认为，1.5—3岁正是幼儿自主性品质形成的时期。自主性是指孩子能按照自己的意愿行事的能力。孩子在家经常任性自由，说一不二。然而，入托入园进入集体后，孩子需要学会接受一定程度的约束。有了这种适度的控制与约束，孩子才能进一步发展——既能保持自主又能适应托儿所和幼儿园的规则。

从上述案例可以看到，青青是全家的注意中心，家人的眼光时刻关注着她，自然而然，她会按照自己的想法行事，不会站在妈妈的角度去思考问题：什么时间做什么事情——按时吃饭，吃完之后再玩耍。而妈妈虽然有意识地想为青青入园提前做准备，但行动起来却左右为难。妈妈既想要参考幼儿园作息对孩子进行约束，可看见孩子哭就狠不下心，再听到奶奶安慰孩子的话，又觉得不必急于一时，结果一拖再拖，入园前的准备到最后也没采取行动。这也让青青产生一种错误认知：她就是"宇宙的中心"，她的"规矩"就是"规矩"，否则她就会哭闹、大叫，家人会来满足她的想法。然而，幼儿园里有一套科学统一的管理规则——吃饭、玩耍和午睡都有一定的时间安排。孩子在家时随心所欲无拘无束，在幼儿园里要受到新规矩的约束限制。两相对比之下，孩子自然会对上幼儿园感到抗拒、厌恶了。

3."依赖—自理"错误准备

[案例]学不会就等等吧

小禾3岁了，平时在家吃饭、喝水、穿衣等，都是妈妈一手包办，他很依赖妈妈。最近妈妈决定送小禾去幼儿园，想让他学会自己做这些事情。

妈妈先尝试让小禾自己吃饭，结果小禾把饭弄得满地都是，妈妈不忍心让他饿肚子，又开始喂他。妈妈想着喝水相对简单点，但问题又来了，小禾抱着水杯玩得很开心，搞得衣服和地上全是水；水杯空了他还兴致盎然，想再来一杯继续玩。妈妈担心小禾穿湿衣服会着凉，便带他去换衣服。

一连两次的不成功，使妈妈放弃了让小禾自己穿衣服的想法，万一孩子着凉就更麻烦了。最后妈妈决定，等入园后和老师说一声，请老师多帮忙照顾孩子。

孩子在家可以依赖父母，入园却被告知"自己的事情要自己做"，要学会自理。这种突如其来的转变，对孩子来说是无法接受的。

从上述案例可以看到，小禾已经习惯了妈妈无微不至的照顾，面对妈妈突然让自己动手吃饭，小禾不理解妈妈的用意，也不知道该怎么做。而对于妈妈让自己喝水，小禾则理解为妈妈今天允许我玩水，这个游戏我很喜欢，于是玩性大发。他并不明白妈妈的真正用意是要培养他的自理能力。妈妈虽然采取了行动想要培养孩子的自理能力，以便帮助他更好地适应幼儿园生活，但显而易见效果并不理想。

分析原因，一方面是妈妈没有找到合适、有效的方法，另一方面是担心孩子因此不舒服甚至是生病，于是不敢继续尝试，而把孩子学会自理的难题交给了幼儿园老师。对孩子而言，他没有形成"自己的事情自己做"的意识，反而会继续依赖妈妈，入园后便需要更多的精力来适应幼儿园的新生活。

三、做好入托入园准备的策略

入托入园是孩子人生的转折点。为了让孩子适应得更加顺利，家长应采取恰当的应对策略，帮助孩子更好地适应托儿所、幼儿园生活。

（一）帮助孩子做好应对"依恋—分离适应"的策略

1. 帮助孩子建立对托儿所、幼儿园生活的期待

（1）提前给孩子做心理准备

家长可以跟孩子讲一讲关于托儿所、幼儿园好玩的趣事，夸一夸已经上托儿所、幼儿园小朋友的能干；可以翻开挂历，把入托入园的日期用红笔勾画出来，和孩子一起倒数日期，营造氛围感；可以在家模拟托儿所、幼儿园的游戏

场景，让孩子体会老师会像爸爸妈妈一样爱他，会和他一起做游戏、画画，会陪着他睡觉，还可以认识很多和他一样大的小伙伴，参加有趣的活动，学到很多新本领；可以利用图书给孩子讲一些关于小动物或小朋友离开妈妈独立生活的故事，陪孩子一起学唱上学的儿歌，感觉上托儿所、幼儿园是一件开心的事情，缓解焦虑，消除恐惧，从而使孩子产生上托儿所、幼儿园的渴望。

（2）提前带孩子熟悉托儿所、幼儿园的环境和生活

平时多带孩子到托儿所、幼儿园附近玩耍，看看小朋友的活动、户外场地、大型玩具等。如果管理制度许可，可以定期带孩子去托儿所、幼儿园里玩耍，指给孩子一些认路的标志，如自己教室的位置，墙壁和窗户的颜色，及时了解一日生活的环节，如玩游戏、吃点心、学知识、吃午饭、午睡、起床、继续玩游戏、准备离园等，对自己将要生活的环境有一个直观、具体的认识。

（3）提前准备上托儿所、幼儿园的物品

可以让孩子一起挑选、购买入托入园需要的物品，并自己动手整理摆放好。如孩子喜欢的一件玩具、一个小背包、一件衣服、一个小水杯等。让孩子在托儿所、幼儿园有熟悉和喜欢的玩具陪伴，也为自己入托入园成为能干的小朋友充满自豪感。

2. 帮助孩子逐步建立多重依恋关系

不单让孩子与妈妈有依恋关系，还要在入托入园前，多带孩子去托儿所、幼儿园见见老师，和老师熟悉并逐渐建立依恋关系。如果不能见到老师，可以多看看老师的照片，和孩子多讲讲老师的事情，让孩子喜欢并熟悉老师。

家长还可以带孩子与小伙伴建立关系。找一找小区内或邻近地区在同一个托儿所、幼儿园的小朋友，家长们相互联系，带着孩子彼此串串门，或者相约在双休日一起去游乐园玩耍，让孩子们分享彼此的玩具等。熟悉小伙伴的同时也建立起新友谊，能在一定程度上减少孩子入托入园后对陌生环境的恐惧感，以及面对周围不熟悉人的紧张不安。

家长也要准时带孩子参加托儿所、幼儿园为孩子入托入园所设计的系列亲子活动，并与孩子一起把准备好的用品和玩具带去，帮助孩子逐渐熟悉环境和老师，培养归属感。

3. 与孩子交流时传递入托入园的积极情绪

家长在与孩子交流入托入园内容时，要采用积极的语言表达，给孩子传递入托入园的积极情绪。多给孩子讲一些上托儿所、幼儿园的好处。例如，"托儿所里有很多小朋友，可以和大家一起玩，多有意思啊！""上幼儿园的小朋友都是能干的孩子，还可以学会一些新本领！""幼儿园的老师会给宝宝讲故事、带宝宝做游戏、给宝宝放动画片，还有很多很多玩具哦！""宝宝你在幼儿园里玩，妈妈下班就来接你回家，好不好"。把"托儿所、幼儿园"与"好玩和有趣"联系起来，而不是把"托儿所、幼儿园"与"惩罚"联系在一起，威胁孩子"你不乖，就把你送去幼儿园，到时候让老师好好管管你""你再不听话，就把你送到幼儿园，让老师把你关起来"。诸如此类的话会让孩子觉得托儿所、幼儿园好可怕，老师好严厉，从而对托儿所、幼儿园产生抵触情绪甚至是恐惧心理。

（二）帮助孩子做好应对"任性—约束适应"的策略

1. 以游戏形式模拟托儿所、幼儿园生活

孩子在家的生活通常比较宽松随意，没有时间的限制和约束，而在托儿所、幼儿园的生活要遵守相关管理规定。例如，自己的事情要自己做，按时吃饭和玩耍，不能边吃边玩，按时午睡，玩具也要大家一起玩，要求不争抢、不独霸等。家长要特别留意午睡，有些孩子在家没有午睡习惯，入托入园后午睡时会感到不适应，其他小朋友都睡觉了，他却睡不着，躺在床上或坐在凳子上等其他小朋友睡醒，这会让孩子感到害怕和痛苦。因此，需要家长提前了解托儿所、幼儿园的日常生活作息，入托入园前和孩子一起进行模拟排练，循序渐进，养成类似的作息习惯，以便于孩子快速适应托儿所、幼儿园生活。

2. 培养孩子的规则意识

家长可以提前培养孩子的规则意识，知道在托儿所、幼儿园应该遵守什么时间该做什么事情的规则。对于2—3岁孩子来说，规则本身比较抽象，孩子即使听懂也不一定理解。所以需要家长一步步给孩子讲解规则，慢动作进行演示。例如，饭前便后要洗手，家长要向孩子示范具体步骤：先把衣服拉上去一些，打开水龙头，把手放在水流中搓洗。也可以在家和孩子一起玩角色扮演的

游戏，用孩子能理解的方式来讲解规则。例如，回答问题要举手，玩具要一起分享，老师上课时要在教室里坐着，不能乱跑等。这样孩子不仅可以在玩耍中观察模仿家长的动作，还能在家长的解说下理解并慢慢形成自己的规则意识。

3. 培养孩子的人际交往能力

在家时所有人都围着孩子一个人转，孩子是家里实至名归的"小太阳"，一直处于核心地位，比较任性。在托儿所、幼儿园里，一两个老师要同时管理班里几十个孩子，无法做到像家人一样时刻关注着孩子，给孩子回应，孩子难免会感到失落与不适。家长可以在周末和节假日带着孩子与好友家庭一起聚餐，和小区里同龄的小伙伴玩耍，去游乐场认识新的小朋友，扩大孩子的交友圈，培养孩子的分享意识，给孩子营造一个与他人交往的环境。在共享食物、交换玩具、一起做一件事的过程中，让孩子逐渐学会如何与人交流、相处，初步了解人与人之间的关系，掌握一些实用的问候语，教会孩子表达自己的想法，学习如何了解别人，如何与人交往，培养孩子在新环境中的社交能力，提前适应集体生活。

（三）帮助孩子做好应对"依赖—自理适应"的策略

1. 帮助孩子学会独立吃饭和喝水

在家中为孩子准备摔不碎的碗、勺，易清洗的吃饭服，提供种类丰富的饮食，尝试从奶瓶到学饮杯、吸管杯、带把手的杯子进行过渡，让孩子在快乐的体验和尝试中学习。

家长要给孩子创设一个轻松、舒适的就餐环境，鼓励孩子自己动手吃饭，及时表扬孩子的进步，增强孩子的自信心。刚开始时，即使孩子吃饭速度慢，家长也不要催促，让孩子自主吃完。等孩子大一点，家长可以给孩子规定时间，比如让孩子在 20 分钟内吃完。也可以每次给孩子少盛一点，不够再加，让孩子感受到自己独立吃完的成就感。家长及时给予孩子肯定，比如，"宝宝今天自己把饭菜全部吃完了，不到 20 分钟，真是太了不起了（同时竖起大拇指），妈妈为你骄傲"。

2. 训练孩子学会自己洗手如厕

引导孩子学会饭前便后洗手，可以在家里墙上贴上"七步洗手法"的图片，让孩子跟着图片边做边念儿歌。逐步对孩子进行如厕训练，刚开始时，家长可以在一旁指导，告诉孩子有大小便的感觉时，一定要及时说"我要大便（小便）"，不要等憋不住了才说。同时，家长也要留意孩子的日常规律，帮助孩子养成定时排便的习惯。如果孩子一开始学不会，家长也不要感到沮丧或训斥孩子，而是要告诉孩子这是正常现象，慢慢来，多肯定与表扬孩子，增强孩子的自信心。等孩子学会后，家长要放手让孩子自己来，让孩子感觉到自己的成长。

3. 辅助孩子自己穿衣服鞋子

家长可以和孩子一起挑选衣服。如果孩子比较小，可以给两个选择让孩子自己决定，这样的做法能让孩子感觉有自主选择权，也能在一定程度上避免孩子由于不喜欢而不愿意学穿衣服的情况。在刚开始学习穿衣服鞋子时，家长要提供一些简单宽松、穿脱方便的衣服和鞋子。比如夏装，先教会孩子分辨衣服裤子的前后，再尝试穿衣服、扣扣子。鞋子尽量选择没有鞋带的运动鞋，这样孩子学起来相对容易，既可以增强动手的自信心，也能提高自理能力。

参考文献

[1]刘少英，陈帧，方小兰. 梯度入园对幼儿入园焦虑的缓解[J]. 学前教育研究. 2009（3）：35-39.

[2]雷莉，尹华英，谭巨丹，等. NICU早产儿住院期间母婴依恋关系现状及影响因素研究[J]. 护理学杂志. 2020；35（24）：77-80.

[3]张鹏. 从依恋理论看幼儿分离焦虑及其消除策略[J]. 读与写（教育教学刊）. 2008（3）：62-63.

[4]陈榕. 幼儿入园分离焦虑的文化环境探析[J]. 读与写（教育教学刊）. 2009；6（10）：84-85.

[5]景冬菊. 幼儿入园准备的现状调查与影响分析[J]. 开封文化艺术职业学院学报. 2020；40（02）：203-205.

[6]朱继稳. 初入园学前儿童消极情绪反应及教育对策研究[J]. 当代学前教育. 2009（1）：8-12.

[7]王璐. 探析幼儿入园适应期问题出现的原因[J]. 教育教学论坛. 2016（30）：258-260.

[8]田梅.在自我服务中提升2—3岁幼儿的自我效能感[J].早期教育（教育教学）.2020（9）：23—25.

[9]姜红英.父母如何帮助幼儿尽快适应幼儿园生活[J].今日科苑.2010（2）：178.

[10]王玲艳.如何帮助孩子做好入园准备[J].教育导刊（幼儿教育）.2008（4）：51—2.

（执笔：马明菲）

0—3 岁儿童家庭教育指导标准化课程体系

维度	课程名
生理发展支持	第 6 课 如何做好对孩子的生活照护
	第 7 课 如何做好对孩子的保健护理
	第 8 课 如何预防和处理孩子的意外伤害
心理发展支持	第 2 课 0—1 岁婴儿心理发展特点与教养策略
	第 3 课 1—3 岁幼儿心理发展特点与教养策略
	第 9 课 如何促进孩子的感知觉发展
	第 10 课 如何促进孩子的动作发展
	第 11 课 如何促进孩子的语言发展
	第 12 课 如何促进孩子的情绪与社交发展
	第 13 课 如何促进孩子的自我意识发展
养育环境支持	第 1 课 如何做好迎接新生命的准备
	第 4 课 如何与孩子建立安全型依恋
	第 5 课 如何做好对孩子的回应性照护
	第 14 课 如何把握孩子发展的敏感期
	第 19 课 如何发挥家庭成员的角色作用
早期学习支持	第 15 课 如何选择和使用玩具
	第 16 课 如何开启亲子阅读之旅
	第 17 课 如何初步培养孩子的良好习惯
	第 18 课 如何培养孩子的学习能力
	第 20 课 如何做好入托入园的准备